민청학련 50주년에 다시 듣는
세상을 바꾼 목소리들

일러두기

1. 이 책의 자료편은 1974년 4월 민청학련 선언문을 포함해 1970년대에 발표된 각종 선언문, 성명서, 결의문, 호소문, 공개장, 양심선언, 실천선언 등의 문건들 가운데 유신시대를 넘어 새 시대로 나아가는 데에 의미 있는 역할을 했다고 판단되는 것들을 소개하고 있다. 해당 선언문 등의 선정에는 여러 연구 결과를 두루 참고했고, 최종적으로는 엮은이가 판단했다.

2. 이 책 자료편의 배열은 원칙적으로 발표 시간순을 따랐으나 함께 묶어서 읽는 것이 의미 전달에 도움이 된다고 판단될 경우, 엮은이가 순서를 조금 바꿔 이어 붙이기도 했다.

3. 이 책의 「해제」는 1974년 4월의 민청학련 선언문에서 시작해 그해에 발표된 것들을 우선 살펴보고, 1974년 앞뒤 시대의 것들은 의미 맥락에 따라 왔다 갔다 하며 소개했다. 「해제」에 소개된 순서는 필자의 서술 편의에 따른 것으로서 특별한 의미를 담고 있지 않다.

4. 이 책에 소개된 모든 선언문 등은 발표 당시의 표기법을 그대로 살리려고 노력했다. 일부 오탈자와 띄어쓰기만 조정하는 것을 원칙으로 했다.

5. 해제에 등장하는 인물들 가운데 별세한 이에 대해서만 생몰연대를 괄호 안에 표기했다.

민청학련

50주년에 다시 듣는

세상을 바꾼
목소리들

김창희 엮음

차례

자료편

1974년 이전 • 95

1974년 • 118

1974년 이후 · 201

들어가는 말

이 한 줄에 꿰이는 이야기들

2024년을 1974년의 50주년으로 기억하며 맞은 사람들이 몇이나 될까? 설령 1974년을 민청학련 사건이 일어난 해로 알고 있던 사람들이라 해도 그것이 반세기를 맞았다는 사실에서 얼마나 특별한 감회를 느꼈을까? 고단한 삶을 이어가는 시정의 사람들이라면 고색창연한 옛일을 기억하고 기념하기에는 오늘의 일상이 너무도 팍팍하다고 고개를 돌리지 않았을까?

필자도 그런 사람들 가운데 하나였다. 그러던 중에 지난해 말 서울대 문리대의 1973년 10·2시위 50주년 행사가 조금 색다른 느낌으로 다가왔다. 그 시위 당시에 그 학교에 재학했던 사람들이 사발통문을 받고 모처럼 한곳에 모여 집 담회를 갖는 자리였다. "패배주의, 투항주의, 무사안일주의와 모든 굴종의 자기기만을 단호히 걷어치우고 … 역사적인 민주 투쟁의 첫 봉화에 불을 붙인다"라는 당시의 선언문을 함께 읽은 뒤 지난 50년 동안 각자 마음속에 간직했던 그날의 기억들을 모처럼 꺼내어 서로 이어 붙여보았다.

워낙 오랜 세월이 흐르다 보니 그 기억의 편린들이 많이 낡고 색도 바래서 잘 이어지지 않는 대목들도 있었다. 그러나 큰 줄기의 논의만은 선명하게 일치했다. 그날의 시위는 유신체제가 꼭 1년 되는 시점에 터져나온 전국 최초의 반(反)유신 데모였으며, 다시 반년 뒤 1974년 4월 민청학련 사건의 전주곡에 해당한다는 것이었다. 또 "민주 투쟁의 첫 봉화"를 자임한 그날의 선언문이 이른바 민청학련의 '민중·민족·민주 선언'으로 이어진다는 이야기도 인상적이었다.

역사는 결코 평지돌출일 수 없으며 이어지는 것이라는 새삼스러운 인식, 그리고 당대의 선언문들을 모아 한자리에 펼쳐놓음으로써 그 역사의 흐름을 재현할 수도 있겠다는 생각이 머릿속에 스쳤다. 제대로 된 선언문이라면 당대의 인식과 실천의 통일체로서 그 시대를 대표하는 목소리일 수밖에 없기 때문이다. 그런 생각들이 이 책의 출발점이었다.

그렇게 그 무렵의 각종 선언문과 성명서들을 모아 살피는 과정에서 1974년이 민청학련의 '민중·민족·민주 선언'만이 아니라 무수히 많은 선언으로 점철되었으며, 그 많은 선언이 서로서로 연결되어 있음을 확연히 깨달을 수 있었다. 그것은 하나의 놀라움이었다. 그뿐만이 아니었다. 그 각각의 선언은 대개 하나의 단체 또는 모임을 낳았다. 천주교 정의구현전국사제단, 목요기도회, 구속자가족협의회, 자유실천문인협의회, 그리고 동아·조선투위 등…. 1974년 무렵을 생일로 하는 단체와 모임이 그토록 많은 데에는 다 이유가 있었다.

1974년의 사건과 선언들이 한 줄에 꿰어져 '태풍의 눈'이 되고, 그 태풍이 순식간에 몸집을 키워 마침내 '유신 시대의 변곡점'으로 작용하리라고 그 시점에는 상상이나 할 수 있었을까? 자료를 하나씩 더해 갈 때마다 유신 시대의 풍경이 조금씩 더 선명하게 드러났다. 그 시대는 온통 고통과 암흑뿐인 줄 알았는데, 그 속에는 자유와 평화와 생명의 약동이 함께 있었고, 이 선언문들은 마침내 시대와 대결해 변화를 일궈낸 승리의 기록이었음을 알 수 있었다. 또 한 번의 놀라움이었다.

선언문이라는 것이 재미없고 무미건조하기 짝이 없는 것이라고? 천만에! 그 안에는 시대의 정수가 담겨 있었다. 그 정수에 다가가려는 몸부림과 그 정수를 이웃과 나누려는 지극함, 그리고 새 시대를 향한 웅숭깊은 갈망도 읽혔다. 자료들을 읽고 정리하는 내내 기쁘고 감사한 마음이었다.

선언문에 대해서는 또 다른 선입견이 있을 수 있다. 너무 전투적이라는 것이다. 그 얘기는 일면은 맞고, 일면은 틀리다. 우리 사회 전체를 퇴행의 구렁텅이로 끌고 들어가면서 당장 나의 목숨까지 앗아가려는, 유신체제라는 거악(巨惡)을 쓰러뜨려야 하는데 어떻게 전투적이지 않을 수 있겠는가? 그러나 그 말이, 선언문이 전투적 언어로 이뤄져 객관적 사실을 전제로 하지 않는다든지, 합리적 전망을 제공하지 못한다는 이야기라면 거기에는 전혀 동의할 수 없다. 이 책에 제시된 선언문 또는 성명서를 어떤 것이든 손에 잡히는 대로 한번 읽어보기를 권한다. 당대의 현실 가운데 일반 시민들의 시선이 당장 미치지 못하는 대목들까지 잡아내어 아주 객관적이면서도 구체적인 어휘로 제시하고 있지 않은가? 또 그것이 담고 있는 '유신체제 이후'의 전망 역시 당대의 인식체계 속에서 절실하게 그려져 있음을 알 수 있다.

이제 반세기 동안 드리웠던 망각의 커튼을 걷어내고 다시 길어 올린 선언문들과 그것들의 새로운 독해의 결과를 독자들과 나눈다. 이 책은 온통 반세기 전의 이야기들이지만, 그것이 옛날이야기만으로 읽히지 않기를 소망한다. 왜냐하면, 잘 살펴보면 이 글들이 바로 우리의 '역사적인 오늘'을 만들었음을 알수 있기 때문이다. 그리고 오늘에도 여전히 유효한 메시지들이 곳곳에 숨어 있다가 일순 보석처럼 광채를 내뿜을 수 있고, 멀리서 우리를 부르는 암흑 속의 횃불처럼 서서히 다가오는 경험을 할 수도 있을 것이다.

그 사이에 세상의 어젠다도 많이 바뀌어 이제 평화와 생명의 가치가 우리 지향의 가장 윗자리를 차지하는가 싶더니 근자에는 민족의 통일을 염두에 둔 평화의 가치마저 갈 곳 몰라 하는 상황에 이르렀다. 그렇게 푯대가 흔들리는 사이에 당대의 민중들이 모든 짐을 홀로 지고 가는 양상이 되고, 양심과 표현의 자유는 민주주의의 가장 취약한 고리임이 새삼 분명해졌다. 그러나 세상이 그렇게 바뀐 것처럼 보일수록 민족의 재결합을 향한 간절한 마음만은 오히려 우리 정서의 가장 밑바닥에서 더욱 힘차게 고동치고 있음을 새삼 경험하는 것도 사실이다.

그것은 아마도 1970년대에 근원을 두고 있는 우리의 가치체계가 여전히 이 시대의 저변에 머물면서 우리 피와 살의 일부로 자리 잡고 있기 때문일 것이다.

　글에 마침표를 찍고 세상에 내놓으면서 아쉬운 마음이 없을 수 없다. 1972년 10~12월에 나와서 첫 반(反)유신 선언문으로 꼽히는 '화동주보'(경기고)와 '함성'(전남대)의 이미지 또는 텍스트를 확인하지 못한 일이 가장 먼저 떠오른다. 당사자들도 사건 후 백방으로 구하려 노력했지만 입수하지 못했다고 한다. 당사자들이 그것 한 장 갖고 있지 못할 만큼 시절이 엄중했으며, 당사자들의 몸가짐 역시 철저했다는 얘기다. 앞으로 그것들이 어디선가 벼락같이 발굴되는 꿈을 꾸어본다.

　또 이 책에 싣지 못해 아쉬운 글들이 몇 편 있다. 어떤 것은 분량상의 문제 때문에, 다른 어떤 것은 선언문. 성격이 아니어서 이 책에 소화할 수 없었다. 예컨대, 오재식의 **'어떤 예수의 죽음'**(《기독교사상》 제151호, 1970년 12월호)은 전태일의 죽음 바로 며칠 뒤 이를 예수의 죽음에 비겨 설명한 에세이 성격의 글로서 당시 큰 파장을 낳았고, 안병무의 **'민족·민중·교회'**(1975년 3월 1일)는 민청학련 사건으로 구속되었다 풀려난 동료 교수들을 환영하는 자리에서 진행된 강연으로서 성서의 민중전승사(民衆傳承史)를 새롭게 해석한 중요한 발언이었다. 이 두 가지 글(발언)은 1970년대 민중신학의 형성에 중요한 단서로 평가된다. 한 가지 더 빼놓을 수 없는 것은 김지하의 **'양심선언'**(1975년 8월)이다. 민청학련 사건으로 재구속된 김 시인을 공산주의자로 몰아 사형시키려는 음모가 진행되고 있음을 감지한 동지들이 비밀스럽게 '민주교도관들'의 도움을 받아 김지하의 격정적인 메모를 감옥 밖으로 빼돌리고 여기에 조영래가 논리적이면서도 감칠맛 나는 설명을 더해 '민주주의의 승리 선언'으로 탄생한 것이 바로 이 양심선언이다. 두 사람의 글이 어디서 나뉘는지 알기가 어렵다. 이는 일본에서 발표되어 국내를 포함해 세계에 유통되었다. 김지하+조영래의 콤비가 만들어 낸, 단연 1970대의 대표적인 목소리다. 이 세 편의 글에 대해서는 독자들의 일독을 강력하게 권한다.

사실 필자가 갖는 아쉬움은 자료보다는 필자의 능력과 관련된 것이 더 크다. 그 시대에 조금 더 주파수를 맞출 수 있는 세심함이 부족했고, 그 시대 주역들의 속마음을 조금 더 적실하게 끄집어내 표현할 수 있는 능력도 부족했다. 이제는 필자가 미처 알아채지 못한 진실들을 독자들이 원자료, 곧 그 시대 선언문과 성명서들의 단어와 단어, 문장과 문장 사이에서 밝은 눈과 귀로 찾아내고 들어주기를 바랄 뿐이다.

독자들이 자기가 살아온 시대와 맞춰보면서 이 책을 읽는다면 한층 실감을 더하는 것은 물론이고 필자가 적은 내용보다 훨씬 풍부한 것들을 찾아낼 수 있으리라 생각한다. 지나간 시대의 일인 줄만 알았는데 여전히 변하지 않은 것들을 발견할 수 있고, 한번 세상을 바꾸어낸 뒤 시효가 다한 주장인 줄 알았는데 또다시 새 세상을 앞서 알리는 우렁우렁한 목소리를 들을 수도 있을 것이다. 이 작업 내내 격려하고 지원해 준 선후배 동학들께 감사하는 마음을 전한다. 특히 해제의 초고를 검토해 애정 어린 조언을 해준 김학민, 문국주 두 분 선배와 박강호 동학께 각별히 고마운 마음이다. 막판에 몰아치는 작업을 감당해 준 한울 출판사의 관계자들께도 죄송하고 고마울 따름이다. 이제 그 시대의 목소리를 함께 들어보자.

2024년 가을
'10 · 24 자유언론실천선언' 50주년 기념일을 앞두고

김창희

반세기 만에 다시 듣는
자유와 희망의 목소리

그러나 우리에게 출구는 없었다
우리 자신만이 곧 출구임을 알았을 때
우리는 이제 길이 되기로 했다 — 고정희, 「화육제 별사」 중에서

지금으로부터 꼭 50년 전인 1974년, 대한민국 사회의 절망과 희망을 돌이켜 살펴본다. 국내외 정세가 이루 말할 수 없이 복잡하고 유신독재가 도저히 끝날 것 같지 않은 암흑기였지만 그런 속에서도 희망의 단초를 찾아내고 그에 올라타 새 시대를 열어가는 사람들이 있었다. 스스로 옛 시대의 출구가 되고 새 시대로 향하는 길이 되기로 결단한 사람들이었다. 그들의 절망과 희망의 교차점이 1974년이었다. 유신의 밤을 비추던 무수히 많은 별빛이었다고 해야 할까.

돌이켜 생각해 보면, 50년 후의 우리는 그 별빛들에게 신세를 참 많이도 졌다. 1970년대, 역사의 흐름은 그들에게 향도되어 끊어질 듯 이어지는 오솔길을 찾았고, 거의 포기할 뻔했던 보다 나은 내일에의 꿈을 끝끝내 놓지 않았다. 지금 자신이 들고 있는 반(反)유신의 기치가 당장 승리하리라는 보장은 없지만, 이 길을 가지 않을 수 없고, 이렇게 가다 보면 머지않은 장래에 반드시 역사가 광정되리라는 희망이 있었다.

그 희망은 도대체 어디에서 온 것이었을까? 일부는 자신이 믿는 신으로부터 그런 소명의 근거를 발견했고, 다른 일부는 역사의 신이 승리의 확신을 준다고 말했다. 각자 믿는 바와 기댈 언덕은 조금씩 달랐지만 모두 어깨동무하고 어두운 시절을 넘었다.

1974년 유난히도 많은 반유신 사건들이 줄을 이었고, 그 결과 그 반유신의 기치를 지속하여 들 수 있는 단체들이 구성되었다. 그래서 2024년 올해에는 50회 생일을 맞는 단체들이 유난히 많다. 그때 그들은 무슨 생각으로 그 기치를 들었는지, 그래서 한국 사회와 역사에서 무엇이 바뀌었는지, 오늘의 우리는 그 헌신에 얼마나 빚지고 있는지, 그리고 지금도 그 기치가 유효한지 등을 한번 돌이켜 생각해 보자. 내일의 설계는 어제의 반추에서 오는 것이 아닌가.

그렇게 반세기 전 한국 사회의 길항 관계를 돌이켜 보는 데에는 그 시절에 쓰이고 공표된 선언문(또는 결의문, 성명서, 호소문)들이 큰 도움을 줄 수 있다. 대단히 건조하고 일방적 주장만 담고 있는, 그래서 대단히 재미없고 이미 그 생명을 다한 문건들이라고 생각할 수 있지만 그렇지 않다. 선언문을 한 번이라도 써본 사람은 안다. 그 안에 시대와 상황, 그리고 자기주장의 요체를 최대한 요령껏, 명확하게 담으려 얼마나 노력하는지를.

그리고 선언문에는 값이 없다. 왜냐하면, 남들이 널리 읽기를 바라고 내놓은 글이기 때문이다. 그러나 값이 없으면 없는 물건(이른바 무가지보[無價之寶])일수록 더욱 귀한 것이 세상 이치 아닌가. 이제 그 무가지보의 안에 담긴 시대정신의 정수를 찾아 50년 전으로 가보자.

1. 민청학련

'민청학련 사건'을 돌이켜 살펴보는 이유

바야흐로 민권 승리의 새날이 밝아오고 있다. 공포와 착취, 결핍과 빈곤에서 허덕이던 민중은 이제 절망과 압제의 쇠사슬을 끊고 또다시 거리로 나섰다.

(…)

부패특권 족벌들이 저지르는 이러한 파멸 상태를 더 이상 좌시할 수 없다. 저들의 발밑에서 빼앗기고 고통당하는 제 민주세력이 민생·민권·민족의 가치 아래 속속 모여들고 있다. 어떤 강압과 폭력으로도 노도와 같이 소용돌이치며 흐르는 이 도도한 물결을 결코 막지 못하리라. 이제 우리는 반민주적·반민중적·반민족적 집단을 분쇄하기 위하여 숭고한 민족·민주 전열의 선두에 서서 우리의 육신을 살라 바치려 한다.

1974년 4월 3일 전국민주청년학생총연맹(앞으로 '민청학련'으로 약칭) 명의로 발표된 '민중·민족·민주선언'[자료 10-1]의 첫 대목과 마지막 대목이다. 드디어 절망과 압제를 뚫고 민중이 스스로 나섰기에 민권 승리가 시작되었다는 첫 구절이 장쾌하다. 그리고 이렇게 시작된 민주세력들의 결집이 부패특권 세력의 분쇄로 나아가고 있으니 이제 학생운동 세력도 "우리의 육신을 살라 바치려 한다"라는 마무리 다짐에 이르면 그 결기가 읽는 이의 가슴을 친다.

실제로 이 선언의 주역, 곧 민청학련 세대의 학생운동가들은 상당수가 그 이후 한국 사회의 민주화운동에 자신을 바쳤다. 가깝게는 박정희 유신독재의 철폐에, 길게는 이 나라 민주주의의 회복과 민족통일의 대열에 기꺼이 투신했고, 그 영역의 역사를 만들어 갔다. 지난 반세기(1974~2024) 한국 사회의 흐름이 그러한 사실을 증명한다. 오죽하면 "한국 민주주의란 실로 학생들의 피와 함성으로 쓰인 이름이다"라는 경구가 있을 정도이겠는가.

그뿐만이 아니다. 최근 들어 '민청학련 사건' 자체의 의미도 되새겨지고 있다. 21세기 중반에 50년 전의 외침을 다시 듣는 이유는 그 주역들을 칭찬하려는 데에 있지 않다. 윤석열 정부 시기에 역사가 퇴행하면서 반세기 전 일들이 되풀이되고 있다는 푸념을 늘어놓으려는 것도 아니다. 짧다면 짧고, 길다면 긴 시간적 거리를 뛰어넘어 민청학련 사건과 '1974년'의 현재적 의미를 살피고 그 연속성 속에서 변혁운동의 새로운 가능성을 가늠해 보려는 시도인 것이다.

'1974년'과 '민청학련 사건'이 갖는 의미

그때로부터 반세기 뒤의 시간을 살고 있는 우리는 1974년의 정치·사회 상황과 민청학련 사건 등 당시의 저항·변혁 운동이 갖는 의미부터 살펴보는 것이 좋겠다.

첫째, 민청학련 사건은 이른바 10월 유신(1972. 10. 17) 이후 1년 반 동안의 침묵을 걷어낸 '본격적인 반유신(反維新) 저항운동의 신호탄'인 동시에 '유신체제 몰락의 시발점'이었다.

잘 알려졌다시피, '민청학련'이라는 조직은 없었다. 무엇인가 있었다면, 그것은 1974년 초 전국 규모의 반유신 민주화 시위를 기획한 서울대 주동 학생들이 서울의 다른 대학 및 일부 지방대학과 공동보조를 위해 상의하던 연락망 또는 네트워크였을 뿐이다. 그렇게 연락을 주고받던 학생들은 조직체의 구성, 나아가 그 명칭을 상의하거나 결의한 일도 없었다. '민청학련'이란, 선언문 말미에 '시위투쟁의 주체'를 표기하지 않을 수 없어 당시 시위의 제1선 지휘부 역할을 맡고 있던 이철, 정문화(1950~1998), 황인성, 김병곤(1953~1990) 등이 지어낸, 실체가 없는 조어(造語)일 뿐이라고 직접 증언한 바 있다.

그러나 자신의 정체성에 확신을 갖지 못하던 유신정권은 이른바 민청학련의 시위가 시도된 1974년 4월 3일 밤 10시, 그 관계자들만을 대상으로 긴급조치 제4호를 선포해 최대 사형까지 가능케 했다. 그것은 제도의 이름을 빌렸을 뿐 형식상으로 '소급조치'였고, 내용상으로 야만이었을 뿐이다. 수사대상은 1,024명이었으며, 그 가운데 253명이 군법회의에 송치되었고, 1심인 비상보통군법회의에서 사형 9명, 무기징역 21명을 제외하더라도 140명의 피고인에게 선고된 (유기)징역의 형량을 합산하면 무려 1,650년에 이르렀다. 그 결과도 재판의 외양을 걷어내면 노골적인 야만이기는 마찬가지였다.

이러한 국가폭력(state terrorism)은 뜻밖에도 사건 관계자들을 '민청학련'이라는 큰 범주의 반유신 투사로 아주 튼튼하게 묶어주었다. 그 규모도 스스로 노력해서 구성하기 힘든 수준이었다. 바로 이것이 한 차례 시위 기도가 '반유신 저항운동의 본격적인 신호탄'으로 발전해 간 과정이었다.

그것으로 끝이 아니었다. 이렇게 전혀 비판을 허용하지 않고 자기 조정의 여지도 갖지 못한 유신체제에는 민주주의라는 허울조차 사치였을 뿐이다. 그 체제 아래에서 '중앙정보부가 조작한 허구의 조직'인 '인민혁명당재건위원회' 연루자 8명이 '조작된 혐의'로 대법원에서 최종 사형선고를 받았으며, 이들 전원에 대해 바로 그 다음 날 사형이 집행되었다.

그것은 우리가 상상해 볼 수조차 없는 최악의 야만이었다. 이렇게 무고한 사람의 목숨을 담보로 성립된 체제는 동시에 권력자의 목숨도 담보로 잡는 것이었다. 그런 점에서 민청학련 사건과 인혁당재건위 사건이 '유신체제 몰락의 시발점'이었다는 평가는 결코 과장이 아니다. 역사의 간지(奸智)란 바로 이런 것이 아닐까.

둘째, 민청학련 사건은 '민중·민족·민주선언'이라는 선언서의 제목이 잘 보여주듯 1970년대 '민중의 발견'과 '민중 주체 시대의 개막'을 알리는 거대한 팡파르와 같은 것이었다.

거기에는 물론 1970년 전태일의 죽음에서 촉발된 학생과 지식인, 종교인 등의 각성이 게재되어 있었다. 청계천 평화시장의 한 아름다운 청년이 자신을 태운 그 불꽃이 불과 몇 년 지나지 않은 1974년, '민중'이라는 일반명사가 되어 선언문 제목의 가장 앞자리를 차지한 것은 물론이고 선언문 첫 문단의 주어 위치로 격상되었다.

그 선언문에 이어지는 결의문[자료 10-2] 역시 "오늘 우리의 궐기는 학생과 민중과 민족의 의사를 대변"한다고 민중의 대변인을 자임하면서 "이 땅에 진정한 자유와 평등을 실현하기 위한 민중적·민족적·민주적 운동"이라고 자신의 역할을 규정했다. 결의문은 나아가 이날 오후 학교의 울타리를 벗어난 서울 시내 거리시위의 장소 두 곳을 적시했는데, 하나는 '시청 앞 광장'이었고, 다른 하나는 청계천5가 네거리, 곧 '평화시장 앞'이었다는 점도 의미심장하다. 이날 오후 그곳에서는 아무런 시위도 벌어지지 못했다. 그러나 이런 결의문의 내용은 그 이후 이어질 노학연대(勞學連帶)의 결의를 선취해 보여주는 것이었다.

그 이후 이 '3민' 이념은 '민주화'와 '민족통일'(또는 민족자주)이라는 양대 과제를 실현할 주체로서의 '민중주의'라는 관점에서 늘 함께 사고되고 언급되는 한국 사회 변혁운동의 기본이념이 되었다. 1970~1980년대는 물론이고, 반세기가 지난 지금까지도 그 '3민'의 관점은 일정 정도 여전히 유지되고 있다. 그런 점에서 민청학련 선언문은 한 시대의 출범을 알리는 역사적인 문건이었다고 말해도 지나치지 않다.

셋째, 민청학련 사건을 포함해 1974년에 이루어진 각종 저항운동은 그 이전의 시위 등 운동들과 달리 유신체제를 직격하는 것이었다.

그 이전에는 한일협정, 삼선개헌, 교련 수업, 부정선거 등 개별 현안 또는 정책이 시위의 대상이요, 비판의 논점이었다. 그러나 1972년 유신체제의 등장으로 상황이 완전히 달라졌다. 1961년의 5·16쿠데타에 이은 또 한 번의 쿠데타로 1인 영구집권 체제가 성립되고 민주주의의 원칙이 깡그리 말살되면서 싸움의 대상이 일목요연해진 것이다. 에둘러 갈 필요도 전혀 없었다. 요구 사항의 핵심은 '유신헌법의 철폐'와 '긴급조치의 해제'였고, 그것이 받아들여지지 않을 때의 행동지침은 '유신체제의 타도'뿐이었다.

유신정권과 학생운동 간의 길항 관계는 유신체제의 등장(1972.10) 이후 긴급조치 제1·2호(1974.1)와 긴급조치 제4호(1974.4)를 거치며 더욱 고조되어 갔고, 긴급조치 제9호(1975.5)에 이르러 종합선물세트와 같은 압제의 완성본을 선보이기에 이르렀다. 유신체제는 1979년 10월 그 체제의 정점 박정희가 죽기까지 지속되었다. 그렇게 만 7년, '압제의 밤'이 계속되는 시기에 한국 사회 변혁운동의 초점은 오직 한 가지, '유신헌법의 철폐' 내지 '유신체제의 타도'로 모일 수밖에 없었다. 그리고 그 출발점은 민청학련 사건을 포함해 1974년에 이루어진 여러 시위·운동들, 그리고 그 한 해 전 서울대 문리대의 10·2시위[자료 4]였다.

넷째, 1974년에 이르러 유신체제를 직격하기에 이르렀다는 앞의 이야기에 이어지는 것이지만, 1974년의 각종 반유신 운동은 1970년대 초반의 유신체제 이전에는 찾아볼 수 없던 각 부문 운동 역량의 성장과 축적, 그리고 연대의 가능성을 종합적으로 보여주었다.

이것은 어쩌면 박정희 자신이 자초한 일이었다. 박정희는 유신체제에 대한 비판과 저항을 발본색원(拔本塞源)하겠다며 사건 관련 학생들을 대거 구속해 중형에 처했다. 또 동시에 시위 자금을 제공하는 등 학생들을 배후에서 조종했다는 혐의로 천주교의 지학순 주교와 개신교의 박형규 목사 등 교직자, 김동길·

김찬국 교수, 김지하 시인, 윤보선 전 대통령 등도 구속하거나 재판에 넘김으로써 민청학련 사건 자체가 학생, 신·구교, 대학교수, 재야 정치인, 문학인 등이 연대해 간여한 조직사건의 성격을 띠게 되었고, 그 뒤 민청학련 구속자들에 대한 석방운동 과정에서 그 연대는 더욱 강화되었다.

그 이전에는 대학생, 종교인, 언론인, 그리고 소수의 전·현직 정치인들이 정치·사회적 현안에 대해 개별·분산적으로 항의 발언을 하거나 시위를 하는 방식으로 자신의 의사를 표출하는 수준이었다. 부문 간의 연대를 생각해 보긴 했겠지만 실현된 적은 없었다. 자신의 직업적 양식과 양심, 또는 정의감이 행동의 출발점이었을 뿐이다.

그러나 유신으로 상황이 바뀌었다. 뜻이 좋다고, 그 지향점이 바르다고 해서 세상이 그 뜻과 지향점에 따라 달라지지 않는다는 점이 분명해졌다. 그뿐인가. 긴급조치 제4호가 모든 정치적 반대 의사 표시에 재갈을 물리며 최대 사형까지 시킬 수 있다고 협박하더니, 실제로 이른바 인혁당재건위 관계자 8명을 사형에 처하는 것을 보면서 이제 유신체제에 반대하려는 사람들은 자신의 목숨을 걸어야 한다는 사실을 깨달았다.

그래서 어떻게 되었나? 유신 반대의 목소리가 움츠러들었을까? 1974년 한 해 동안 시민적 자유를 확보하려는 목소리들이 한국 사회 각 영역에서 정말 쉴 새 없이 터져나왔다. 누가 기획해서 될 일이 아니었다. 1960년 4월혁명 이후 성장해 온 시민의식이 각 부문 운동 역량으로 조직화되면서 자기 발언을 하기에 이르렀고, 그것이 자연스럽게 연대의 흐름을 형성하게 된 것이다. 그 결실 중 하나가 1974년 말의 '민주회복국민회의'의 결성[자료 16]이었고, 그 뒤 각종 연대 기구의 구성과 연대 시위 등으로 이어졌다.

그 뒤 유신과 신군부의 폭압 체제에 맞서는 한국 사회의 저항·변혁 운동은 이렇게 분출하고 합류해 연대 기구로 역량을 키워갔고, 그 흐름은 1974년 이후 오늘날까지 반세기 동안 이어지고 있다.

2. 가톨릭

기독교계로 번진 민청학련 사건의 파장

민청학련 사건의 불똥이 가장 먼저 종교계로 튄 것은 엉뚱한 일이 전혀 아니었다. 통 크게 전국적 규모의 시위를 기획하기는 했지만, 학생들이 연락 차 지방을 왕래하고 유인물을 찍어낼 종이 값이라도 있었을까? 자신들의 등록금과 장학금까지 털어 넣어도 어림없었다. 결국, 그들은 평소 관계를 맺고 있던 기독교 쪽에 손을 벌렸다. 그때 개신교와 가톨릭교회 모두 적극적으로 호응했다.

개신교 쪽으로는 한국기독학생회총연맹(KSCF)의 간사들을 통해 박형규 목사(1923~2016)에게 요청했고, 박 목사는 마지막으로 윤보선 전 대통령(1897~1990)으로부터 꽤 거금을 받아 역순으로 학생들에게 전달했다. 윤 전 대통령 외에 함석헌 선생(1901~1989)과 김용준 선생(1927~2019) 등도 자금을 보탰다. 학생들이 꼭 윤 전 대통령 같은 '어른'을 지목해 도움을 요청한 것은 아니었지만, 이렇게 기독교 계통의 지원을 받을 경우, 그들이 가장 걱정하는 이른바 '용공 조작'을 벗어날 수 있다는 계산도 배경에 깔려 있던 게 사실이다.

민청학련 학생들은 가톨릭교회로부터도 큰 도움을 받았다. 이들은 당시 이른바 서울대생 내란음모 사건으로 1년 반을 복역하고 나와 있던 서울대 운동권의 선배 조영래(1947~1990)에게 도움을 요청했고, 그는 김지하(1941~2022) 시인에게, 김지하는 다시 가톨릭 원주 교구의 지학순 주교(1921~1993)에게 요청해 상당히 큰 액수의 돈을 받았으며, 이 돈은 역시 역순으로 시위 준비 중인 학생들에게 전달되었다.

돌이켜 생각해 보면, 이런 '거물' 정치인 또는 종교인들이 학생들의 시위에 자금을 보탠다는 것은 상상하기 힘든 일이었다. 그러나 이른바 거사 자금을 준 인사들이 그런 지원에 주저한 흔적은 별로 발견되지 않는다. 오히려 당시 학생들의 행동이야말로 정의롭고 크리스천 정신에 합당하다는 판단이 있었다. 그

렇게 하는 것이 1970년대 중반의 시대정신이자 하느님의 선교(Missio Dei)라는
확신이 그들의 손을 잡아끌었던 것으로 보인다.

이 나라 '양심선언'의 선구

먼저 문제가 터진 것은 가톨릭 쪽이었다. 이런 자금 전달 루트가 밝혀지지 않
을 리 없었다. 대한민국 정보기관도 그 정도는 할 줄 알았다. 그렇게 해서 유신
정권은 유신의 길을 가고, 교회는 교회의 길을 가는 가운데 마침내 양자가 충
돌하는 지경에 이르렀다.

　1974년 7월 6일. 지학순 주교가 외국 방문을 마치고 김포공항에 내리면서 중
앙정보부로 연행되었다. 지 주교가 민청학련 사건의 '배후'라는 것이었다. 그
시절 가톨릭 주교가 학생들의 거사 자금을 주는 일도, 그렇다고 당국이 주교를
연행하는 일도 모두 예삿일은 아니었다.

　마침내 지 주교가 두 차례 입장('나의 견해'와 '양심선언')을 밝혔다[**자료 11-1,
자료 11-2**]. 더할 나위 없이 명쾌했다. 그는 우선 모든 사태의 근원에 해당하는
유신헌법과 긴급조치에 대한 입장부터 밝혔다. '유신헌법'은 "민주헌정을 배신
적으로 파괴하고 국민의 의도와는 아무런 관계없이 폭력과 공갈과 국민투표라
는 사기극에 의하여 조작된 것이기 때문에 무효이고 진리에 반대되는 것"이라
고 규정했다. 또 자신이 위반했다고 기소하면서 적용된 '긴급조치 제1호 및 제
4호'는 "우리나라의 오랜 역사상 가장 참혹한 자연법 유린의 하나"라는 것이었
다. 두 가지 다 이 세상에 존재해서는 안 될 제도라는 얘기였다.

　이런 전제 위에서 지 주교는 자신의 혐의와 처신에 대한 설명을 전개했다.
이렇게 요약된다. 첫째, 내가 김지하를 통해 학생들에게 100만 원 내외의 돈을
준 것 맞다. 그 사실을 인정한다. 둘째, 그런데 학생들이 당국의 발표와 같이
'유혈 데모' '폭동' '내란'을 일으켜 '정부 전복'을 생각했다는 것은 가당치 않다.
그것은 전혀 불가능하다. 공산주의자와도 관계없다. 다만 '그리스도교적 정의

와 사랑의 운동을 하라'고 돈을 주었다. 셋째, 자신이 중앙정보부에 잡혀간 뒤에 잡혀가기 전의 말과 다른 말을 한 것으로 발표된다면 그것은 '타의에 의한 강박'에서 나온 것임을 알아달라. 지금 하는 말이 나의 내면, 즉 양심의 진실이다.

바로 이 마지막 대목이 '양심선언'이라는 말의 취지였을 것이다. 이것은 그 뒤 줄줄이 나오는 이 나라 각종 양심선언의 출발점이자 모범이었다. 지금은 양심선언이라는 말이 어떤 감춰진 비리를 폭로하는 일, 곧 내부고발 또는 공익제보(whistle-blowing)의 의미로 많이 사용되지만, 본래는 객관적인 세상사보다는 자기 내면의 진실을 세상에 드러내 보여줌으로써 자신에 대한 권력의 압박 또는 조작을 사전에 차단하고 무력화하려는 시도를 가리키는 말이었다.

가톨릭 사제의 표현에 적용하기는 다소 송구스럽지만, 그런 양심선언의 선구는 1512년 독일의 보름스 제국의회에 출석한 종교개혁자 마르틴 루터가 가톨릭교회를 비판한 기왕의 주장들을 철회하라는 압박에 "여기 서서 나는 달리 행동할 수 없다(Hier stehe ich. Ich kann nicht anders)"라고 거부한 데에서 찾을 수 있다. 그것은 한 개인이 권력 앞에서 신앙과 양심의 자유를 천명한 것으로서 중세에서 근대로의 전환을 보여주는 상징적인 장면이었다. 바로 그런 양심의 자유가 근 500년 뒤 거의 지구의 반대편 나라인 대한민국에서 한 가톨릭 사제에 의해 무도한 정치권력을 상대로 다시 제시되었다.

지학순 주교가 계기 만들고, 주교단이 앞장서고

지학순 주교의 역사적인 행동은 그의 개인 처신에 그치지 않았다. 젊은 신부와 신자들을 중심으로 전국의 교구에서 시국기도회가 열리거나 지 주교의 석방을 요청하는 성명서가 잇달아 발표되었다. 그 모든 일은 지 주교의 석방이 1차 목표였지만, 이를 계기로 독재와 불법과 부패로 점철된 이 나라 정치권력의 민주화와 정의의 회복을 공론화하는 것이 궁극적인 목표였다. 우선 신부들이 앞장서고, 그다음에 수녀와 신자들이 함께하며, 나아가서는 이미 한발 앞서 '반유신'의 기치를 든 개신교 측과 합동으로 기도회를 마련하는 식이었다.

첫 출발은 지 주교의 '양심선언'이 나온 지 한 달 뒤인 1974년 8월 26일 '성직자 일동'의 명의로 발표된 '성명서'[자료 11-3]였다. 내용은 아주 간단했다. 첫째, 지 주교의 양심선언을 적극 지지한다. 둘째, 긴급조치로 투옥된 지 주교와 목사, 교수, 변호사, 학생 등을 즉각 석방하라. 셋째, 이 땅에 민주주의가 회복되고 인간 존엄성과 기본권이 보장될 때까지 '우리 사제단'은 주교단 사목교서 내용을 준수하며, 사태의 진전을 예의 주시하면서 기도회를 계속한다는 등의 내용이었다. '성직자 일동'이나 '우리 사제단'은 정식으로 '정의구현전국사제단'이 결성되기 전까지 기도회를 계속해 나갈 주체로서 기능했다.

두 번째 계기는 앞의 성명서 발표 후 보름이 지난 9월 11일 열린 '고통받는 사람들을 위한 기도회'였다. 명동성당에서 열린 이 기도회에는 성직자, 신도 등 1,500여 명이 참석했으며, 이 자리에서 '정의구현전국사제단'과 '평신도사도직협의회'가 공동으로 '결의문'[자료 11-4]을 채택했다. 사제들과 평신도가 함께 결의문을 채택하는 일 자체가 대단히 예외적인 경우였지만, '정의구현사제단'이라는 존재가 세상에 처음으로 선을 보이는 자리라는 점에서도 눈길을 끌었다. 이날의 '결의문'은 보름 전 '성명서'의 내용을 되풀이하는 수준이었다.

세 번째 계기는 다시 이 결의문 채택으로부터 10여 일 지난 9월 22일 신구교 운동단체들이 망라되어 명동성당 문화관에서 진행한 '조국과 정의와 민주회복을 위한 기도회'였다. 당연히 이 신구교 합동기도회에서도 '우리의 선언'[자료 11-5]이라는 문건이 채택되었다. 개신교는 이미 가톨릭에 앞서 남산 부활절 연합예배 사건(1973. 4)으로 박형규 목사, 권호경 전도사 등이, 민청학련 사건(1974. 4)으로 윤보선 전 대통령과 한국기독학생회총연맹(KSCF)의 간사 등 많은 사람이 영어(囹圄)의 몸이 되어 있었다. 연대의 필요성을 절감하고 있었다. 앞의 '성명서'와 '결의문'이 '유신체제 또는 헌법'과 '긴급조치'를 직접 거론하지 않고 그저 "지학순 주교의 양심선언을 적극 지지한다"는 식으로 에둘러 가던 것과 달리 '우리의 선언'은 "유신체제를 조속히 철폐하고 삼권분립의 민주체제

를 실현하라", "긴급조치를 전면적·원천적으로 무효화하고 민주회복과 사회
정의를 외치다 투옥된 성직자, 교수, 학생, 민주 애국인사를 즉각 석방하라"라
고 적시했다. 이제 돌아갈 수 있는 길은 없어졌다.

한국가톨릭, 한국 역사와 다시 만나다

돌아갈 수 있는 길이 없는 마당에 일을 탄탄하게 하려면 조직이 필요했다. 마
침내 1974년 9월 23일, 천주교 정의구현전국사제단의 결성이 공식화되었다.
앞에 설명한 신·구교 합동기도회 바로 다음 날이었다. 이날 강원도 원주에서
개최된 성직자 세미나에 참석한 300여 명의 사제가 사제단의 결성과 공식 명
칭에 최종 합의했다. 그 시점에 한국인 사제의 총수가 639명이었다는 사실에
비춰보면 놀라운 일이었다.

사제단의 결성과 한국가톨릭교회의 1970년대 민주회복 활동에 대해 교회
사가들은 한국가톨릭교회가 200여 년의 역사에서 초기 박해 시대 이후 오랜
침체 끝에 한국 민중 및 한국 역사와 비로소 '제2의 만남'을 이루었다고 평가했
다. 한국 교회가 맞은 '제2의 성령강림'이라는 표현도 있었다.

사제단은 기회가 있을 때마다 기도회는 물론이고 선언문을 통해 한국 사회
와 소통했다. 그것은 '이 침묵의 세계를 뒤흔드는 말씀의 폭풍'이요, '광야에서
외치는 자의 소리'였다.

민주제도는 정치 질서에 있어서 국가 공동체가 그 본연의 사명을 완수할 수 있는
가장 적절한 정치제도임을 우리는 믿는다. 교회는 이와 같은 인간의 존엄성과 소
명, 그의 생존권리, 기본권을 선포하고 일깨우고 수호할 권리와 의무를 가진다.
그러기에 교회는 이 기본권이 짓밟히고 침해당할 때면, 언제 어디서나 피해자가
누구이든 그의 편에 서서 그를 대변하면서 유린당한 그의 권리를 회복해 주기 위
하여 가해자와 침해자가 누구이든, 그를 거슬러 항변하고 저항하고 투쟁할 권리

와 의무를 갖는다. — '시국선언'(1974. 9. 26)[자료 11-6]

정치권력의 비대와 남용을 통제하고 이를 방지하려는 민중의 편에 서서 그들을 대변하여 인간의 기본권과 생존권에 관한 복음의 가르침을 재천명하고 집권자와 국민의 상호 의무와 권리를 다시 한번 각성시키는 것이 우리의 사명임을 확신한다. — '제2차 시국선언'(1974. 11. 6)[자료 11-7]

하느님 나라는 인간의 영혼만을 위한 것이 아니라, 그것은 묵은 세상과 구질서의 모든 구조를 뒤엎고 새 세상과 새 질서를 마련하는 결정적 전기요 하나의 위력이다. (…) 그러기에 하느님 나라는 다가올 내세만이 아니고 철저하게 인간화한 현세, 그 구조가 변혁되고 그 변모가 일신된 현세까지를 포함한다. — '사회정의 실천선언'(1974. 11. 20)[자료 11-8]

우리는 우리의 기도에서 이 땅에 인권회복 민주회복을 하느님의 소명으로 확인하였다. 인권회복은 정치권력의 무한한 횡포로부터 우리의 기본적 인권을 찾자는 것이다. 이 땅의 인간 회복은 인간다운 삶을 보장받자는 것이며, 이 땅의 민주회복은 독재정치의 굴레로부터 해방되자는 것이다. 이것은 정치적 요구가 아니라 인간적 요구이다. — '제3 시국선언'(1975. 2. 6)[자료 11-9]

여기 우리는 우리 교회의 사명에 따라 우리 사회에 누적된 비극을 청산하기 위한 민주·민생을 위한 복음 운동을 선포한다. 우리가 선포하는 복음은 이미 죽은 자를 천당으로 인도하기만 하는 '장의 복음'이 아니며, 구호물자의 도착을 알리는 자선남비의 복음도 아니다. 고통받는 이웃을 하느님이 창조하신 인간다운 모습으로 되살리기 위한 복음이다. 가난하고 억눌린 자를 위해 우리의 교회가 해방의 요람이 되기 위한 복음이다. — 「민주·민생을 위한 복음운동을 선포한다」(1975. 3. 10.)[자료 11-10]

사제단이 한국 사회 민주주의의 물꼬를 튼 일들은 일일이 나열하기조차 어렵다. 1970년대를 넘어 1987년 박종철군 고문치사 사건의 진상이 조작되었음을 발표해 6월항쟁의 결정적 도화선을 만든 것도 사제단이었다. 그 뒤 용산 참사, 제주도 강정마을, 밀양 송전탑, 쌍용차 해고 등이 이들을 거리로 불러낼 때마다 그 부름에 응했고, 이 나라 민주화의 역주행이 자행되고 있는 2020년대에도 여전히 거리에서 이태원 참사와 검찰 독재의 해소를 외치고 있다.

물론 반세기 동안 사제단 내의 세대교체도 이뤄졌다. 하느님과 지근거리에 있는 이들이, 지금까지 그랬던 것처럼, 오늘도 여전히 '시대의 징표'를 읽으며 없는 길을 찾거나 만들어갈 것으로 기대를 모으고 있다. 사제단이 2024년 창립 50주년에 즈음하여 내놓은 성명서가 그런 한결같은 모습을 잘 보여준다.

그런데 우리가 '제1 시국선언문'에서 천명했던 '유신헌법 철폐와 민주헌정 회복/ 국민 생존권과 기본권 존중/ 서민 대중을 위한 경제정책 확립'은 지금 짓다 만 밥처럼 이도 저도 아니게 돼 버렸습니다. 애국 청년학생, 노동자와 농민, 양심적 지식인과 종교인들이 살벌하고 교활하고 악랄했던 독재 권력에 맞서 피눈물로 이룩한 성취가 시시각각 급속도로 무너져 내리고 있으니 머뭇거릴 시간이 없습니다. 다시 한번 민주의 이름으로 크게 일어설 때가 왔음을 말씀드립니다.

3. 언론

언론인들, 치욕과 슬픔 딛고 언론자유의 수호자로

1974년 한국 사회의 서사에서 빼놓을 수 없는 것이 언론계의 움직임이다. 1961년과 1972년, 두 차례나 쿠데타로 헌정질서를 왜곡한 군사정권에 대해 대학과 종교계가 양심과 신앙의 자유, 그리고 지극히 상식적인 민주주의를 호명하며 정면 대결하는 모습을 지근거리에서 지켜본 이들이 바로 언론인들이었기 때문이다.

그런 대결의 최전선을 지켜본 대가는 '통제'였다. 삼선개헌을 넘어 '박정희 종신집권'의 고지를 향해 마지막 피치를 올리던 비정상 정권은 1971년 제7대 대통령선거(4.27) 무렵부터 본격적으로 언론에 재갈을 물리기 시작했다. 중앙 정보부 요원들이 각 신문사 편집국에 사실상 상주하다시피 하며 구체적인 지면 제작에 간섭하기 시작한 것이다. 과거 전화로 협조를 구하던 것과는 양상이 달라졌다. 이 기사는 빼고 저 기사는 키우며, 이 제목은 조금 완화하고 저 제목은 더 강조해 주며…. '언론'이라는 이름 자체가 무색해졌고, 기자들이 느끼는 참담함은 이루 말로 표현할 수 없었다.

그 상처에 대학생들이 소금을 뿌렸다. 대통령선거 직전 서울대 학생들이 광화문 동아일보사 앞에 모여 권력의 통제에 순응하는 언론의 행태를 '권력의 주구' '금력의 시녀'로 규정하며 '언론 화형식'을 가졌다. 한국 사회에서 처음 있는 일이었다. "민족의 부름에 거역한 너 언론을 조국에 대한 반역자로 규정하여 민중의 이름으로 화형에 처하려 한다"는 것이 학생들의 명분이었다.

이런 수모와 충격 속에 동아일보 기자들이 나섰다. 1971년 4월 15일 '언론자유 수호선언'[자료 12-1]이 '동아일보사 기자 일동'의 이름으로 채택·공표되었다.

우리는 수년래 강화된 온갖 형태의 박해로 자율의 의지를 앗긴 채 언론 부재, 언론 불신의 막다른 골목까지 밀려 나왔다. 작게는 뉴스원의 봉쇄로부터 기사의 경중과 보도 여부에까지 외부의 손길이 미쳤고, 이른바 정보기관원의 '상주'가 빚어내는 불합리한 사태는 일선 언론인인 우리들에게 치욕과 슬픔을 안겨 주었다. 이에 우리는 헌법이 보장하고 있는 언론의 자유가 어떤 구실로도 침해되어서는 안 되며 즉각적이고 완전하게 회복되어야 한다고 확신한다.

이는 일선 언론인으로서의 고해성사이기도 했고, 언론 행위의 기본선으로 돌아가 스스로 언론자유를 회복하겠다는 다짐이기도 했다. 가장 상징적인 행위는 기관원의 사내 상주 또는 출입에 대한 거부였다. 동아일보사도 기자들의 이런 뜻에 힘입어 정보기관원의 철수를 요청했고, 그날로 기관원은 '일단' 사라졌다.

이 선언은 전 언론사에 파장을 미쳤다. 4월 16일 한국일보 기자들이, 17일 조선일보 기자들[자료 13-1]을 포함해 대한일보, 중앙일보 기자들이 비슷한 취지의 선언문을 채택하며 언론자유 수호의 의지를 다졌다.

이렇게 해서 대한민국의 언론자유는 회복되었을까? 민주주의를 사실상 포기한 정권이 언론에 대한 통제를 포기할 리 없었고, 그에 반해 기자들은 그런 통제에 맞설 투쟁의 조직과 결의를 마련하지 못하고 있었다. 그해 12월 국가비상사태가 선포되면서 기관원들의 언론사 출입이 재개됐다. 선언의 효력은 8개월이었던 셈이다.

정부의 반격은 그 강도가 엄청났다. 모든 기자로 하여금 정부가 발급하는 '프레스카드'를 갖도록 하는 제도를 창안해, 그것을 가져야만 취재 현장에 접근할 수 있도록 했다. 정부가 기자의 목줄을 잡음으로써 언론사를 사실상 관영화(官營化)한 것이다. 그런가 하면, 그 무렵 각종 취재 현장에서의 기자 폭행 등은 말할 것도 없고, 정부의 국가안보 논의에 시비를 따지는 동아일보 사설 논조에 대한 압력으로 발행인을 연행하고 편집 간부와 일선 기자 해고를 강요하는 등 압박의 강도는 더욱 높아갔다.

1972년 10월 유신의 선포는 언론통제의 레벨을 한껏 높였다. 모든 정부기관의 기자실을 폐쇄하고 정부 내 취재원에 대한 접근까지 봉쇄했다. 공권력의 행사와 관련해서는 정부가 알려주는 내용만 쓰라는 것이었다. 그런가 하면 유신 직후 실시된 제9대 국회의원선거(1973. 2. 27)에서 무려 19명의 전직 언론인이 여당의 공천(유정회 8명 포함)으로 출마해 당선되었다. 이어 그해 4월에는 각 신문사의 편집국장 등 고위 경력직 기자들이 경제기획원 등 11개 정부 부처의 대변인으로 임명되었다. 이는 압박과 함께 주어지는 당근이었을까? 아니면 이 이제이(以夷制夷)의 술책이었을까? 이 시절 정부의 시선 속에 언론은 없고 홍보만 존재했다.

자유언론운동의 비극적 결말, 새 변혁운동의 시발

이렇게 존립 기반을 박탈당한 언론인들은 반발할 수밖에 없었다. 계기는 서울대 문리대 학생들이 1973년 10월 2일 유신체제 만 1년의 정적을 깬 첫 시위[자료 4]에 있었다. 이어 서울대 법대와 상대가 잇달아 반유신 시위를 벌였지만, 어느 신문도 지면에 이 소식을 한 줄도 보도할 수 없었다. 동아일보 기자들은 11월 20일 '언론자유 수호 제2선언문'[자료 12-2]을 발표하며 "언론의 자유가 언론인 스스로의 무능과 무기력으로 인해 수호되지 못한 것을 부끄럽게 생각한다"면서 '외부의 압력 배격' 등의 3개 항을 결의했다.

이런 기류가 상승작용을 일으켜 반유신 시위가 전국 대학가로 번지고 언론자유 운동도 1971년에 이어 재점화 조짐을 보이자 다급해진 정부가 각 신문사 발행인 등을 불러 '유신 또는 안보에 위해가 되는 기사는 싣지 않는다'는, 이른바 자율지침에 서명을 받으려 했다. 유치하다고 해야 할지, 안타깝다고 해야 할지…. 동아일보 기자들이 이 이슈를 놓치지 않았다.

그해 12월 3일 '언론자유 수호 제3선언문'[자료 12-3]을 채택해 그러한 저열한 발행인 '서명 공작'을 즉각 철회할 것을 요구하면서 "우리는 이 시점까지 서명을 거부해 온 본사 발행인이 당국의 강압에 못 이겨 끝내 서명하게 되는 불행한 사태가 올 경우, 신문제작과 방송 뉴스의 보도를 거부한다"라고 한 단계 높은 대처 방안을 예고했다. '제작 거부'가 거론되기 시작한 것이다.

동아일보 기자들은 1974년 3월 6일 언론자유운동을 위한 신분보장 방도를 마련하고 사회적으로 알릴 의무를 다하기 위해서도 적정한 임금을 쟁취할 필요가 있다는 판단에 따라 마침내 노조를 결성[자료 12-4]하기에 이르렀다. 조직운동의 단계로 나아간 것이다.

그 뒤 노조 결성의 적법성과 관련한 법적·행정적 다툼, 노조 주요 관계자들의 해고와 복직 등 길고도 복잡한 과정을 거쳤지만, 결국 동아일보 기자들의 노조 설립 운동은 좌절되었다. 이들의 언론자유운동은 결국 노조가 아니라 한국기자협회 및 동아일보 분회에 의존하는 경로를 취할 수밖에 없었다. 그 결실이 1974년 10월 24일의 '자유언론실천선언'[자료 12-5]이었다.

본질적으로 자유언론은 바로 우리 언론종사자들 자신의 실천과제일 뿐 당국에서 허용받거나 국민 대중이 찾아다 쥐어주는 것이 아니다. 따라서 우리는 자유언론에 역행하는 어떠한 압력에도 굴하지 않고 자유민주 사회 존립의 기본 요건인 자유언론 실천에 모든 노력을 다할 것을 선언하며, 우리의 뜨거운 심장을 모아 다음과 같이 결의한다.

여기서 중요한 것은, 앞의 세 차례 선언의 지향이 '수호'였던 데에 반해 이제 그것이 '실천'으로 옮아갔다는 점이었다. 당시 기자협회 동아일보분회장이던 장윤환 기자는 "선언을 100번 해봐야 뭐 하나? 실천을 해야지!"라고 말하며 그 같은 지향점의 이동을 분명히 했다. 작지 않은 차이였다. 무엇보다도 지금까지와 같이 일회성 선언에 그치지 않았다는 점이 중요하다. 우선 이 선언 자체가 동아일보와 동아방송을 통해 보도되도록 회사 측에 요청했고, '제작 거부'를 통해 그 요청을 관철했다. 이것부터가 큰 변화였다. 그리고 동아일보사의 한 지붕 아래 보도 기능을 담당해 온 편집국, 방송국, 출판국의 전 부서 대표들로 구성되는 '자유언론 실천 특별위원회'를 구성해 매일의 보도 내용을 검토하고 보다 나은 지면, 보다 나은 방송 뉴스의 구현에 적극적으로 힘을 보탰다. '금기 깨기' '1단 벽 허물기' 등의 운동도 주목할 만한 것이었다.

조선일보 기자들도 같은 날 같은 취지의 선언[자료 13-2]을 발표했다. '언론자유 회복을 위한 선언문'에서 조선일보 기자들은 "우리는 우리에게 가해진 당국의 부당한 압력에 너무나 무기력했음을 부끄러워한다"라면서 "최근 사태에 대한 학생, 종교인 등 각계의 정당한 의사 표시는 그것이 국민의 주장이기에 반드시 [지면에] 게재되어야 하며 [이 요구가] 관철되지 않을 경우에는 실력투쟁을 한다"라고 천명했다. 동아일보의 경우와 마찬가지로 '실천'에 방점이 찍힌 내용이었다.

그 모든 활동은 제3공화국 이후 한국 사회에 새로 출현한 지식인 운동의 한 양상이었다. 굳이 범주를 나눠보자면, 대학생과 종교인에 이어 세 번째로 등장한 지식인 집단이었다. 그 선언의 이름이 '수호'이건 '실천'이건 그 운동은 일단 헌법상 규정된 양심과 표현의 자유에 기댄 것이었다. 다시 말해, 이들의 자유언론운동은 그 기본 성격에 있어서 조정과 타협을 전제로 하는 자유주의적 (liberal)인 것이었다. 이런 활동 속에 동아일보의 지면은 한편으로 '자유언론' 특유의 활력을 찾기 시작했지만, 다른 한편으로 자유언론 실천특위는 편집제작 간부들과의 마찰 속에 쉽지 않은 항해를 이어갔다.

그런 와중에 12월 중순부터 세계 언론사상 가장 치졸한 공작으로 꼽히는 중앙정보부의 광고 탄압으로 이른바 '백지 광고 사태'가 벌어지면서 동아일보는 전혀 예상치 못했던 경로를 걸었다. 정부의 공작으로 광고주들이 빠져나간 빈 지면을 시민들이 소액의 성금으로 조금씩 구입하여 그곳에 의견을 게재하는, 역시 세계 언론사상 유례를 찾기 힘든 시민운동이 벌어진 것이다.

그러나 그것이 자본주의 사회에서 대형 광고주들의 빈자리를 메워주기에는 어림도 없었다. 경영 압박을 견디다 못한 회사 측이 자유언론운동을 주도하는 기자 등 18명을 해고하면서 사태는 내부 갈등 양상으로 번졌다. 그 세부 내용을 여기서 되풀이할 필요는 없겠다. 회사 측은 1975년 3월 17일 제작거부 중인 기자들을 강제 해산시키고, 결과적으로 134명의 기자를 해고했다. 비극적인 결말이었다. 조선일보도 비슷한 시기에 복잡한 내부 갈등 국면을 거쳐 33명의 기자를 해고했다. 독재정권은 대한민국의 두 대표적인 신문사에서 차도살인 (借刀殺人)에 성공한 셈이었다. 모처럼 꽃을 피웠던 자유언론운동이 최악의 모습으로 일단 끝을 맺었다.

그 뒤 두 언론사의 해직 기자들은 '동아자유언론수호투쟁위원회'(동투)와 '조선자유언론수호투쟁위원회'(조투)라는 긴 이름의 단체를 각각 구성해 복직 투쟁은 물론이고 사회적 현안에도 큰 목소리를 내왔다. 이들은 2025년이면 '해고 반세기'를 맞는다. 그러나 희년은 여전히 멀어 보인다.

그렇다고 이들이 50년 동안 복직 투쟁만 했을 리 없다. 오히려 개별 언론사의 울타리를 벗어남으로써 활동의 폭이 훨씬 넓어졌다. 1980년 신군부의 '언론인 대학살' 이후 1975년과 1980년의 해직 기자들이 함께 민주언론운동협의회('언협'으로 약칭)를 조직해 공동투쟁의 길에 나섰으며, 그 과정에서 진보월간지 ≪말≫ 창간(1985), '보도지침' 폭로(1986), 진보일간지 ≪한겨레≫ 창간(1988) 등으로 이어진 대안언론운동의 주축이 되었다. 그 밖에 출판계에서 크나큰 역할을 한 것은 두말할 필요도 없고, 이들은 각종 민주화운동 단체에서도 핵심 역할을 해왔다. 다시 말해 '동투'와 '조투'의 해직 언론인들은 해직을 통해 한국 사회의 변혁에 보다 더 적극적으로 투신할 수 있는 기회를 얻었고, 이들은 그 부름에 기꺼이 응했다.

4. 문인

글쟁이들이 길거리로 나선 뜻은?

1974년에 부각된 또 한 범주의 지식인은 현실참여파 문인들이었다. 이 문인들도 그저 일회성으로 선언문 하나 내놓고 끝난 게 아니라는 점에서 기독교 및 언론계와 흐름을 같이했다. '지속가능한 조직운동'으로서의 지식인 운동을 지향한다는 생각이 이들에게도 뚜렷했다. 그런 점에서 이들이 결성한 '자유실천문인협의회'('자실'로 약칭)도 분명히 1974년의 적자(嫡子)들 가운데 하나였다. 이해 9월 천주교 정의구현전국사제단, 10월 자유언론실천선언(나중에 '동투'와 '조투'로 계승)에 이어 11월 자실이 선보였다. 조금 뒤에 살펴보겠지만, 개신교에서는 이보다 훨씬 앞선 1973년에 이미 신학적 선언과 남산 부활절 시위 기도 등으로 반유신의 기치를 들었고, 민청학련 사건이 터진 지 며칠 지나지 않은 1974년 4월 11일에는 NCC 산하에 인권위원회를 구성함으로써 조직적 활동을 본격화했다.

문인들의 움직임에서 이런 앞선 흐름들과 조금 다른 점은, 그것이 출범의 장소를 일부러 길거리, 그것도 서울 한복판 광화문 네거리를 선택했다는 점이었다.

오늘날 우리 현실은 민족사적으로 일대 위기를 맞이하고 있다. 사회 도처에서 불신과 불의, 부정과 부패가 만연하여 정직하고 근면한 사람은 살기 어렵고 거짓과 아첨에 능한 사람은 살기 편하게 되어 있으며, 왜곡된 근대화 정책의 무리한 강행으로 인하여 권력과 금력에서 소외된 대다수 국민은 기초적인 생존마저 안심할 수 없는 지경에 이르고 말았다. 이러한 모순과 부조리는 반드시 극복되어야 한다. 그러나 그것은 몇몇 정치가의 독단적인 결정에 맡겨질 일이 아니라 전국민적인 지혜와 용기에 의해서만 가능한 일이라 믿고, 이에 우리 뜻있는 문학인 일동은 우리의 순수한 문학적 양심과 떳떳한 인간적 이성에 입각하여 다음과 같은 주장을 결의·선언하는 바이며, 이러한 우리의 주장이 실현되는 것만이 국민총화와 민족 안보에 이르는 길이라고 선언하는 바이다.

앞의 선언문들과는 확연하게 구분된다. 대학생들의 선언문과 같이 피가 뚝뚝 떨어지는 혁명의 정조도 없고, 종교인·언론인들과 같이 논리적·개념적 설명도 없다. 그저 담담하게 '근대화라고 하지만 이대로는 도저히 못 살겠으니 세상 좀 바꿔보자'는 취지를 생활인의 말로 아주 쉽게 풀어 보여주고 있다. 역시 길거리로 나선 글쟁이들의 글답다.

이 선언문의 제목은 '자유실천문인협의회 101인 선언'[자료 14]이었다. 100인이 아니라 거기에 점 하나 더 찍듯이 군이 한 명을 보탠 것도 글의 재미라고 해야 할지…. 그러나 본문에 이어지는 결의의 내용은 결코 간단치 않았다. 즉,

△김지하 시인 등 긴급조치 구속자들의 석방, △언론·출판·집회·결사 및 신앙·사상의 자유 제한 불가, △서민 대중의 생존권 보장 및 노동 관련 법 개정, △유신헌법의 개정 등이 그것이었다. 헌법상 절대적 자유권의 보장과 노동권의 확보는 물론이고 유신헌법의 개정까지 나아갔으면 할 수 있는 말은 다 한 셈이었다. 그것도 아주 쉬운 말로!

이 자실 선언문은 평론가 염무웅이 초고를 쓰고, 시인 양성우가 밤새 등사원지에 철필로 써서 찍어냈으며, 마침내 11월 18일 오전 10시 광화문 의사회관(지금의 교보빌딩 자리) 입구의 계단에서 이 선언에 서명한 30여 명의 젊은 문인들이 지켜보는 가운데 시인 고은이 낭독했다. 낭독 중간에 경찰들이 달려와 그에게서 선언문을 빼앗자 후반부는 소설가 황석영이 낭독했다. 그리고 그 자리에서 가장 젊은 축이던 소설가 송기원(1947~2024)이 "유신헌법 철폐하라!" 구호를 선창했고, 함께한 문인들이 일제히 따라 외쳤다. "유신헌법 철폐하라!"

30여 명이 외치는 소리가 커봐야 얼마나 컸겠는가. 그러나 그 울림은 결코 작지 않았다. 예컨대, 자실 소속 소설가들이 그해 발표한 작품들만 해도 풍성했다. 황석영의 '장사의 꿈'(≪문학사상≫ 2월호), 박완서(1931~2011)의 '부끄러움을 가르칩니다'(≪신동아≫ 8월호), 천승세(1939~2020)의 '황구의 비명'(≪한국문학≫ 8월호) 등 이루 셀 수 없을 정도였다. 이들 작품은 모두 개발연대의 그림자를 배경으로 하면서도 거기서 피어나는 아픔과 분노, 그리고 좌절과 극복을 각자의 색깔로 개성 있게 그려 보여주었다. 이렇게 고통과 환멸의 시대에 잉태되고 태어난 작품들이 지금껏 잘 읽히고, 의미 있게 언급되고 있는 것이다.

그 뒤 자실 소속 문인들은 유신 시대를 넘어 5공 시절에도 줄기차게 자기 목소리를 냈고, 1987년 민족문학작가회의로, 다시 2007년 한국작가회의로 거듭나 오늘에 이르고 있다.

이렇게 보자면, 1974년 9~11월에 출발점을 두고 있는 종교계(사제단), 언론계(동투·조투), 문학계(자실)의 민주화운동 단체들은 반세기가 지난 오늘날까지 '따로 또 같이' 어깨동무하고 나아가고 있는 셈이다. 인간의 기본권 중에서도 제1의 자유에 해당하는 '양심의 자유'와 '표현의 자유'에 민감한 이들의 눈으로 볼 때 우리 사회는 아직 갈 길이 많이 남았다. 이 두 가지 기본권이, 한번 확보되면 절대 후퇴하지 않는 불가역적(不可逆的, irreversible) 자유가 아니라 끊임없이 돌봐야 하는 대단히 취약한 자유라는 사실을 2020년대의 정치 현실이 실증하고 있기 때문이다.

문인들, 죽음의 고비를 넘어 정치학습

다음 범주의 선언으로 넘어가기 전에 문인들의 움직임을 조금 더 설명할 필요가 있다. 사실 이들은 1974년 가을에 이르러서야 목소리를 내기 시작한 것이 아니었다. 특정 직역의 지식인들로서 이미 그해 벽두 가장 먼저 반유신의 기치를 든 그룹이 바로 이 문인들이었다. 이들은 일단 종교나 언론사와 같은 기성의 조직에 매인 몸들이 아니고, 자기 스스로 책임지는 상상력의 주인들이다 보니 아무래도 발걸음이 조금 가벼웠다. 결단하면 바로 행동할 수 있었다.

1973년도 다 저물어 가던 12월 24일, 장준하(1918~1975), 함석헌 등 이른바 일단의 재야인사들이 공개적으로 '100만인 개헌청원운동'[자료 7]의 깃발을 들었다. 아무리 생각해도 유신헌법 아래서는 살 수 없으니 이전의 민주주의 헌법으로 돌아가자는 시민적 캠페인이었다. 이에 발 빠르게 화답해 1974년 1월 7일 이희승(1896~1989), 이헌구(1905~1983), 김광섭(1905~1977), 안수길(1911~1977), 박두진(1916~1998) 등 문인 61명이 '민주회복을 위한 개헌운동은 당연한 권리'[자료 8]라는 제목으로 불과 며칠 전 연말의 개헌청원운동에 대한 명시적인 지지선언을 발표한 것이다. 그 결의의 내용이 아주 가지런했다.

1. 고난에 찬 민족의 현실을 직시하고 인간의 인간다운 삶을 이 땅에 실현하겠다
   는 열의에 불타는 문인만이 참다운 민족문학의 역군이 될 수 있다고 믿는다.
2. 인간다운 삶의 실현을 위해서는 양심의 자유와 표현의 자유를 포함한 국민의

기본적 인권이 제도적으로 보장돼야 한다.

3. 민주적 질서를 회복하기 위한 헌법개정을 청원하는 것은 국민의 당연한 권리
   이며, 우리는 이 권리를 결코 포기하지 않을 것임을 천명한다.

4. 우리는 국민의 편에 서서 용기와 신념을 갖고 민주주의와 사회정의를 위해 싸우
   는 모든 양심적인 지식인들과 더불어 어떤 가시밭길도 헤쳐나갈 것을 다짐한다.

제1항이 문인 자신들이 '민족문학'의 역군임을 자임하는 내용이었다면, 제2
항은 바로 '양심의 자유'와 '표현의 자유'를 거론하며 이런 기본권 보장이 인간
다운 삶의 토대라고 주장했다. 여기서 여러 반유신 지식인 그룹의 태동 가능성
이 감지되지 않는가? 이어 제3항은 이런 기본권의 회복을 포함해 민주적 질서
를 회복하기 위해서는 유신헌법의 개정이 불가피하다는 천명이었고, 마지막
제4항은 문인들이 체제의 변화를 위한 운동을 지속하겠다는 다짐이었다. 이
모든 것이 그해 가을에 가시화되지 않나?

그런데 이들 문인 그룹은 먼저 움직인 대가를 치러야 했다. 오비이락(烏飛梨
落)이었을까? 박정희 대통령과 김종필 국무총리가 이례적으로 연말 시점에 개
헌 운동을 맹비난하는 특별연설 또는 특별담화를 하는 등 호들갑을 떨었지만,
문인들 선언이 나온 1월 7일 무렵 개헌 청원에 서명한 시민의 수는 벌써 10만
명에 다가갔다. 시민들이 열광한 것이다. 바로 다음 날 긴급조치 제1호와 제2
호가 선포되었다. '긴급조치 시대'의 시작이었다.

유신헌법을 비방·반대하거나 개정을 주장하기만 해도 군사재판에 넘겨 15
년의 징역형에 처한다는 내용이었다. 그리고 이 긴급조치를 비방하는 것도 긴
급조치 위반이라고 했다. 그 내용 자체로 민주주의를 포기하겠다는, 다시 말하
면 이 나라의 민주주의는 이제 죽었다는 노골적인 의사 표시였다.

1974년 1월을 죽음이라 부르자
오후의 거리, 방송을 듣고 사라지던

네 눈 속의 빛을 죽음이라 부르자(…)

　　　　　　　　　　　　　　　　　　— 김지하, '1974년 1월' 중에서

　시인의 촉수는 예민했다. 유신 선포와 이날의 긴급조치 선포로 확실히 죽음에 이른 이 나라 민주주의를 위한 레퀴엠이었다.

　긴급조치뿐이 아니었다. 며칠 뒤 여기저기서 문인들이 잡혀가기 시작했다. 간 곳을 알 수 없었다. 거의 한 달 뒤인 2월 5일 중앙정보부가 이른바 '문인ㆍ지식인 간첩단'을 적발했다고 발표했다. 그 시절에는 중앙정보부가 '간첩'이라고 발표하는 순간, 당사자와 그 가족은 바로 죽음이었다. 피해 나갈 길이 없었다. 이호철(1932~2016), 장병희(1933~2010), 정을병(1934~2009), 임헌영, 김우종 등 5명이 간첩 행위를 했다는 것이었다.

　그러나 우습게도 그 간첩 혐의 적용이 무리하다고 판단되었는지 기소 단계에서 이미 간첩 혐의는 떨어져 나갔고, 그해 10월 말 항소심에서 전원이 무죄 또는 집행유예로 풀려났다. 참으로 우스운 간첩 사건이었다. 이 사건은 그래서 평소 정치를 잘 모르던 문인들에게 중요한 정치학습의 계기가 되었다. 유신의 실체와 바닥을 본 것이었다. 그런 점에서 11월 자유실천문인협의회의 결성은 박정희 정권이 그 배후라고 해도 과히 틀리지 않겠다.

5. 개신교

한국 개신교회, 현실 개입 속에 민중신학의 길로

은인자중하던 101인의 글쟁이들이 도저히 더는 견딜 수 없어 서울 광화문 한복판에서 자기들 이름을 내걸고 반유신의 기치를 들던 바로 그날, 1974년 11월 18일, 또 하나의 공개 발언이 터져나왔다. 이것도 66명의 서명자가 실명을 당당히 공개한 문건이었다. 다만, 이번에는 문인들과는 전혀 체질을 달리하는 개

신교 신학자·목회자 등이 연명한 것으로서, '한국 그리스도인의 신학적 성명'
(아래에서 '성명'으로 지칭)[자료 15]이 바로 그것이었다.

이는 '신학적 성명'이라는 제목이 시사하는 바와 같이 정치적·사회적 주장
을 내놓는 것이 목적이 아니었다. 이미 많은 대학생, 종교인, 지식인 등이 정치
질서의 변혁을 위해 목숨을 걸고 대결을 불사하는 상황에서 교회가 그 현실에
개입하는 것은 불가피할 뿐만 아니라 선교 활동의 핵심이기까지 하다고 신학
적으로 변증(辨證)하는 것이었다. 말하자면, 교회는 영혼의 구원에만 신경 쓰
지 왜 현실정치에 개입하느냐는 일각의 주장에 대한 명료한 대답이었다.

그리스도는 제도적 교회에 오신 것이 아니라 바로 이 세계, 이 역사의 한가운데
오셨다. 이 사실은 하나님의 구원의 역사는 인간의 모든 것을 포괄한다는 말이다.
이것을 우리는 '하나님의 선교(Missio Dei)'라고 부르며 그 일에 참여하는 것을 선
교적 사명으로 안다.

인간의 기본권은 국가가 있기 이전에 하나님에게서 받았다. (…) 절대화된 권력
이 인간의 권리를 유린할 때 그리스도 교회는 그것에 대한 투쟁을 감행할 수밖에
없다. (…) 따라서 정치권력과 긴장 관계에 놓이지 않을 수 없다.

교회의 선교는 현대사회에서 인간의 자유화, 인류의 사회화, 제도의 인간화, 사회
정의, 세계평화, 인간과 자연과의 화해에 종사하게 된다. 하나님의 말씀을 선포하
는 예수의 선교에서 박두해 오는 하나님의 나라는 현 질서에 대한 위협이었다. 그
것으로 구질서를 주관하는 악의 세력은 무너지기 시작했다. (…) 예수의 제자로
서 선교의 길을 갈 때 정치적 결단인 십자가는 피할 도리가 없다.

이 선언문들[1973~74년 발표된 신·구교의 여러 선언문]은 독재정권의 절대화를
규탄한 것이며 사람이 하나님의 자리를 참취하는 행위이기에 통렬히 경고한 것이

다. 또 권력의 횡포, 부유층의 사치, 외국의 경제침략을 배격한 것이며, 언론의 자유, 구속 인사의 석방, 정보 사찰의 중지를 요구하고 정치 체제를 즉각 민주화할 것을 주장한 것이다. 이것이 바로 '가난한 자, 갇힌 자를 해방하는' 교회의 선교 활동이다. 선교하는 교회의 일선에서 발언한 이 문서들은 예수 선교의 현대적·상황적 수행이라고 보아 이를 전적으로 지지한다.

이 '성명'을 통해 교회의 현실 참여 혹은 정치적 발언이 교회의 본질을 벗어난 것이 전혀 아니고 오히려 신앙과 신학의 핵심에 해당하는 것임이 분명해졌다. 서명자들도 당시 한국기독교교회협의회(NCC) 핵심 인사들을 필두로 개신교 각 교단의 학자들이 골고루 포함되어 있었다.

이 '성명'의 의미는 여러 겹으로 짚어진다. 첫째, 한국 개신교에서 나온 최초의 본격적이고 명시적이며 종합적인 신학적 인권선언으로 평가된다. 그동안 제시된 각종 선언과 성명들을 잘 종합하면서 향후 교회가 인권 등의 현실 문제에 개입할 수 있는 신학적 토대를 잘 정초했다는 말이다. 둘째, 교회의 현실 개입이 정치적인 차원을 넘어서서 '가난한 자, 갇힌 자를 해방하는' 선교 활동이어야 함을 발견함으로써 한국 교회가 '민중신학'의 길로 나아갈 수 있는 토대를 놓은 것으로 평가되기도 한다.

일본 체류 3인조가 뿌린 씨앗: '1973년 한국 그리스도인 선언'

이 '성명'은 어느 날 갑자기 평지돌출로 나온 것일까? 그럴 리 없다. 우리는 이 '성명'의 선구를 1973년 5월 20일 이 나라 개신교계 일각에 익명으로 배포된 '1973년 한국 그리스도인 선언'(아래에서 '선언'으로 지칭)[자료 3]에서 찾을 수 있다. 사실, 1974년 '성명'의 중요한 씨앗들이 이 1973년 '선언'에 대부분 들어 있었을 뿐만 아니라, 이 '선언'은 1972년 유신 선포 약 반년 뒤에 이를 체계적으로 비판한 최초의 문건이라는 역사적인 지위도 갖고 있다.

이 역사적인 위기에 처하여 우리 그리스도인들은 다시금 다음과 같이 **우리의 신앙을 고백**한다.

(1) 우리는 역사의 주인이시며 심판자이신 **하나님** 앞에서 이웃을 대신하여 고난을 겪고 있는 눌린 자들이 자유를 얻도록 기도하라는 명령을 받고 있다고 믿는다.

(2) 우리는 우리의 주님 **예수** 그리스도가 유대 땅에서 눌린 자들, 가난한 자들, 멸시받는 자들과 함께 사신 것처럼 우리도 그들과 운명을 같이 하면서 살아가야 한다고 믿는다. (…)

(3) 우리는 **성령**이 우리 성품을 변화시키며 새로운 사회와 역사를 창조하시는 데 우리가 참여할 것을 요구하신다고 믿는다. 이 영은 **메시아의 나라**를 위한 영으로서 우리가 이 세상에서 사회적, 정치적 개조를 위하여 싸울 것을 명령한다(강조는 필자의 표시).

사실 이 '선언'이 발표된 1973년 5월의 상황은 여러 분야의 반유신 선언이 봇물 터지듯 쏟아져 나오던 1974년, 특히 '선언'으로부터 꼭 1년 반 뒤 '성명'이 발표된 1974년 11월과는 비교할 수 없을 정도로 옴짝달싹할 수 없던 동토의 왕국이었음을 알아야 한다. '한국 기독교 유지(有志) 교역자 일동'이라는 익명의 선언 주체는 그런 맥락 속에서 만들어진 것이었다. '뜻있는 목사 등'이 선언한다는 말이었다. '신앙고백'이라는 표현도 눈여겨보아야 한다. 이는 '양심선언'의 다른 표현이었다. 이 '선언'을 안보 논리로 채색하지 말라는 경고이기도 했다.

그런 토대 위에서 전통적인 삼위일체론(하나님-예수-성령)에 기대어 '메시아의 나라'를 선포하는 것이었으니 개신교 신학의 현실 개입 선언으로서는 더할 나위 없는 것이었다. 그리고 이 '선언'은 한 발짝 더 나아가 세 가지 행동 방향까지 제시했다.

(1) 1972년 10월 17일 이후 국민의 주권을 전적으로 무시한 채 제정된 법률, 명령, 정책 또는 독재를 위한 정치적 절차를 우리는 한국 국민으로서 단호히 거부한다.

(…)

(2) 이 투쟁을 위하여 우리 그리스도인들은 신학적 사고와 신념을 심화하고, 신앙적 자세를 분명하게 하며, 눌리고 가난한 자들과의 연대를 강화하고, 하나님의 나라를 선포하는 복음을 널리 전파하며, 말씀에 서서 조국을 위하여 기도함으로써 교회를 새롭게 하자. (…)

(3) 우리는 세계 교회를 향하여 우리를 위하여 기도해 줄 것과 우리와의 연대감을 더욱 공고하게 해 줄 것을 호소한다. (…)

이 '선언'은 국내에서는 널리 퍼지지 않았지만, 주도자들의 용의주도한 노력에 의해 영문, 국문, 일문으로 동시에 작성되고, 개신교 국제기구를 통해 세계 교회에 바로 알려짐으로써 큰 파장을 낳았다. 이는 한국 신학의 수준을 세계에 보여주는 동시에 한국 교회의 노력에 세계 교회가 기꺼이 연대하는 계기를 만들었다. 국내에서 그 뒤 나오는 대부분의 선언문에 기초 자료가 되었음은 두말할 필요도 없다.

이 '선언'의 작성과 배포 과정 등은 사반세기가 지난 1998년에야 밝혀졌다. 김관석 목사(당시 NCC 총무, 1922~2002)의 승인 아래 일본에 체류 중이던 오재식(1933~2013), 지명관(1924~2022), 김용복(1937~2021) 등 3인조가 문안을 작성한 뒤 이를 국내로 비밀리에 보내 인쇄·배포할 수 있게 했고, 이를 다시 조승혁 목사(1935~2014)가 해외로 갖고 나가 박상증 목사(WCC 근무)를 통해 세계 각지로 배포했던 것이다.

국내외 개신교인들의 연대

그렇게 해서 이 '선언'의 후속 반응이 꼭 반년 뒤 국내와 해외에서 각각 나타났다. 그중 국내의 반응은 1973년 11월 24일 NCC 인권문제협의회(인권위원회의 전신)가 발표한 '인권선언'[자료 5]이었다.

지금 한국사회의 현실은 인권이 무참히 유린당하고 있는 상태이다. 정치적으로 국민은 주권을 박탈당하였으며, 민주주의는 허울뿐 모든 자유가 유보되었다. 신앙의 자유마저 빼앗겨 가고 있는 이제, 교회는 종래의 소극적이고 방관적 태도를 통절히 회개하면서 인권의 확립을 자유의 쟁취에서부터 성취코저 교회의 결의를 새로이 한다.

해외의 반응은 우연하게도 '인권선언'의 꼭 하루 뒤인 1973년 11월 25일 독일에서 나온 '재독 한국 그리스도인의 선언'[자료 6]이었다. 일명 '바일슈타인 선언'으로 불렸다. 반년 전 국내에서 비밀리에 유통된 '선언'의 선례를 따라 '한국 그리스도인 유지 일동'이라는 익명의 주체가 설정되었다.

우리 재독 한인 그리스도인들은, 인권과 사회정의의 실현을 위해 투쟁하다가 고난을 당하고 있는 국내외의 민주 수호자들과 함께 공동의 유대의식을 가지며, 우리의 빛난 조국에 다시는 불의와 독재가 지배하지 못하도록 각 방면에서 최선을 다할 것을 엄숙히 결의한다. 이러한 결의의 표명과 함께 비록 우리들 자신에게 어떠한 위협이 닥쳐온다 해도, 지금 이때는 불의에 저항하는 것이 하나님에게 순종하는 길인 줄 믿기에, 진리를 거슬려 권력에 굴종하거나 타협하지 않을 것을 거듭 다짐한다.

이 두 가지 선언의 핵심은 모두 기독교인으로서의 신앙고백을 바탕으로 인권을 위한 투쟁에 나서며, 그 과정에서 서로 연대한다는 것이었다.

반유신 투쟁의 시대적 양상을 조금 도식적으로 구분해 보자면, 1974년 민청학련 사건을 분기점으로 그 이전에는 개신교 운동권이 NCC(한국기독교교회협의회), KSCF(한국기독학생회총연맹) 및 기장(한국기독교장로회) 교단을 중심으로 각종 논의와 활동을 끌고 갔다면, 그 이후에는 가톨릭 측이 정의구현전국사제단 등을 내세워 그 역할을 이어가는 가운데 투쟁의 주체가 크게 다변화했다고 할 수 있겠다.

멀리 독일 땅에서 꿈꾸는 '민생'과 '민족'과 '민권'

개신교 운동과는 직접 관계가 없지만, 그렇다고 앞의 '바일슈타인 선언'과 아무 관계가 없다고 하기도 힘든 선언을 한 가지 소개한다. 1974년 3월 1일 독일에서 발표된 '민주사회 건설을 위한 선언서'[자료 9]가 그것이다.

이 '선언서'는 삼일운동 55주년을 맞아 당시 독일에 거주하던 유학생, 파독 노동자(광부 및 간호사), 그리고 개신교 목사 등 55명이 지속적인 반유신 투쟁을 위한 '민주사회건설협의회'('민건회'로 약칭)라는 기구를 결성하면서 실명으로 공개한 문건이다. 서명자의 구성에서 알 수 있듯이 이 '선언서'의 주역들은 3개월여 전 익명으로 발표된 '바일슈타인 선언'의 주체들과 상당 부분 겹칠 수밖에 없었다.

그때와 다른 점이 있다면, 이번에는 모두 자신의 이름을 내걺으로써 유신정권이 거꾸러져 민주화가 되기 전에는 귀국하지 못할 것을 각오한 것이었다. 외국에 나와 있으니 당장 감옥에 가지는 않겠지만, 자칫 대사관에서 여권 연장을 해주지 않으면 불법체류자로 국제미아가 될 수도 있었다. 그런 모든 위험을 감수하고 '민건회'를 결성하면서 선언서를 발표한 것이다. 그만큼 유신체제는 이제, 상식인의 눈으로 볼 때도 인내의 한계를 넘어서고 있었다.

> 일찍이 빼앗기고 억눌린 백성의 **민생**을 구하려던 동학혁명과, 박탈된 **민족**의 자주생존을 회복하려던 기미년 독립운동, 그리고 독재 아래 짓밟힌 **민권**을 소생시킨 4월 학생혁명은 바로 인간의 존엄과 사회정의를 구현하는 **민주사회의 건설**을 그 목표로 하였다(강조는 필자).

앞서 소개한 1973년 '선언'[자료 3]에서는 '메시아의 나라'로, 1974년 '성명'

[자료 15]에서는 '하나님의 나라'로 각각 소개되었던 우리의 지향점이 여기서는 '민주사회의 건설'로 표상되었다. 이제 우리는 그것이 결국 같은 이야기의 다른 표현임을 다 안다. 민주사회로 가는 도상에서 공감대의 저변이 그만큼 넓어졌다는 얘기다.

그리고 민주사회의 내용이 '민생'과 '민족'과 '민권'으로 제시된 점도 눈길을 끈다. 이는 바로 그 다음 달 이른바 민청학련 관계자들이 중심 선언문의 제목을 '민중·민족·민주 선언'[자료 10-1]으로 설정한 것과도 일맥상통한다. 이들은 독일과 한국이라는 거의 지구 반대편에 있으면서도 얼마든지 공감대를 형성할 수 있었던 것이다.

올바른 민주사회는 국민 대중이 주권을 회복하고, 사회 대중의 이익을 대변하며, 국가와 사회의 권력을 통제할 수 있을 때 비로소 건설된다. 그리고 이것은 국민 대중 스스로가 확고한 민주 의식과 참여 정신을 통해 지켜나가야 한다. 그러기에 우리는 탄압과 방해를 무릅쓰고, 이국땅 한 모퉁이에서라도 민주사회 건설을 위한 토론의 광장을 마련하며, 뜻을 같이하는 국내외 동포들과 함께 반독재 투쟁의 대열에 뭉치고저 한다.

이렇게 설립된 민건회는 '유럽에서 최초로 한국 민주화를 지원하는 운동단체'라는 영예를 차지했고, 그런 영예는 그 후 민건회 활동에 큰 지렛대가 되었다.

6. 가족운동

'어머니'와 '아내'에서 '투사'로!

여기 아주 특별한 결의문이 있다. 이 글의 주역은 앞장서서 시대의 변화를 꿈꾸던 대학생, 성직자, 언론인, 또는 문인 중 그 누구도 아니다. 그러나 그 각각을 한데 뭉뚱그린 총합으로서 시대의 대변자라고 할 수도 있다. 말이 너무 어려운가? 유신 시대에 '양심수' 또는 '정치범'으로 불린 구속자들의 가족이 바로 그들이다. 대부분 생활인으로 살다가 남편이나 아들·딸이 유신정권에 의해 구속되면서 자연스럽게 당대의 정치·사회 상황을 이해하게 되고, 그리하여 스스로 운동권 인사로 변신한 이들이다. 그것도 아주 열혈 투사로!

어두운 조국의 현실을 밝히려고 햇불을 들었던 아들과 딸이 감방으로 끌려간 지도 세 계절이 완전히 지난 지금 우리의 마음도 또한 어둡기 짝이 없습니다. (…) 자식을 잃은 어미의 맘을 모르는 채, 남편을 잃은 아내의 몸부림을 외면한 채, 빨갱이의 자식이라고 뭇매를 맞는 어린 것의 울음을 못 들은 채, 정의의 투사를 잃은 국민의 아픔을 짓누른 채, 정권은 지금도 학원 교문을 막아서고 언론의 목을 조르며 국민의 눈과 귀를 막고 있습니다. 우리들은 하나님께 기도했으며 유엔에 호소도 했고, 정의를 사랑하는 형제들에게 감사를 했었습니다. 그러나 우리 구속자 가족들은 우리들의 투쟁이 없이 자식과 남편을 구할 수 없고, 우리들의 투쟁이 없이 얻는 자유는 진정한 자유라 할 수 없음을 깨달았습니다. 탄압자의 정치도구로 자식을 빼앗긴 우리들의 호소를, 탄압자의 포승에 묶여 교수대로 가야 하는 남편을 찾는 우리들의 외침을 누가 막을 수 있겠습니까? 하늘은 스스로 돕는 자를 돕는다 했습니다. 우리는 이제 자식이 외치다 들어간 부정부패 일소를 외쳐야 하며, 우리는 이제 자식이 외치다가 들어간 유신독재 철폐를 부르짖어야 하겠습니다. 이것이 진정으로 아들이 그토록 사랑하던, 남편이 그토록 사랑하던 조국을 위하는 길이고, 자식을 구하는 지름길임을 알았습니다.

(…)

우리의 뜨거운 가슴과 열띤 외침을 우리 남편, 우리 아들·딸에게 들려주어야 하겠습니다. 그리하여 그들 또한 조국을 생각하는 그 정신이 조금도 굽힘 없이 성장할 수 있도록 용기를 불어넣어 줍시다. 사랑하는 남편과 자식을 빼앗긴 우리들이 이제 무엇을 주저하겠습니까? 무엇을 바라고 난로를 찾으며, 무엇을 바라고 수저를 들 수 있겠습니까? 사랑하는 내 아들·딸, 그리고 남편이 독재의 철창을 깨뜨리고 나오는 날 우리 함께 얼싸안고 정의와 자유의 만세를 소리 높이 불러봅시다.

'구속자 가족 일동' 명의로 발표된 '둘째번 결의문'(1974.11.21)**[자료 17-1]**의 일부다. 절절하다. 감옥 안의 가족과 감옥 밖의 가족이 혼연일체임을 온몸으로 느낄 수 있다. "우리들의 투쟁이 없이 자식과 남편을 구할 수 없고, 우리들의 투쟁이 없이 얻는 자유는 진정한 자유라 할 수 없음을 깨달았습니다"라는 대목에선 절로 고개가 끄덕여진다. 마침내 이렇게 외친다. "우리들의 외침을 누가 막을 수 있겠습니까? (…) 사랑하는 남편과 자식을 빼앗긴 우리들이 이제 무엇을 주저하겠습니까?" 이들 자신이 감옥 안 가족의 뜻을 이어 투사가 되고, 나아가 남편과 자식들이 감옥에서 나오는 일을 '석방'이 아니라 '독재의 철창을 깨뜨리고 나오는' 역사적 사건으로 맞이해 함께 만세를 외치자는 것이다.

모든 일이 능동태로 기술되어 있다. 그리고 소름이 돋을 정도로 감격적인 고백이다. 누가 이들을 '역사의 주역'을 자임하게끔 이끌었을까? 결의문 서두에 "횃불을 들었던 아들과 딸이 감방으로 끌려간 지도 세 계절이 완전히 지난 지금"이라는 대목이 있다. '횃불을 들었던 아들과 딸'은 그해 봄 4월 3일의 민청학련 사건의 관련자들이었다. 당시 1,024명이 조사를 받고 168명이 구속 또는 기소되었다. 이때까지 한국 현대사에서 단일사건으로 이렇게 많은 인사가 한꺼번에 감옥에 갇힌 일이 없었다. 게다가 중앙정보부는 존재하지도 않는 조직의 도표까지 친절하게 그려가며 모든 관계자를 씨줄 날줄로 엮어주지 않았나?

민청학련 관계자의 상당수, 특히 타 지역 또는 타 대학 소속일 경우, 서대문 구치소 등지에서 처음 만나 인사하고 통방하는 가운데 친해져서 스스로를 우스갯소리로 '통방공동체'라고 부르기도 했다.

감옥 안 상황이 이랬으니 그 담장 밖 가족들의 관계는 더 말할 것도 없었다. 서로 처음 만나는 사이인 데다가 남편이나 자식이 조사받는 경찰서 또는 남산 중앙정보부가 어디 붙어 있는지 알지 못했고, 알아봤자 면회도 할 수 없는 상황이었으니 지방에서 올라온 사람들은 어디 가서 수소문할 곳조차 없었다.

이때 손을 내밀어 준 곳이 개신교 쪽이었다. 우선 이들은 꼭 한 해 전 1973년 4월 부활절 연합예배 시위 건으로 박형규 목사와 권호경 전도사 등이 구속되고, KSCF 소속의 대학생 다수가 연루되어 유신 및 긴급조치의 엄혹한 상황 속에서 구속자 등의 지원에 '사전학습'이 되어 있었다. 게다가 민청학련 사건으로 박 목사가 다시 구속된 데에다 이번엔 기독교 신자인 윤보선 전 대통령 등까지 자금 지원 문제로 연루되고 보니 범(汎)개신교 차원에서 지원 활동이 이뤄졌다. 서울 종로5가의 기독교회관은 이들 구속자 가족들의 베이스캠프였다.

우선 민청학련 사건이 터진 지 열흘도 안 된 4월 11일, NCC 산하에 인권위원회가 창설되었고, 7월 18일에는 목요기도회가 시작되었다. 이런 일련의 과정을 거쳐 구속자 가족들은 구속자와 자신의 생각을 동일시하기에 이르렀고, 구속자들이 감옥 안에 있기 때문에 할 수 없는 일을 자신이 맡아 하겠다고 자청하게 되었던 것이다. 9월에는 구속자들의 체계적 활동을 위해 구속자가족협의회('구가협'으로 약칭)가 창설되기에 이르렀다.

대부분 민청학련 관련자 가족들이 임원을 맡았다. 윤보선 전 대통령의 부인 공덕귀 여사(1911~1997)가 회장, 연세대생 김학민 군의 아버지 김윤식 전 국회의원(1914~1994)이 부회장, 서강대생 김윤 양(1953~2004)의 어머니 김한림 선생(1914~1993)이 총무였다. 구가협 회원들은 반유신운동을 넘어서 이 나라 인권운동, 그중에서도 가족운동의 개척자가 되었다. 당시 임원진 가운데 김한림 선생의 헌신적인 지도력은, 그 무렵 함께 어려운 세월을 넘어온 가족운동 당사자들 사이에서 지금도 잊히지 않고 있다.

시대의 비극을 예언한 구가협

3. **대통령과 정부 당국자 스스로가 이처럼 법을 무시하고 '범법자'라 단정, 공표하는 등 재판에 간섭하는 발언을 서슴지 않으니 대통령이 임명하는 법관들이 대통령**

과 그 주위의 눈초리를 의식하지 않고 법과 양심에 따라서 공정한 재판을 하리라고 어떻게 기대할 수가 있겠습니까?

이제 대법원이 양심에 따라 독립하여 심판하리라는 우리의 마지막 기대는 무너졌습니다. **우리는 이후 '민청학련' 관련자들에게 내려질 어떠한 유죄 판결도, 법원의 독립되고 공정한 판단이 아니라 정치권력의 작용에 의한 것으로 믿을 수밖에 없으며, 따라서 우리는 결코 이에 승복하지 않을 것임을 밝혀둡니다**(굵은 활자체는 원문 표기).

이 글은 구속자가족협의회가 1975년 1월 28일, 당시 광고 사태 와중에 있던 《동아일보》의 광고 지면에 실은 '이른바 민청학련 사건에 관한 호소문'[자료 17-2]의 일부다. 그 직전인 1월 14일 박정희 대통령은 연두 기자회견에서 유신헌법을 북한의 남침 위협이 없어질 때까지 고칠 수 없으며, 구속자들은 폭력으로 정부를 전복하려 한 사람들로서 공개재판을 진행 중이라는 종래 주장을 되풀이했다. 그보다 조금 앞서 1월 4일에는 김종필 국무총리가 정부기관 시무식에서 "민주회복 운운하는 것은 김일성이 원하는 바"라는 그 특유의 자의적 궤변으로 1974년의 모든 민주화 열망을 안보논리로 지워버렸다. 바로 이런 최고 권력자들의 언급 내용이 비판의 대상이었다.

이제 이들은 유신 절대 권력의 당사자에 대해서도 거리낌 없이 비판하는 것은 물론이고, 그때까지 최종 선고를 남겨놓고 있던 대법원(대법원장 민복기)에 대해서도 독립되고 공정한 재판을 기대할 수 없다면서 '승복하지 않을 것'을 공개적으로 선언하기에 이르렀다. 유신체제와의 정면 대결 외에는 다른 길이 없었다.

그런 와중에 유신정권은 1975년 2월 12일 반대 토론의 장을 완전히 봉쇄한 가운데, 자신의 신임을 걸고 유신헌법에 대한 국민투표를 실시했다. '정면 돌파의 외양'은 띠었으나 사실은 '양두구육의 기만책'이었다. 결과는 약 80% 투표율에 투표자 중 73% 찬성이었다. 초라한 성적표였다. 그러나 박 대통령은 2

월 15일 크게 선심 쓰듯 "일부 공산주의자들을 제외한 긴급조치 제1호 및 제4호 위반자 전원을 소정의 절차에 따라 즉각 석방한다"라고 발표했다. 그렇게 해서 2월 15~17일 전국 교도소에 분산 수용되었던 민청학련 관련자 대부분이 풀려났다.

지난 2월 15일부터 17일에 걸쳐 구속된 민주인사들이 석방된 데 더하여 우리들은 국민 여러분의 충심 어린 성원에 깊이 고개 숙여 감사드리며 경의를 표하는 바이다. 이는 오로지 민주회복을 향한 국민적 염원의 결과이며 힘차고 끈질긴 투쟁의 소산이라고 믿는다. 우리는 또한 이를 통하여 민권 투쟁의 구체적 승리라고 하는 귀중한 체험을 얻을 수 있었고 여기서 우리는 위대한 민주 국민으로서의 긍지와 자부심을 새로이 할 수 있었다. 한마디로 정의는 승리하고 악은 굴복한 것이다. 그러나 여기에 국민 우롱의 간계와 기만술책이 도사리고 있음을 우리는 결코 간과할 수 없다.

석방대상에서 소위 인혁당 관련자 및 반공법 위반자를 제외시킨 것과 석방의 형태가 형집행정지 내지 구속집행정지였다는 것이 그 구체적 증거로서 이는 분명 언어도단이라 아니할 수 없다. 구속 인사들의 폭로에 의하여 소위 민청학련-인혁당 사건은 고문, 위계에 의한 정치적 조작극임이 움직일 수 없는 사실로 밝혀졌음에도 불구하고 정부 당국은 계속 이 정치적 흉계를 은폐하기 위해 인혁당-반공법 위반자를 명분 유지의 최후 보루로 삼으려 하고 있으며, 이를 위해 갖은 궁색한 변명과 회유와 공갈을 다 동원하고 있는 것이다.

(…)

우리는 긴급조치 위반의 공동운명체로 소위 인혁당-반공법 위반자의 석방이 이뤄지지 않는 한, 가석방된 인사들에게 붙는 좌익사건 연루 전과자의 꼬리를 뗄 수가 없음을 잘 알고 있어 공동운명체의 결의는 더욱 새롭게 다질 것이다. 또한, 석방 형태로서의 형집행정지, 구속 집행정지에 대하여는 정부 당국의 초라한 소심 중에 실소를 금치 못한다. 일부 구속자 잠정석방이 민주적 기본질서 회복이라는 대의명분과 교환될 수 있다고 생각하여 국민을 우롱한다면 이는 정부 당국의 크나큰 계산 착오이며 비극의 발단이 될 것이다.

대부분의 민청학련 구속자들이 풀려난 직후인 1975년 2월 19일 발표된 '구속자가족협의회' 명의의 '성명서'[자료 17-3] 일부다. 요점은 크게 두 가지다. 민청학련과 인혁당 사건 자체가 고문과 위계에 의한 조작극임을 다시 확인하는 것이 하나였고, 인혁당 사건은 민청학련 사건과 공동운명체로서 이들 인혁당 사형수들의 석방 제외 조치는 "비극의 발단이 될 것"이라는 것이 또 하나였다.

여기서 '비극의 발단'이라는 표현이, 그 당시에는 듣는 이들의 귀에 잘 들어왔는지 알 수 없으나, 50년 후 이 대목을 다시 읽는 우리에게는 섬뜩하게 다가온다. 그것은 시대의 예언이었다. 당시 희생양을 찾고 있던 유신정권의 시야에 인혁당 사건이 들어왔고, 결국 이들 8명 관계자는 그해 1월 28일 호소문[자료 17-2]에서 공언했던 대로 전혀 믿을 수 없던 대법원에 의해 4월 8일 사형이 확정되었으며, 그로부터 만 24시간도 채 지나지 않은 4월 9일 새벽에 형장의 이슬로 산화했다.

이들의 희생은 당연히 가족과 민청학련 관계자들에게 크나큰 비극이었지만, 동시에 이 나라 역사에도 큰 비극의 단초가 되었다. 전근대적 야만의 징표인 핏값 위에 선 권력은 그 스스로 핏값을 치름으로써만 그 권력의 자리에서 내려올 수 있음을 머지않아 스스로 실증해 보일 것이었기 때문이다. 우리는 이미 앞에서 민청학련과 인혁당 사건이 유신체제 몰락의 시발점이었다고 확인한 바 있다.

이렇게 시대를 읽는 안목을 갖고 있던 구가협은 그 뒤 한국양심범가족협의회(1976), 민주화실천가족운동협의회(1985) 등으로 조직을 발전적으로 확대해 가면서 일반 시민들이 포착하기 쉽지 않은 장기수, 사회안전법 등의 문제에 천착했고, 그러는 가운데 일정한 성과를 거두면서 오늘에 이르고 있다.

7. 1974년 전후의 학생운동

서울문리대 10 · 2시위: '패배주의'를 넘어 '반유신의 횃불'로!

1974년의 각종 운동과 직접 관련된 큰 흐름은 대개 살펴보았으니, 이제 시야를 조금 넓혀 그 전후 학생들의 움직임을 살펴보는 것이 좋겠다. 1974년 민주화와 변혁의 단초가 되었던 민청학련 사건이 그 이전의 학생운동 흐름과 어떻게 이어졌는지, 그리고 그 이후, 즉 긴급조치 제9호 시대의 학생운동으로 어떻게 이어졌는지 확인하자는 얘기다. 우선 시계를 1974년 4월 민청학련 사건으로부터 반년만 앞으로 돌려 1973년 10월의 서울대 문리대 교정으로 가자.

> 오늘 우리는 전 국민 대중의 생존권을 위협하는 이 참혹한 현실을 더 이상 좌시할 수 없어 스스로의 양심의 명령에 따라 무언의 저항을 넘어서 분연히 일어섰다. (…)
> 보라! 민중을 수탈하여 살찐 불의의 무리가 홀로 포식하며 오만무례하게 거드럭거린다.
> 보라! 권력을 쥔 부정의 무리가 생존의 권리를 요구하는 민중의 몸 위에 무시무시한 정보정치의 쇠사슬을 무겁게 씌우고 있다. (…)
> 미 · 중공의 화해는 반공 일변의 현 체제에 심각한 모순을 야기시켰으니, 그들의 최후 발악은 국민 대중을 칠흑 같은 공포 속에 몰아넣고, 정보 · 파쇼 체제를 제도화하여 민족적 양심인 자유민주주의의 신념을 철저히 말살하는 것이다. 그들은 입법부의 시녀화, 사법부의 계열화 등 일체의 국가기구를 파쇼통치의 장식물로 전락시키고, 학원과 언론에 가증스러운 탄압을 가함으로써 영구집권을 기도하고 있다.
> 민족의 생존을 위한 자립경제와 국민복지를 외면한 채 국내외의 소수 독점자본의 만용에 영합하여 국민 대중에 대한 가혹한 수탈을 강화하고, 대일경제 예속의 가속화는 민족경제의 자립 발전을 결정적으로 저해하여 숨통을 끊고 있다.

학우여! 자유와 정의, 진리는 대학의 생명이다.

오늘 우리는 너무도 비통하고 참담한 조국의 현실을 직시하여, 사회에 만연한 무기력과 좌절감, 불의의 권력에 비굴하게 목숨을 구걸한 모든 패배주의, 투항주의, 무사안일주의와 모든 굴종의 자기기만을 단호히 걷어치우고 의연하게 악과 불의에 항거하여 이 땅에 정의, 자유, 그리고 진리를 기어코 실현하려는 역사적인 민주 투쟁의 첫 봉화에 불을 붙인다. 절대로 굴복하지 않고, 절대로 타협하지 않고, 절대로 주저하지 않고 과감히 항거하는 우리의 투쟁은 더없이 뜨거운 정의의 불꽃이며, 더없이 힘찬 민중의 아우성이며, 더욱이 고귀한 민족생존의 활로이다. 우리의 외침을 억누를 자 누구냐?

서울대학교 문리과대학 학생회 명의로 1973년 10월 2일의 반유신 시위 현장에서 발표된 '선언문'[자료 4]의 거의 전체 내용이다. 이날의 시위는 통상 '10·2데모'라고 불린다. 선언문에 이들의 비판 대상이 '유신정권'이라고 명시적으로 거명되지는 않았으나 '정보정치' '파쇼통치' '영구집권' 등으로 현 정권을 겨냥하고 있음을 분명히 했고, 이날 등장한 플래카드도 '독재 타도'였다.

'유신정권'을 적시했냐 아니냐는 사실 중요한 문제가 아니었다. 오히려 이날의 시위는 1972년 10월 유신 선포 이후 1년 동안 숨죽이고 있던 학생운동권이 드디어 기지개를 켜는 계기였다. 그동안은 탱크를 앞세운 계엄령 속에 이뤄진 친위 쿠데타의 기세에 눌려 있었다고 해야 할까. 다소 장황하게 느껴지기도 하지만 '선언문' 중에서 "사회에 만연한 무기력과 좌절감, 불의의 권력에 비굴하게 목숨을 구걸한 모든 패배주의, 투항주의, 무사안일주의와 모든 굴종의 자기기만을 단호히 걷어치우고 의연하게 악과 불의에 항거하여 이 땅에 정의, 자유, 그리고 진리를 기어코 실현하려는 역사적인 민주투쟁의 첫 봉화에 불을 붙인다"라는 대목은 지난 1년의 상황을 반성적으로 되짚는 가운데 나온 언명이었다.

당초의 걱정과 달리 이날 시위에는 300명 전후의 학생들이 모였다. 그날 학교에 나와 있던 학생들 거의 전원이 시위 현장에 참여했다. 이들이 함께 어깨 걸고 스크럼을 짠 가운데 인근의 서울대 법대로 구름다리 건너 원정시위를 벌일 때도 그 모든 학생이 동참했다. 허를 찔린 무장경찰이 교내로 진입하지 못하고 3시간 이상 교문 앞에 지키고 섰을 때도 그 학생들이 교문 안에 연좌해 대치했다.

이날 시위는 '대성공'이라고 평가되었다. 그뿐인가. 10월 4일 서울대 법대, 10월 5일 서울대 상대에서 연쇄 시위가 이뤄졌다. 당시 연합대학 성격이던 서울대의 각 단위가 사실상 동시에 들고 일어난 것이었다. 사전에 상의하지 않고서는 불가능한 일이었다.

이런 '첫 반유신 시위' 현장에서의 성공 외에도 10·2 서울문리대 시위는 몇 가지 중요한 의미를 갖는다. 첫째, 그 이전의 시위들과 달리 10·2시위부터 그 이후 유신 시대의 모든 학생 시위는 '반(反)유신' 자체가 목표 또는 구호였다. 그 이전엔 '굴욕적 한일협정 반대', '삼선개헌 반대', '교련 철폐' 등과 같이 특정한 사안 또는 정책이 비판 또는 반대의 대상이었다. 그러나 이제 그 모든 것의 총화로서 영구 집권 체제가 완성된 마당이니 개별적인 문제 제기를 넘어서야 했다. 조금 과장하자면 '유신헌법 철폐'와 '유신독재 타도' 외에 달리 외칠 구호도 별로 없었다. 그래서 10·2시위 이후 대학가의 반유신 문건들은 그 내용이 대동소이했다고 해도 과언이 아니다.

둘째, 10·2시위는 그 이후 1974년 각 영역의 반유신운동이 폭발적으로 일어나기까지 1973년 말~1974년 초의 모색기에 도화선 또는 인입부의 역할을 아주 충실하게 해주었고, 최종적으로 1974년 4월 민청학련 사건의 결정적 토대가 되었다. 예컨대, 동아일보 기자들의 '언론자유 수호 제2, 제3 선언문'[자료 12-2, 12-3], 한국기독교교회협의회 인권문제협의회의 '인권선언'[자료 5], 장준하 등의 '개헌청원운동 취지문'[자료 7], 이희승 등 문인 61명의 '민주회복을 위한 개헌 운동은 당연한 권리'[자료 8] 등의 시위 또는 문건의 계기가 바로 이 10·2시위였다. 나아가 10·2시위는, 당사자들의 회고에 많이 등장하는 표현처럼, "유신이라는 거대한 장벽에 바늘구멍 하나 낸 것"에 불과했지만, 그것은 결정적인 균열이었고, '하면 된다'는 그 자신감이 그해 겨울의 준비를 거쳐 민청학련 사건으로 이어졌다. 물론 10·2시위가 없었다고 민청학련 사건을 포함해 1974년 일련의 움직임이 없었을 것으로 생각할 수는 없다. 그러나 10·2시위의 '첫 봉화'가 없었더라면 그 모든 것이 한참 지체되었으리라는 데에 그 시절을 살았던 사람들의 판단이 일치한다.

셋째, 이 10·2시위를 필두로 한 1973년 10월의 3연타 시위로 학생운동, 특히 서울대 학생운동이 자연스럽게 세대교체를 이루었다는 점이다. 사실 그 이전의 한일협정, 삼선개헌, 교련 철폐 등의 투쟁을 이끌던 1960년대 후반의 학생운동 주역들은 1971년 10월 위수령 때 징병, 제적, 구속 등으로 사실상 '싹쓸이'되어 학교를 떠났다. 그 뒤 학생운동은 지도력의 공백 속에 1년의 침묵 기간 뒤 1972년 10월의 유신 선포로 '갈 길'을 찾지 못한 채 다시 1년 침묵의 세월을 보냈고, 이제 1973년 10월 비로소 2년 만에 10·2시위로 기지개를 켰다. 대학이란 곳은 어쨌든 매년 새로운 감각과 체질을 가진 신입생이 들어오면서 자연스럽게 세대교체의 신진대사가 일어나는 곳 아닌가? 서울대 문리대, 법대 및 상대의 이 3연타 시위도 그랬다. 우여곡절은 있었지만 70학번의 나병식(1949~2013)·정문화(1950~1998), 71학번의 김병곤(1953~1990)·황인성, 72학번의 강구철(1953~2002)·이해찬 등으로 이미 그 주역이 바뀌어 있었다. 이제 그 이후 학생운동을 포함한 한국 사회 변혁운동의 주역은 이들이었다.

넷째, 위에 언급한 학생운동의 세대교체와도 연결되는 논의로서, 10·2시위는 '1970년대 학생운동에 민중 지향성이 자리 잡아가는 결절'의 의미도 갖는다. 민주주의와 민족 자주의 원칙, 그리고 민중 주체의 역사 인식은 당연히 서로 맞물려 있을 수밖에 없는 것이지만, 그 각각의 고유한 성격도 분명했다. 그중에서 민중론이 가장 늦게, 즉 1970년 전태일의 분신 이후 민주화운동가 또는 변혁론자들의 시야에 들어왔다. 1960년대에 대학에 들어온 세대는 1964~1965년 한일협정 반대운동의 자장이 워낙 강력해서 민족주의 담론을 넘어서기 어려웠지만, 1971년 위수령 사태 이후 1970년대 세대가 급격히 부상하면서 이제 민중 담론이 서서히 대세를 이루었다. 그 시발점이 바로 10·2시위였다. 이날 '선언문'은 첫 문장부터 "전 국민 대중의 생존권을 위협하는 이 참혹한 현실"을 고발하는 것으로 시작하지 않는가? 그 원인으로 "국내외의 소수 독점자본의 만용에 영합하여 국민 대중에 대한 가혹한 수탈"을 강화해 가고 있는 정권이 지목되고, 이제 "더없이 힘찬 민중의 아우성"이 "스스로 생존의 권리"를 쟁취함으로써 잘못된 역사를 바로잡으리라는 기대감이 선언문의 저변에 맥맥이 흐르고 있다. 그다음 해 민청학련 시위의 선언문 제목이 '민중·민족·민주 선언'[자료 10-1]이 됨으로써 그 반년 사이에 민중 지향성은 학생운동의 대세로 완전히 자리를 굳힌 것이다.

김상진, 자신을 바쳐 '피의 심판'을 예고하다

1973년의 10·2시위가 1974년 반유신운동의 활화산 시기로 들어가는 입구로서 역할을 했다면, 그 운동이 하나의 정점을 넘어 장렬하게 산화하면서 긴급조치 제9호의 암흑기로 빨려 들어가는 고빗길은 1975년 4월 11일 김상진(1949~1975)의 결단과 그를 추모하는 과정에서 일어난 5월 22일 서울대 시위였다.

수많은 민주화 요구 속에 1974년을 지나며 유신정권은 긴급조치 제4호의 선포와 해제 등 몇 차례 오락가락 행보를 보이기도 했으나, 결국은 정면 돌파의 길을 택했다. 지금까지 그래 왔던 것처럼 '개발'과 '안보'를 명분 삼아 권력욕을 요지부동으로 유지하겠다는 것이었다.

우선 '유신헌법의 폐지' 주장에 대해 1975년 2월 국민투표의 길을 선택했다. 일견 그럴듯했다. 유신헌법에 대한 찬반 국민투표를 실시해 부결되면 유신정권 자체에 대한 불신임으로 보고 개헌은 물론 대통령직을 포함해 권력을 깨끗이 내놓겠다는 것이었다. 그러나 그것은 양두구육(羊頭狗肉)이었다. 국민에게는 오로지 찬성 의견 표명의 기회만 열려 있었다. 반대운동에 대해서는 긴급조치 위반으로 걸어 체포해 구속했다. 그러면서 모든 부정선거의 수단이 다 동원되었다. 그 결과 유권자 반수 남짓의 찬성을 얻어 통과되었다. 애처로우면서도 기만적인 결과였다.

그 와중에 동아일보 광고 사태는 계속되었으며, 3월 경영난을 이기지 못한 사주의 굴복으로 정권과의 정면 대결을 불사하던 동아일보 기자들은 모두 회사에서 쫓겨났다. 절망이었다. 마침내 4월 8일, 재판 과정에서 민청학련과 분리된 인혁당 관계자 8명이 대법원에서 사형이 확정되었고, 그다음 날 전격 사형이 집행되고 말았다. 앞서도 언급했지만, 이제 권력은 '돌아올 수 없는 다리'를 건넌 것이었다. 세상은 온통 기만과 추방과 죽음으로 가득 차고, 희망의 불씨는 모두 꺼져버린 것 같았다.

이렇게 한국 사회가 나락으로 떨어지는 과정을 유심히 지켜보면 한 대학생이 있었다. 서울대 농과대학 축산학과 4학년 복학생 김상진이었다. 그는 군복무를 마치고 학창의 마지막 학기에 재학 중이었다. 이제 그의 화두는 '죽음'이었다. 그의 '양심선언문'(1975. 4. 11)[자료 18]을 보자.

더 이상 우리는 어떻게 참을 수 있으며, 더 이상 우리는 그들에게서 무엇을 바랄 수 있겠는가? 어두움이 짙게 덮인 저 사회의 음울한 공기를 헤치고 죽음의 전령사가 서서히 우리에게 다가오는 것을 우리는 직시하고 있다. 무엇을 망설이고 무엇을 생각할 여유가 있단 말인가!

대학은 휴강의 노예가 되고, 교수들은 정부의 대변자가 되어가고 어미 닭을 잃은 병아리마냥 우리들은 반응 없는 울부짖음만 토하고 있다. 우리의 주장이 결코 그릇됨이 아닐진대, 우리의 주장이 결코 비양심이 아닐진대, 우리는 어떻게 더 이상 자존을 짓밟혀 불명예스런 삶을 계속할 것인가. 우리를 대변한 동지들은 차가운 시멘트 바닥 위에 신음하고 있고, 무고한 백성은 형장의 이슬로 사라져가고 있다. 민주주의란 나무는 피를 먹고 살아간다고 한다. 들으라! 동지여! 우리의 숭고한 피를 흩뿌려 이 땅에 영원한 민주주의의 푸른 잎사귀가 번성하도록 할 용기를 그대들은 주저하고 있는가! 들으라! 우리는 유신헌법의 잔인한 폭력성을, 합법을 가장한 유신헌법의 모든 부조리와 악을 고발한다. 우리는 유신헌법의 비민주적 허위성을 고발한다. 우리는 유신헌법의 자기중심적 이기성을 고발한다.

학우여! 아는가! 민주주의는 지식의 산물이 아니라 투쟁의 결과라는 것을. 금일 우리는 어제를 통탄하기 전에, 내일을 체념하기 전에, 치밀한 이성과 굳은 신념으로 이 처참한 일당독재의 아성을 향해 불퇴전의 결의로 진격하자. 민족사의 새날은 밝아오고 있다. 그 누가 이날의 공포와 혼란에 노략질당하길 바라겠는가. 우리 대한 학도는 민족과 역사 앞에 분연히 선언한다. 이 정권, 끝날 때까지 회개치 못하고 이 민족을 끝까지 못살게 군다면 자유와 평등과 정의를 뜨겁게 외치는 이 땅의 모든 시민의 준열한 피의 심판을 면치 못하리라. 역사는 이러한 사태를 원치 않으나 우리는 하나가 무너지고 또 무너지더라도, 무릎 꿇고 사느니 차라리 서서 죽을 것임을 재천명한다.

탄압과 기만의 검은 바람이 불어오는 것을 보라. 우리는 이제 자유와 평등의 민주사회를 향한 결단의 깃발을 내걸어 일체의 정치적 자유를 질식시키는 공포의 병영국가가 도래했음을 민족과 역사 앞에 고발코자 한다. 이것이 민족과 역사를 위하는 길이고, 이것이 우리의 사랑스런 조국의 민주주의를 쟁취하는 길이며, 이것이 영원한 사회정의를 구현하는 길이라면 이 보잘것없는 생명 바치기에 아까움이 없노라. 저 지하에선 내 영혼에 눈이 뜨여 만족스런 웃음 속에 여러분의 진격을 지켜보리라. 그 위대한 승리가 도래하는 날! 나! 소리 없는 뜨거운 갈채를 만천하에 울리게 보낼 것이다.

김상진은 이날 서울대 농대 수원캠퍼스에서 열린 학생집회에서 미리 준비한 이 '양심선언문'을 차분히 읽어 내려갔다. 읽기를 다 마치자 역시 준비해 간 과도를 천천히 품 안에서 꺼내 자신의 배를 깊숙이 찌른 뒤 그어 올렸다. 완전히 준비된 행위였다. 그는 그다음 날 아침 절명했다.

그의 '양심선언문'은 죽음의 그림자가 짙게 배어 있긴 하지만 완전히 논리적인 글이었다. 유신헌법의 내용과 관련해 '잔인한 폭력성', '부조리와 악', '비민주적 허위성', '자기중심적 이기성'이라고 고발한 것은 전적으로 적실했고, "민주주의란 나무는 피를 먹고 살아간다"라거나 "민주주의는 지식의 산물이 아니라 투쟁의 결과"라는 지적도 근세 이후 세계사가 증명하는 바였다.

문제는 유신정권이 그 같은 논리적·경험적 판단을 공유하지 못하는 데에 있었다. 이 정권이 자기 행동의 기조와 궤도를 수정하지 않을 경우 "이 땅의 모든 시민의 준열한 피의 심판을 면치 못하리라"라는 게 김상진의 경고였다. '피의 심판'이란 무엇인가? 무고한 시민들을 '형장의 이슬로 보낸 만큼 핏값을 치러야 하리'라는 말 아닌가? 위에서 설명한 바와 같이, '구속자가족협의회' 명의로 1975년 2월 19일 발표된 '성명서'[자료 17-3]가 "비극의 발단"이라고 경고했던 것도 결국 같은 내용 아니었던가? 섬뜩하다. 이렇게 사회 곳곳에서 경고음이 나오고 있었지만, 당사자의 귀에는 전혀 그것이 울리지 않았던 모양이다.

다만 이런 경고가 김상진 본인의 자결로 이어진 데에서는 다소 논리의 비약이 느껴진다. 다시 말해, "일체의 정치적 자유를 질식시키는 공포의 병영국가가 도래했음을 민족과 역사 앞에 고발"하기 위해 자신의 생명을 바친다는 말은 꼭 필연적이지는 않아 보인다. 그러함에도 불구하고 그것은 본인의 결단이었으며, 그렇게 해서 그는 대한민국 현대사에서 최초의 학생 열사가 되었다.

긴조9호 시대, '유신정권 대 학생운동'의 사생결단

그로부터 며칠 뒤인 4월 30일, 베트남전이 공산주의 월맹의 승리로 끝났다. 이를 기화로 5월 13일 대한민국 민주주의 역사상 최악의 긴급조치 제9호가 선포되었음에도 불구하고 5월 22일 그 공포의 봉쇄망을 뚫고 서울대 관악캠퍼스에서 김상진을 위한 추모집회가 열렸고, 이는 곧바로 대규모 반유신 시위로 발전했다.

통상 '오둘둘'이라고 불리는 이날 시위는 긴급조치 제9호를 비웃기라도 하듯 선포 직후 결행된 데다가 서울대가 관악산 중턱에 종합 캠퍼스를 마련하고 그해 3월 말 이전한 직후 서울대 최초로 단과대학들의 연합시위 형태로 진행되어 그 파급력이 대단했다. 그 이전의 서울대는 단과대학별로 캠퍼스가 나뉘어 있어, 연합시위라는 개념이 있기 어려웠다. 1973년 10·2시위 때도 문리대 → 법대 → 상대와 같이 연속 시위가 있었을 뿐이다. 그러던 것이 이제 시위가 기동력을 갖추고 대규모화되고 보니 당국도 당황했다. 이날 시위로 무려 56명이 구속되었다. 민청학련처럼 조직화된 시위도 아니고 단일 사안의 집회에서는 상상할 수 없는 일이었다.

이제 유신정권과 학생운동 사이에 바야흐로 사생결단의 전쟁이 시작된 것이다. 김상진이 예언한 바와 같이 누군가 죽지 않고서는 끝나지 않을 '피의 심판'의 시작이었다. 이렇게 유신의 밤은 스스로 헤쳐 나오기 어려운 수렁 속으로 빠져들어 갔다.

8. 전태일의 분신

전태일, '개발의 피해자'에서 '역사의 주체'로!

시간의 순서가 조금 왔다 갔다 하는 느낌이 있기는 하나, 이쯤 해서 1970년대를 열어젖힌 '전태일(1948~1970)의 분신' 사건을 살펴보는 것이 좋겠다. 대한민국의 1970년대는 1970년 7월 7일 개통한 경부고속도로와 그해 11월 13일 분신한 전태일로 상징된다는 말이 있다. 전자가 전쟁의 잿더미를 딛고 일어선 '한강의 기적'을 대표하는 것이라면, 후자는 그 기적의 그림자에 해당하는 잔인한 인권유린을 보여주기 때문이라는 얘기다.

그러나 그 얘기는 절반은 맞고 절반은 틀리다. 왜냐하면, 전태일이 그런 개발론의 피해자 성격을 갖는 것은 분명하지만 거기에만 국한되지는 않기 때문이다. "우리는 기계가 아니다. 노동자도 인간이다"라는, 전태일이 분신 직전 외친 절규가 결정적이었다. 그것은 노동자의 '인간선언' 또는 전태일의 말 그대로의 '인간주의'로 이해된다. 그는 그 이후 역사의 주체로서 민중론의 상징적 인물이 되었다. 그것은 50여 년이 지난 지금도 여전히 유효하다.

2) 이제 우리는 우리를 오늘의 사태에 이르게 한 다른 모든 살인자들을 책하기에 앞서 우리들 자신에게 엄혹한 비판을 가하지 아니할 수 없다. 우리는 이 비인간적인 현실을 바로 우리 이웃에 두고도 다분히 소시민적인 안일에 빠져 있었으며, 이 어둡고 더러운 현실을 투쟁하는 데 철저하지 못하였다. 우리는 현 정부의 인간 부재의 사이비 근대화 정책을 막아내지 못하였고, 업주의 횡포와 노총의 범죄적 무시주의를 방치하고 말았으며, 지식인의 비열한 현실도피주의를 시정하지 못하였다.

3) 그리하여 우리는 참담한 심정으로 아래와 같이 결의한다.

① 우리는 장기적으로 근로자, 농민 등 모든 빈민의 생활 실태를 조사하고 숨겨지고 있는 참상을 전 사회에 고발하며 그들의 자기 보존을 위한 투쟁을 격려 지원한다. (…)

'공동결의문'[자료 1-1]이라는 제목을 달고 있는 이 글은 전태일이 분신해 숨진 1970년 11월 13일로부터 꼭 1주일 뒤인 11월 20일 서울대 법대에서 열린 추도식에서 채택된 문건이다. 몇몇 일간지 보도를 제외하면, 전태일의 분신 사망을 알리면서 대학생 등 지식인 사회가 그로부터 받은 충격과 그에 따른 다짐 등을 담고 있는 첫 문건이었다. 당시 서울대 법대 대학원에 재학하며 사법시험을 준비 중이던 조영래가 작성했다.

당초 이날 행사는 문건 말미에 쓰인 대로 서울 시내 각 대학의 학생회장들과 종교계 등 청년학생 단체 대표들이 함께 참석한 가운데 열릴 예정이었으나, 당국의 방해로 연합행사는 무산되고 서울대 법대생들만 참석한 가운데 치러졌다.

여기서 가장 눈에 띄는 대목은 당시 대학생들이 '소시민적인 안일', '지식인의 비열한 현실도피주의' 등으로 자신의 한계를 적나라하게 고백하는 부분이다. 거의 종교적 고해성사를 연상케 할 정도다. 이는 아마도 전태일의 사망 직후 그의 빈소를 찾은 조영래(1947~1990), 장기표(1945~2024) 등 서울대 법대생 등이 전태일의 어머니 이소선 여사(1929~2011)와 그의 동료들로부터 △분신 당일의 행사가 당초 그 알량한 근로기준법의 화형식으로 계획되었다는 점 △전태일이 평소 대학생 친구가 한 사람만 있어도 좋겠다고 입버릇처럼 말했다는 점 △전태일이 학교 교육을 거의 받지 못했음에도 극진한 인간애를 실천해 왔다는 점 등을 듣고 마음 깊이 충격과 참담함을 안게 된 결과일 것이다.

　이렇게 전태일 사건을 통해 이 나라의 대학생들은 같은 사회 안에 살고 있는 노동자를 '발견'했다. 그리고 아직 다소 초보적인 형태이기는 하지만, '공동결의문'의 "그들의 자기 보존을 위한 투쟁을 격려 지원" 운운하는 대목에서 알 수 있다시피 학생운동이 드디어 노동자와의 연대투쟁이 필요하다는 인식으로 나아가기 시작했다. 이것은 1970년대 한국 사회 변혁운동 서사의 가장 중요한 출발점이었다. 다시 말하면, '민중론'의 시작이었다.

　가난한 자는 항상 가난하며, 어디를 가도 멸시는 받고, 억눌린 자는 어디를 가도 자유와 권리를 찾을 수 없다. 더구나 지금 한 근로자의 근로자 처우개선을 위한 죽음은 헛된 일이 되어가고 있다.
　근자에 전 민족의 비판이 그 극에 다달았음에도 불구하고 지각없는 무리들의 미친 춤이 아직도 잦아들 줄 모르고 최소한의 반성도 없이 그 새벽을 알지 못하매, 우리는 여기에 우리의 숨결로 청신한 새벽의 공기를 호흡케 하고, 우리의 함성으로 그들의 귀를 두들기며, 우리의 시위로 그들의 눈을 깨려 하는도다. (…)
　이상과 같은 우리의 고백이 성취될 때까지 우리는 지치지 않고 채찍질하고 또 전태일 선생이 죽어 얼어붙은 땅속에 파묻혔다고 착각하는 자들에게 언제든지 전태일 선생의 부활을 증명할 자세가 되어 있음을 이에 고백한다.

이 글도 앞의 글처럼 고백의 성격이 강하다. 신·구교의 청년학생 조직들이 1970년 11월 25일 서울 연동교회에서 전태일을 위한 합동 추도예배를 드리는 자리에서 채택한 '헌신고백문'[자료 1-2]이었으니 고백의 성격이 더욱 강할 수밖에 없었겠다. 개신교 측에서는 한국기독학생회총연맹(KSCF) 등이, 가톨릭 측에서는 가톨릭노동청년회(JOC) 등이 함께했다.

그러나 앞의 '공동결의문'과의 차이라면, 학생회가 아닌 운동단체가 주축이 된 모임이다 보니, 아무래도 실천의 다짐이 더욱 강해 보인다. 예컨대, "우리의 훌륭한 근로기준법이 보장하고 있는 제 노동조건을 평화시장을 비롯한 전국의 작업장에서 시행되도록 당국에서 구체적 방안을 제시할 때까지 우리의 관심을 버리지 않을 것"이라는 다짐 등이 그렇다.

이 나라의 개신교회와 가톨릭교회는 전태일 사건을 계기로 1970년대 이후 민중운동의 가장 중요한 우군이자 울타리가 되어주었다. 이 시기의 개신교회에서 안병무(1922~1996), 서남동(1918~1984) 등 탁월한 신학자들에 의해 민중신학이 정초되어 세계 신학계에 '한국 신학'으로 소개된 것도 특기할 만한 일이었다.

9. 재야의 공동전선

이 나라 재야의 등장, '민수협'

1971년부터 1979년에 이르기까지 1970년대의 전 기간을 관통해 이 나라의 민주주의에 대해 경고음을 내며 그 진로를 제시해 온 인사들이 있었다. 이른바 재야 지도자가 그들이었다. 경우와 사안에 따라 참여 인사들의 면면이 조금씩 달라지기도 했지만, 대개는 일관되었다. 우선, 이 나라 재야 민주화운동의 출발점이라고 평가되는 1971년 4월 19일 '민주수호선언'[자료 2]을 살펴보자. '민주수호국민협의회'('민수협'으로 약칭)라는 이름의, 이 나라 최초의 재야 단체가 그 선언의 주체였다.

'재야(在野)'가 도대체 무엇인가? 그것은 당초 '재조(在朝)'의 반대말이었다. 벼슬을 하지 않고 거친 광야에 있다는 뜻이었다. 그러던 것이 한국 사회에서는 '제도로서의 정치 밖에서 나름의 신망을 바탕으로 비판적인 목소리를 내는 행위 또는 그런 행위를 하는 사람'을 가리키는 말로 광복 후에 정착되었다. 특히 1961년 5·16쿠데타 이후 왜곡된 한국사를 지켜보면서 정당 또는 국회의 울타리 밖에서 보다 더 근본적인 변화를 촉구하는 사람들을 가리켜 '재야인사'라고 불렀다.

'민주수호선언'은 그 타이밍부터 주도면밀하게 계산된 것으로 보인다. 이 나라 민주주의를 배반한 5·16쿠데타가 꼭 10주년 되는 해에, 그 '5·16'에 의해 무참하게 싹이 꺾인 4·19시민혁명의 날을 택해 이제 완전히 꺼져버릴지도 모르는 민주주의의 등불을 마지막 순간까지 수호하자고 외치는 안간힘이 느껴지지 않는가?

그 계기는 목전에 다가온 4월 27일의 제7대 대통령선거였다. 이미 두 해 전 처리된 3선개헌에 의해 박정희(1917~1979)가 출마하는 선거였다. 대항마는 훌륭했다. '40대 기수론' 속에 야당의 김대중 후보(1924~2009)가 돌풍을 일으키고 있었다. 그리고 이어서 5월 25일에는 제8대 국회의원선거도 치러질 예정이었다. '제도 밖'의 인사들이 민주주의의 마지막 보루인 선거라는 '제도'를 통해 마지막 안간힘을 쓰고 있었다고 해야 할까.

우리는 눈앞에 닥쳐온 이번 4월 및 5월의 선거가 우리나라 민주주의의 사활이 걸려 있는 중대한 분수령이라고 판단하고 이 선거가 민주적이며 공명정대한 것으로 일관되도록 양심적인 모든 국민이 적극적으로 발언하고 참여하는 것이야말로 조국의 엄숙한 명령이라고 믿어 이에 민주 수호의 범국민운동을 발의하는 바이다. 민주주의의 근간은 선거에 있고, 선거의 요체는 국민의 의사가 부당한 제약 없이 정당하고 충분하게 반영되는 데에 있다. 그러나 닥쳐온 이번 선거에서도 민주 선거, 공명선거는 매우 위험할 정도로 짓밟힐는지 모른다는 우려와 그 징후는 벌써 농후하게 나타나고 있는 것이다. 비록 정치인은 아니나 우리가 국민의 일인으로 좌시하지 못할 이유가 여기에 있다.

요컨대 '선거혁명의 호소'였다. 당시 대학생들의 선거참관운동이 전국적으로 광범위하게 조직되기도 했다. 그러나 거기까지였다. 금권과 관권의 치밀하고도 집요한 벽을 넘기에 '재야' 혹은 '시민'의 힘은 아직은 역부족이었다. 다만, 94만여 표의 차이로 김대중이 박정희에게 패한 것이 아쉬웠던지, 유권자들은 바로 한 달 뒤의 국회의원선거에서 놀라운 결과를 보여주었다. 여당인 공화당이 전체 204석 중 113석을 차지해 제1당이 되기는 했으나 야당인 신민당도 89석을 확보해 개헌 저지선을 20석이나 넘어선 것은 물론 한국 현대사 최초의 '균형 국회'를 이룩한 것이다.

민수협의 1971년 대국민 캠페인은 이 나라 최초의 조직적인 재야 민주화운동으로 기록되면서 그 운동의 한계와 성과를 동시에 확인시켜 준 것으로 평가된다. 한계라면 역시 조직과 기간 등 각종 여건의 미비를 안고 치르는 제도상의 싸움에서 절대 권력을 넘어서는 일은 쉽지 않다는 것이었다. 그러나 성과라고 한다면, 우선 유권자들에게 선거의 묘미 또는 위력을 실감하게 하는 결정적인 계기가 되었으며, 또한, 재야 운동과 청년·학생 운동의 연대 기반을 마련했다는 점을 꼽을 수 있다. 결코, 작지 않은 성과였다. 그런 바탕 위에서 민수협은 1972년의 유신 선포와 그 이후 긴급조치 제1~4호의 엄혹한 시기를 거치며 반유신 재야 운동의 상설기구이자 중심으로서 자리매김했다.

1971년 '민주수호선언'의 서명자는 모두 60인의 비판적 지식인들이었고, 그중에서 김재준 목사(1901~1987), 이병린 변호사(1911~1986), 천관우 전 동아일보 주필(1925~1991) 등 3인이 선언일 당일 민수협의 대표위원으로 선출되었다.

재야의 진화, '민주회복' 기치 내걸고 조직운동으로!

민수협으로 대표되던 재야 민주화운동이 한 단계 진화한 것은 1974년 말이었다. 민청학련 사건을 계기로 개신교, 가톨릭, 언론, 문인 등 각 부문의 운동이 고통과 결단의 시기를 넘어 힘겹게 나아가고 있을 때 이들을 모아주고 힘을 북돋우기 위해 구심점의 역할을 자임한 인사들이 있었다.

1. (…) 우리는 오직 민주 제체를 재건 확립함으로써만 우리 국민이 어떠한 경우에도 공산주의를 받아들이지 않을 결의를 견지하여 나갈 수 있다고 확신한다.
2. 엄연히 민주공화국인 대한민국의 헌법은 주권자인 국민에게 민주체제를 보장하는 기본법이어야 한다는 것은 어길 수 없는 대원칙이다. 전면적으로 이 대원칙에 어긋나는 현행헌법은 최단시일 내에 합리적 절차를 거쳐 민주헌법으로 대체되어야 한다. (…) 마치 민주체제로서는 북의 공산주의자들에게 대처할 수 없는 것처럼 강변하면서 우리의 당면한 제 조건을 빙자하여 민주주의의 본질 자체를 부인하려 드는 일은 결코 용납될 수 없다고 확신한다.
3. 정부가 곧 국가라는 전제적 사고방식은 민주주의에 역행하는 것이며, 반정부는 반국가가 아니다. 민주국가의 국민은 국가를 위하여 정부에 수시로 요망사항을 제시하며, 정부의 실정을 비판하여 시정을 촉구하고, 나아가서는 정부의 퇴진까지 주장할 수 있다는 데에 민주체제의 발전적 생명력이 있는 것이다. 오늘 국민기강을 송두리째 교란시키는 갖은 부정부패가 이 나라에서 판치게 된 것은 무엇보다도 민주주의의 본질적 요소인 자유로운 비판이 봉쇄되어 온 때문이다. 우리는 반정부 행동으로 말미암아 복역, 구속, 연금 등을 당하고 있는 모든 인사들을 사면, 석방하고, 그들의 정치적 권리를 회복시키고 언론의 자유를 보장할 것을 요구하는 바이며, (…)
4. 우리 국민이 반대하는 공산주의 체제하에서도 통치 권력이 피통치자의 최저생활에 대해서는 책임을 진다고 한다. 우리 정부는 마땅히 정책을 전환하여 자유경

제 토대를 구축하면서 가난한 사람들의 생활과 복지를 보장함으로써 부패한 특수 층만을 위한 정부가 아니라 전 국민의 정부임을 입증하여야 한다. 우리는 모든 국민이 튼튼한 민주 체제하에서 기본적 자유를 누림과 아울러 사회정의 실현에 의하여 경제발전의 혜택을 균등하게 받게 될 때에는 공산주의자를 두려워할 이유가 없으며, 염원의 민족통일도 당당하게 추진할 수 있다고 확신한다. (…)

1974년도 다 저물어 가던 11월 27일, 민주회복국민회의 명의로 발표된 '국민선언'[자료 16]의 일부다. '국민선언'이라니? 제목부터 조금 펑퍼짐하다. 내용도 그 무렵 한국 사회를 옥죄고 있던 안보 우려를 의식한 논리 전개가 확실히 눈에 띈다. 그게 그럴 수밖에 없는 이유가 있었다. 그것은 어찌 보면 이 선언의 장점이기도 했다. 왜냐하면, 이 선언은 윤보선 전 대통령(1897~1990), 백낙준 전 참의원 의장(1895~1985) 등 한국 사회의 원로들은 물론 김영삼 당시 신민당 총재(1928~2015) 등 '제도 안'의 정치인들이 함께 참여한, 다소 이례적이면서 국민적 공감대가 상당히 넓었던 선언이었다. 그런 점을 감안하여 선언의 제목과 표현은 다소 완화했던 것으로 이해된다.

그렇지만 "민주제체를 재건 확립", "현행헌법은 최단시일 내에 합리적 절차를 거쳐 민주헌법으로 대체", "모든 [반정부 구속] 인사들을 사면, 석방" 등의 대목에서 알 수 있다시피 기존의 헌법과 정권이 전면 쇄신되어야 한다는 기본 입장만은 분명했다. 그런 바탕 위에서 이날 결성된 민주회복국민회의의 상임대표에는 윤형중 신부(1903~1979)가, 대변인에는 함세웅 신부가, 사무국장에는 홍성우 변호사(1938~2022)가 각각 선임되어 상당한 집행력을 갖추게 되었다. 이로써 과거의 연합운동체와는 달리 강력한 조직 운동의 면모를 보여 사무국을 설치하고 지방조직도 급속히 확대되었다. 지방에서는 야당과 종교의 바닥 영향력에 크게 힘입었다.

그 연장선 위에서 이들 국민회의의 재야 원로들은 1976년 1월 신·구교 성직자들이 함께 마련한 '원주선언'[자료 19]을 바탕으로 그해 삼일절에 '민주구국선언'[자료 20]을, 다시 그다음 해 3월에는 '민주구국헌장'[자료 21]을 각각 발표하기에 이르렀다. 모두 긴급조치 제9호 시대에 '암흑 속의 횃불'과 같은 메시지들이었다.

3. 국민총화란 국민 각자가 평등하고 자유롭고 인간다운 삶을 누리는 가운데서 저절로 우러나오는 화해 정신을 기초로 하여 평등과 자유와 인간다운 삶의 실현을 보장하는 정치적, 사회적 질서를 지키겠다는 자발적 의지로 뭉치는 것을 말한다. 불평등 속의 총화나 억압에 의한 총화란 논리적으로도 모순되는 개념이며, 현실적으로도 실현 불가능한 환상이다. 오늘날 우리나라에 있어서의 국민총화의 적은 바로 부패와 특권이며, 그것을 유지하기 위한 억압과 착취의 질서이며, 그로 인한 민권과 민생의 위축과 지나친 사회 불균등이다. 총화는 침묵이 아니며, 총화의 적은 비판과 저항이 아니다. — '원주선언'(1976. 1. 23)[자료 19]

민주주의는 대한민국의 국시다. 따라서 대한민국의 정통성은 민주주의에 있다. 그러므로 어떤 구실로도 민주주의가 위축되어서는 안 된다. 이북 공산주의 정권과 치열한 경쟁에 뛰어든 이 마당에 우리가 길러야 할 힘은 민주 역량이다. 국방력도 경제력도 길러야 하지만, 민주 역량의 뒷받침이 없을 때 그것은 모래 위에 세운 집과 같다. — '민주구국선언'(1976. 3. 1)[자료 20]

5. 민주주의와 민족의 자주성과 민족통일을 위하여 싸우는 것은 오늘날 각계각층의 모든 민중에게 있어서 최대의 채무이다. 노동자, 농민, 봉급생활자, 공무원, 정보원, 학생, 종교인, 지식인, 중소상공업자 등 인간으로서의 자존심과 자유와 생존의 권리를 짓밟히고 있는 모든 민중들이 최선의 용기와 창의력을 발휘하여 시급히 민주주의를 향한 열정을 확인함으로써 민주 국민으로서의 태도를 분명히 하기를 호소한다. — '민주구국헌장'(1977. 3. 22)[자료 21]

이 무렵 한국 사회는 과거에 겪어보지 못했던 최고의 암흑기를 통과하고 있었지만, 이 글들에서 알 수 있다시피, 민주화는 물론이고 '민주화 이후'의 각종 과제에도 착안하고 있었다. '민주 역량', '민족의 자주와 통일', '민중의 용기와 창의력' 등이 그런 편린들이다. 이런 재야 운동의 상상력은 과연 어디까지 나아갈 수 있었을까?

재야의 확신, '연대'와 '항쟁'

이제 우리는 3·1정신과 4·19 반독재 민주구국투쟁의 정신을 오늘에 되살려 잃었던 주권과 인간성을 되찾고, 민주 국민으로서 되씹고 있는 치욕을 씻고자 한다. 우리는 반독재 민주구국투쟁의 전체의 역정을 집약하고, 우리 시대의 모든 양심적 민주 역량을 규합, 연대하여 조직적 민주구국 항쟁의 길로 나아가고자 한다.

1. 우리는 반독재 민주구국투쟁에 하나로 뭉쳐 싸운다.

나라의 근대화는 주권재민의 민주주의 기본원리에 기초지워져야 한다. 억압의 체제와 그 제도적 장치는 민주국민의 항쟁을 통해서만 타파될 수 있다. 우리는 우리의 민주주의는 우리의 힘으로 건설한다는 기본적 입장에 서서 반독재 민주 국민의 대연합을 이룩할 것이다. 언제 어디서나 민주국민으로서의 양심과 주권의식을 갖고 있는 모든 국민은 떨쳐 일어나 우리의 대열에 동참할 것임을 우리는 믿는다. (…)

'민주주의국민연합'이라는 새 재야 운동조직의 명의로 1978년 7월 5일 발표된 '민주국민선언'[자료 26]의 앞 대목 일부다. 이날 결성대회는 경찰의 관련자 가택연금 등의 방해로 무산되었지만, 창립선언문 격인 이 선언만은 예정대로 배포되었다. 이 선언문에서는 두 가지 점이 눈에 띈다.

첫째, 연대하는 소속단체 이름들이 병기된 최초의 재야 단체 창립 문건이라는 점이다. 모두 12개의 부문 운동단체가 그 이름을 올렸다. 가톨릭 아니면 개신교 범주의 운동단체들이 많았고, 언론, 해직 교수 등 지식인 그룹의 단체도 눈에 띈다. 어쨌든 지금까지 조직된 부문 운동단체들을 많이 포괄해 범국민적 조직체로서의 면모를 갖추려 시도한 것이었다. "대연합", "하나로 뭉쳐" 등의 표현이라든가, "우리 시대의 모든 양심적 민주 역량을 규합, 연대하여 조직적 민주구국 항쟁의 길로 나아가고자 한다"라는 선언 등이 그런 방향성을 잘 보여준다.

둘째, 민주화운동 단체로서는 당연한 것이기도 하지만, 스스로의 힘으로 민주주의를 되찾고야 말겠다는 결기 같은 것이 느껴진다. "우리의 민주주의는 우리의 힘으로 건설한다는 기본적 입장" 등이 그런 대목이다. 과거의 선언문 등에 보이던 '양심의 발로'라든가 '자연법적 권리' 운운하는 자기 정당성의 표현들은 자취를 감추고, '민주국민의 항쟁'과 같은 우리의 힘으로 민주주의를 이뤄내겠다는 의지를 재삼재사 확인하는 단계가 온 것이다.

그러나 이렇게 기존의 민주회복국민'회의'와 차별화된 민주주의국민'연합'을 구성하고 활동을 시작했지만, 그 행로가 순탄하지는 않았다. 결성대회를 강제로 무산시킨 당국은 이름을 올린 참여자와 참여단체들을 모두 부르거나 연행해 철저하게 조사하기 시작했다. 따라서 조직적인 활동은 당장 쉽지 않았고, 민주주의국민연합은 주로 현안에 성명전으로 대응하면서 다음 단계로 넘어가는 징검다리로서의 역할을 했다.

1970년대의 정점에서

이제 암흑시대도 막바지에 이르렀다는 판단이 들었던 것일까. 1979년 삼일운동 60주년을 즈음해 재야인사와 재야단체들은 반유신의 총결집체로서 '민주주의와 민족통일을 위한 국민연합'('민주통일국민연합'으로 약칭)을 결성하며 '민주구국선언'[자료 27]을 발표했다. 선언의 제목은 "민주주의는 기본신념, 통일은 지상목표, 평화는 절실한 소망"이라고 붙어 있었다. 그동안 온몸을 던져 확보하고자 싸워온 가치들이 집약된 슬로건이었다.

60년이 지난 오늘의 현실은 어떠한가? 슬프게도 민족의 자주독립과 민주주의의 이념, 그리고 평화의 구조는 모두 파괴 유린되고 말았다. (…) 우리는 민중의 참여가 보장되는 민주주의의 회복만이 민족, 민주, 평화의 3·1정신을 선양할 수 있는 길임을 엄숙히 선포한다. 우리는 반공과 안보를 구실 삼은 민주주의 말살을 온몸으로 거부한다. 우리는 경제성장이라는 이름 아래 진행되는 매판적 부패특권의 경제 현실을 배격한다. 우리는 민생의 도탄 위에 판치는 부패특권층의 퇴폐와 물질적 향락주의를 규탄한다. 이러한 현실을 비판할 수도 시정할 수도 없는 현실에 우리는 분노한다. 이러한 현실의 원흉은 두말할 것도 없이 1인 독재와 그 영구집권을 위해 불법으로 조작된 유신 체제이다. (…) 유신 체제를 종식시키고, 1인의 절대권력과 장기집권을 끝장내는 것만이, 그리하여 노예로 전락한 국민이 주권자로 되는 민주회복의 길만이 우리의 살길이요, 우리의 나아갈 길이다. 현 체제 아래서는 민중과 권력은 영원한 적대관계와 평행선 위에 있을 뿐이다.

오직 민주정부 아래서만 우리는 국민의 총참여와 지지 아래 성공적인 통일 논의를 할 수 있다. 오직 민주정부 아래서만 국민이 주권자가 되어 국민의 기본권과 생존권이 보장될 수 있다. 오직 민주정부 아래서만 긴장이 완화되고, 정권연장을 위한 기만술책이 폐기되며, 한반도와 아시아의 평화에 우리가 공헌할 수 있다. 오직 민주정부 아래서만 모든 양심범과 정치범은 사라지고, 국민은 정치보복의 공포로부터 해방될 것이다. 오직 민주정부 아래서만 국제사회에서 나라의 위신과 민족의 존엄을 발양할 수 있다.

이 나라 민중은 지금 이 순간까지 길고 험난한 반독재 민주구국투쟁을 벌여 왔다. 인간답게 살 권리의 탈환을 위하여 투옥과 죽음까지도 무릅써 왔다. 아직 목적을 달성할 만큼 강력하지는 못하지만, 우리 민중의 투쟁은 결코 멈추어지지 않을 것이다. 마침내 머지않아 그 목적을 이룰 것이다.

(…) 우리는 이같이 성장하고 있는 민중의 힘을 바탕으로 하여, 유신 체제의 철폐

와 1인 영구집권의 종식, 그리고 민주 정부의 수립이라는 우리의 당면 목표의 성취를 위하여 온갖 희생을 무릅쓰고 투쟁할 것을 선언한다.

'민중 주체'의 입장에서 한국 현대사를 해석하면서, 그 현대사의 과제를 유기적으로 정리해 낸 치밀한 문건임을 한눈에 알 수 있다. '오직 민주정부 아래서만' 우리의 살길이 열린다는 사실을 힘주어 말하면서, 1970년대의 막바지에 그 모든 싸움의 출발점이던 전태일과 민중의 시각으로 되돌아가 거기서 다시 시작하겠다는 의지를 표현한 것이다.

이렇게 1979년 삼일절에 구성된 민주통일국민연합의 3인 의장단은 윤보선(1897~1990), 함석헌(1901~1989), 김대중(1924~2009)이었다. 그동안 각 재야단체에서 주로 고문단에 위치했던 이 원로 3인이 전면 배치된 것도 눈에 띈다. 이들은 발족 선언과 동시에 무기한 가택연금을 당했다.

그리고는 잘 아는 바와 같이, 1979년 크리스챤아카데미 사건 등의 용공 조작, YH 노동자 투쟁 등에 대한 무자비한 탄압을 거치는 가운데, 한 줌도 되지 않는 유신정권의 핵심부는 민중의 뜨거운 의지와 역사의 흐름을 전혀 파악하지 못했고, 마침내 부산·마산 지역의 격렬한 항쟁을 맞닥뜨려 자멸하고 말았다. "우리 민중의 투쟁은 (…) 마침내 머지않아 그 목적을 이룰 것"이라던 선언의 내용이 실현된 것이다.

10. 부문 운동들

유신 말기의 이른바 '긴급조치 제9호 시대'는 정치적으로 암흑기라는 표현이 결코 과장이 아니었다. 그 1인 독재자와 유신체제에 대하여 어떠한 행위를 하는 일은 말할 것도 없고, 그저 일반적인 정치 현안을 언급하는 일조차 대단히 조심스러웠다. 언제 누가 그 발언을 듣고서 터무니없는 혐의를 씌울지 알 수 없었기 때문이다.

그렇게 탄압이 거셌으니 불가피하게 저항이 움츠러들었을까? 예컨대, 앞서 설명한 재야 연합전선 형태의 운동 외에 종교, 지식인, 학생 등 각 영역의 반유신 또는 변혁운동은 상대적으로 소강상태에 들어가지 않았겠느냐는 얘기다.

그러나 그렇지 않았다. 1975년 긴급조치 제9가 선포된 이후 1976년 말까지는 각 부문 운동이 내부 전열을 정비하는 시기였다고 할 수 있다. 그러나 안으로 다져진 열기는 1977년부터 요원의 불길이 되어 유신의 광야를 사정없이 다시 태우기 시작했다. 이미 정당성을 상실한 정권의 누추한 말기 모습은 여기저기서 충분히 목격되었다. 이 무렵, 시정의 사람들도 황음(荒淫)에 빠진 정권이 어차피 지속되기 쉽지 않으리라는 느낌을 이심전심 공유하기 시작했다.

그 무렵 긴급조치의 위력은 이미 '종이호랑이' 비슷한 것으로 쪼그라들어 있었고, 정권은 국민의 눈과 귀와 입을 막기 위해 긴급조치 외에 전례 없이 반공법 등을 동원했다. 이렇게 사회 전체의 건강성이 여지없이 무너지면서 유신정권이 막장을 향해 달음질쳐 가고 있음에도 불구하고 유신의 당사자들은 애써 그 현장으로부터 눈길을 돌리고 있었고, 시민들은 언론이 알려주지 않으니 그 실상을 제대로 알 수 없는 형국이었다. 그러나 시대의 표징을 읽는 사람들의 눈에는 마지막 날의 모습이 보이기 시작했다.

자유언론, 민주·민족언론으로 거듭나다

그중 하나가 언론계의 움직임이었다. 앞서 자유언론운동의 비극적 결말에 대해 언급한 바 있다. 1975년 3월 동아일보와 조선일보의 언론인들이 다수 해직된 일을 가리키는 것이었다. 두 신문사의 해직 기자들은 그 뒤 각각 자유언론수호투쟁위원회('동투'와 '조투'로 호칭)를 결성해 지금껏 활동해 오고 있다. 그 동투와 조투가 1977년 12월 30일 그해를 마감하면서 함께 선언을 했다. '민주·민족언론 선언'[자료 22-1]이 그것이다.

언론의 현직(現職)을 박탈당한 우리는 그동안 많은 것을 배웠다. 오랜 세월 짓눌려 온 민중의 가슴 속에 자유에의 갈망이 안으로 안으로 타들어가 넓게 넓게 번지는 것을 본다. 그리고 우리는, 참된 자유는 억압 속에서만 자라난다는 체험을 공유(共有)한다.

어둠은 곧 빛을 낳는다는 진리를 믿는 우리는, 지금 이 어두운 시대의 종말을 예감한다. 그리고 우리는 한 시대의 종말은 동시에 새로운 시대의 시작이어야 한다고 다짐한다.

민중에게 자유를, 민족에게 통일을 — 이것은 누구도 어쩔 수 없는 우리 시대의 요청이며, 아무도 거역할 수 없는 역사의 방향이다. (…) 아무리 억압의 사슬을 조이고 푸는 일을 되풀이 한다 할지라도 참된 자유는 묶을 수가 없다. 억압이 있는 곳에서만 자유정신은 서로 만나 도도한 강물을 이뤄 마침내 모두를 자유롭게 한다.

이보다 더 절실한 '자유론'을 접하기도 쉽지 않다. 글의 첫머리에서 고백한 대로 이들은 언론의 현직을 박탈당함으로써 오히려 많은 것을 배울 수 있었다. 대단히 미안한 얘기지만, 이들이 현직을 박탈당해 '언론 밖'에 있음으로써 이 같은 절실한 글을 쓸 수 있었다고 생각된다. 참된 자유가 억압 속에서만 자라난다는 체험을 '언론 안'에서는 할 수 없었을 것이기 때문이다. 어둠은 곧 빛을 낳는다는 진리도 '언론 안'에서는 믿을 수 없었을 것이다. 이 어두운 시대의 종말도 '언론 안'에서는 예감하기 힘들었을 것이다. 민중에게 자유를, 민족에게 통일을 가져오는 것이 우리 시대의 요청이며 아무도 거역할 수 없는 역사의 방향임을 '언론 안'에서 알 수 있었을까? 독재자가 모든 세상사를 마음대로 하는 것 같아도 참된 자유만은 묶을 수 없다는 사실을 '언론 안'에서 얼마나 체감할 수 있었을까? 그리하여 마침내 억압이 있는 곳에서'만' 자유정신은 서로 만나 도도한 강물을 이뤄 마침내 '모두'를 자유롭게 한다는 하늘의 진리를 '언론 안'에서 어떻게 깨달을 수 있었겠는가?

이렇게 이들은 언론을 떠남으로써 이들의 취재 대상이었던 세상사를 보다 더 깊이 있게 듣고 보고 깨닫는 단계에 도달한 것이다. 그 결과, 이들이 수년간 (적어도 1974년 가을 '자유언론실천선언'[자료 12-5, 자료 13-2] 이후 3년여의 인고 속에서) 추구해 온 '자유언론'이 알고 보니 바로 '민주언론'과 '민족언론'이더라는 것이다. 그리고 '민주언론'은 "민중의 아픔을 같이하는, 민중을 위한, 민중에 의한, 민중의 것"이어야 한다고 한 단계 더 부연했다.

그러면서 이제 이들은 스스로 '미래의 언론인'으로 성장했다고 자임하면서 "민주·민족 언론을 세우는 역사적 책무를 통감한다"라고 말하기에 이르렀다. 언론의 현장으로 되돌아가 자신들에게 맡겨진, 그리고 자신들이 깨달은 책무를 다하겠다는 다짐인 것이다. 당시에 미래의 일을 정확히 알기는 어려웠겠지만 그러기엔 꽤 많은 시간이 필요했다. '동투'가 발표한 '진정한 민주·민족언론의 좌표'[자료 22-2]부터 살펴보자.

서울대학생, 고려대학생, 전남대학생 등의 일련의 학생 데모사태, 기독교청년협의회 청년들의 전주에서의 데모 사건, 동일방직 근로자들의 해고에 따른 일련의 사건들 등 제도언론이 거의 외면해 버린 사건들이 엄연히 「현재」 「이 땅에」 「우리 국민들 가운데서」 자꾸 발생 (…) 교수로서의 최소한의 양심을 지키려고 「우리의 교육지표」라는 양심적 선언을 했다고 감옥에 가는, 역사상 그 유례를 찾아보기 힘든 사태가 일어나도, 우리의 제도언론에서는 그런 일이 언제 있었냐는 듯이 (…) 우리 국민 모두의 생활과 직결되는 이 모든 문제들은 우리네 제도 언론기관의 서랍 속에 내던져진 채 쌓여만 가고 있다. 언론의 이 같은 보도 자세는 그 자체가 범죄일 뿐 아니라 현실적으로도 국민 모두를 멍들게 한다. (…) 우리가 진정한 민주·민족언론인으로서 언론자유와 사실 보도의 권리를 갖고 다시 현역에 복귀하기 위해서는 자유 언론을 압살하는 모든 제도와 법이 당연히 철폐되어야 함을 10·24 자유언론실천선언 4주년을 맞아 분명히 천명하는 바이다.

1974년 10·24 자유언론실천선언의 4주년에 즈음해 발표된 이 문건에서 동아투위는 제도언론의 현실 추수적인 태도를 '범죄'로 질타하고 궁극적으로 유신헌법과 긴급조치 등이 모두 철폐되어 자신들이 현역에 복귀해야 함을 지적하는 가운데, 스스로 "진정한 민주·민족언론인으로서 언론자유와 사실 보도의 권리를 갖고…"라는 점을 넌지시 비추었다. '범죄' 운운도 뼈아픈 지적이었지만, 이날 '좌표' 문건과 함께 발표된 '보도되지 않은 민주·인권사건일지(1977. 10~1978)'라는 제목의 문건은 엄청난 파장을 낳았다. 통상 '민권일지 사건'이라고 불리는 일이었다.

'제도언론, 너희가 하지 않으면 우리가 하겠다'는 것이었을지도 모르겠다. 꼭 1년 동안 제도언론이 몰라서 넘어가기도 하고, 알면서 무시하기도 한 250여 건의 민주화운동 또는 인권 관련 사안을 일지 형식으로 기록해 공개했다. 정권 측은 크게 당황했다. 각종 시위 상황 등의 보도를 기껏 막아놓았는데 일거에 망신을 당했다고 생각했을까? 1985년 '보도지침 사건' 때처럼 가장 부끄러운 속살을 들킨 심정이었을지도 모르겠다.

대가는 혹독했다. 동아투위 관계자들 가운데 긴급조치 제9호 위반 혐의로 무려 10명이 구속되어 대부분 1~2년의 실형을 살았다. 최근 1년의 사건 일지를 기록하고 공개한 대가로는 상상할 수 없는 일이었다. 안종필(1937~1980), 홍종민(1944~1988), 안성열(1938~2011), 성유보(1943~2014), 윤활식(1929~2021), 장윤환, 박종만, 김종철, 정연주, 이기중이 그들이었다. 그렇게 동아투위와 조선투위는 그 길이 쉽지 않은 줄 알면서도 '제도언론 밖'에서 확인한 민주·민족언론의 길을 우직하게 밀고 나갔다. 수난은 더 남아 있었다.

민청협, 어깨동무하고 난세를 넘다

민청학련 사건의 당사자들은 1975년 2월 유신헌법에 대한 국민투표가 통과된 직후 마치 선심의 대상이라도 된 듯 형집행정지 등으로 대부분 풀려났다. 그 과정의 문제에 대해서는 구가협의 성명서[자료 17-3]가 잘 정리한 바 있다.

그런데 유신 시대, 특히 긴급조치 시절에 들어선 뒤에는 구속, 해직 등으로 학교, 직장 등에서 일단 쫓겨나면 그 뒤 감옥에서 풀려나와도 공민권이 제한되는 것은 물론이고, 복교·복직도 허용되지 않았다. 수사기관에서 이들의 신분은 늘 '제적 학생' 또는 '전(前) 학생'이었다. 한번 정권의 눈 밖에 나면 원래 자리로 돌아갈 수 없도록 함으로써 사회의 낙오자로 만들겠다는 의도였다. 장기적으로 그것은 오판이었다. 당국이 민청학련 사건을 그토록 키운 것이 오히려 당시 학생운동 세대의 결집을 도왔듯이, 이들의 일괄 석방 후의 '복학 불허'도 마찬가지였다.

그러나 '복학 불허'가 당대에 큰 고통을 낳은 것도 사실이다. 학생들의 경우, 석방 후 성인들에 비해 상황이 훨씬 열악했다. 지식인의 삶을 포기 또는 유보한다면 모르겠지만, '제적 학생'을 불러주는 곳은 거의 없었다. 그 무렵 막 생겨나기 시작한 사회과학 출판사의 편집 일 정도가 있었을까. 그때만 해도 노동운동을 염두에 둔 '현장론'이 일반화되지 않은 시점이었다.

이런 신분상의 불안정에 더해 현실적인 불안감까지 한껏 증폭되었다. 민청학련 관계자 대부분이 풀려났지만 '대학 졸업자' 신분이었다는 이유로 감옥에 '정치적 인질'로 남아 있던 이현배, 유인태, 김효순, 이강철 등은 인혁당 사형수들의 전격 집행 이후 불안한 나날을 보낼 수밖에 없었다. 게다가 김지하와 장영달은 석방 후 인혁당 관계자들에 대한 혐의가 고문으로 조작되었음을 폭로함에 따라 사실상 괘씸죄로 재구속되었고, 그 무렵 석방자든 누구든 당국의 눈에 조금만 불안 요인이 있다 싶으면 데려다 구류, 구속, 재수감 등의 조치를 때렸다. '정권의 마음'이 곧 법이었다.

70년대 이후 학원에서 제적, 투옥 등 값진 희생을 치러가며 인간성 회복과 민주 승리를 갈망해온 우리 동료들이 비인도적 처우 아래 장기 수감이 계속되어 온 지금까지 우리들은 안타까움과 죄책감을 금하지 못하고 서로의 만남을 갈구해 왔다. 그러나 우리 현실은 전 인류의 여망인 인권 회복과는 정반대의 길로 치닫고 있다. (…) 민주세력에 대한 탄압은 날로 가중되어 학원 사찰, 종교 인사의 탄압, 언론자유의 말살, 노동운동 탄압 등이 스스럼없이 강행되고 있다. 이러할 때 스스로의 인간성을 지키려는 인천 동일방직 여성 근로자를 위해 뜨거운 애정으로 노력해 온 우리 동료 김병곤, 김봉우의 구속 사태가 발생했다. 이들에 대한 부당한 신체 구금의 장기화, 마침내는 구속에 이르는 야비한 당국의 처사에 깊은 충격과 분노를 느끼며 집단단식과 성명을 통해 수차 항의해 왔다. 이에 우리는 이처럼 부당하게 구속당하는 스스로의 처지를 공동으로 방어하고, 나아가 고생하는 우리 형제자매들의 고통을 함께 나누기 위해 오랜 침묵을 떨치고 민주 투쟁의 광장에 다시 모였다.

그렇게 해서 민청학련 사건(긴급조치 제4호) 및 긴급조치 제9호 석방자들이 1978년 5월 12일 '공동방어', '고통분담' 등의 자위책으로 구성한 것이 '민주청년인권협의회'('민청협'으로 약칭)였고, 그 '창립선언문'[자료 23]의 일부가 위의 글이다. 장기수감 동료들에 대한 안타까움, 석방 후 동일방직 노동자들을 위해 동분서주하다 이유도 모른 채 연행·구속된 김병곤 등에 대한 동지애, 그리고 수많은 각종 탄압 사례들…. 이 모든 일에 일단 '인권' 차원에서 대응하기 위한 협의회였다. 물론 그것은 표면적인 명분에 불과했을 것이다.

그러나 이 협의회는 출범과 동시에 중앙정보부의 타격 표적이 되었다. 출범 이튿날 정문화, 김학민, 장만철(장선우), 박계동, 문국주, 배경순 등의 운영위원은 중정에 연행되어 혹독한 조사를 받았고, 그 뒤 기관원의 1 대 1 밀착감시로 제대로 활동을 할 수 없었다. 그래서 창립 6개월 만인 그해 11월, 조성우를 중심으로 제2기 임원진이 구성되면서 단체명에서 '인권'을 떼어버리고 '민주청년협의회'로 재출발했다. 회원들 간에 긴 토론을 거치긴 했지만, 어차피 말로 인권을 지킬 수 있는 단계는 넘어섰다는 판단이 강했다. '민주화운동'에 방점이 찍혔다.

카터 미국 대통령의 방한에 대한 반대 의견을 표시하는가 하면, 수형 후 석방자들에 대해 터무니없는 병역법 조항을 적용해 군에 징집하는 처사에 공동으로 대응하는 식이었다. 그렇게 어려운 시기를 어깨동무하며 건너던 '민청협' 투사들은 10·26 직후 전혀 예상할 수 없던 상황 속에서 엄청난 사태의 주인공이 되었다. 그 일은 조금 뒤에 살펴보기로 하자.

"오늘날 교육의 실패는 어디에서 오는가?"

악전고투 속에 유신 시대를 헤쳐 나온 대표적인 비판적 지식인 그룹 중 하나는 해직 교수들이었다. 사실 유신의 역사 전체가 이들의 해직 및 구속의 역사이기도 했다. 결코 순탄치 않은 길이었고, 한고비 넘는가 싶으면 다시 깊은 골짜기가 그들을 기다리곤 했다.

대개 대학에 자리 잡고 있던 이들은 해직자가 일정 수에 이르자 1978년 3월 24일 '해직교수협의회'를 구성했다. 곧이어 4월 13일 '동료교수들에게 보내는 글'[자료 24]이라는 제목으로 이 나라 대학 사회, 곧 지식인 사회에 보낸 '인사장'의 일부가 바로 다음의 글이다.

교수가 곧 외부기관에 의한 학생 감시의 촉수가 되고, 심지어 기동타격대의 보조 역으로까지 떨어진다면, 이는 스승 되기를 그만둔 정도가 아니고 평범한 인간으로서의 자존심마저 내동댕이친 꼴이 아니겠습니까. 더구나 교육자로서의 자포자기 행위에 해당되는 학생 제적을 당자의 해명 한마디 안 듣고 대량으로 단행하는 대학당국자들은 과연 어떤 교육관과 인생관을 가졌기에 그런 용기가 나는 것인지 놀라울 따름입니다. (…) 우리는 오히려 강단과 연구실을 떠남으로써 이 사회 구석구석에서 새로운 역사의 물결이 일고 있음을 체험할 수 있었습니다. 이 새 역사의 일부가 되고자 우리 나름의 작은 힘을 보태기도 했습니다.

교수를 학생 시위의 감시 역할, 심지어 체포 역할로 활용하는 유신 말기의 절망적인 상황이 아주 솔직하게 그려지고 있다. 대학이 대학이기를 사실상 포기한 상황인데 과연 교육과 연구가 제대로 이뤄질 수 있겠느냐고 묻고 있는 것이다. 그러면서, 앞에 살펴본 해직 언론인들과 마찬가지로, 이들 역시 '강단과 연구실을 떠남으로써', 즉 대학 밖에서 대학의 현실과 역사의 흐름을 비로소 체험할 수 있었다고 고백하고 있다. 산속에서는 산이 보이지 않는 것과 같은 이치일 것이다.

그러면서 이들 해직 교수들 역시 현직에의 복귀 의지를 결코 꺾지 않았다. 이들은 "지난 몇 년간 교직을 잃고 각자 다른 길을 걸으면서도 우리가 교육자요 교수라는 긍지를 잃지 않을 수 있었다"라면서, "이제 우리는 특히 현직 또는 전직의 모든 동료 교수들과 새 역사의 대열에 동참하는 기쁨을 기대한다"고 말했다. 그러면서 너무도 당연한 말이지만 "모든 교수는 진실을 말하고 가르쳐야 한다"라는 명제를 결론부의 첫머리에 걸어두었다. 교육 현장에서의 '새 역사' 또는 '진실'은 무엇을 가리키는 것이었을까?

대학인으로서 우리의 양심과 양식에 비추어 볼 때 오늘날 교육의 실패는 교육계 안팎의 모든 국민으로 하여금 자발적 일치를 이룩할 수 있게 하는 민주주의에 우리의 교육이 뿌리박지 못한 데서 온 것이다.

국민교육헌장은 바로 그러한 실패를 집약한 본보기인 바, 행정부의 독단적 추진에 의한 그 제정 경위 및 선포 절차 자체가 민주교육의 근본정신에 어긋나며 일제하의 교육칙어를 연상케 한다. 뿐만 아니라, 그 속에 강조되고 있는 형태의 애국애족 교육도 그냥 지나칠 수 없는 문제를 안고 있다. 지난날의 세계 역사 속에서 한때 흥하는 듯하다가 망해 버린 국가주의 교육사상을 짙게 풍기고 있는 것이다. 부국강병과 낡은 권위주의 문화에서 조상의 빛난 얼을 찾는 것은 잘못이며, 민주주의에 굳건히 바탕을 두지 않은 민족중흥의 구호는 전체주의와 복고주의의 도구로 떨어질 위험이 있다. 또 능률과 실질을 숭상한다는 것이 공리주의와 권력에의 순응을 조장하고 정의로운 인간과 사회를 위한 용기를 소홀히 하는 결과가 되어서는 안 된다.

민주주의 교육이 선행되지 않은 애국애족 교육은 진정한 안보에도 도움이 되지 않는다. 민주주의의 실천이 결핍된 채 민주주의보다 반공을 앞세운 나라는 다 공산주의 앞에 패배한 역사를 우리는 알고 있지 않는가?

1960~1970년대에 초등 혹은 중등 교육을 받은 사람이라면 '국민교육헌장'을 모를 수 없고, 그중에서 조금이라도 비판적 사고를 하는 사람이라면 "우리는 민족중흥의 역사적 사명을 띠고 이 땅에 태어났다"라고 시작해서 "공익과 질서를 앞세우며 능률과 실질을 숭상하고" "나라의 융성이 나의 발전의 근본임을 깨달아" 마침내 "반공 민주 정신에 투철한 애국 애족이 우리의 삶의 길"이라고 결론짓는 이 헌장의 기조에 한두 번쯤은 고개를 갸웃거렸음 직하다. 게다가 이 헌장 말미에 '대통령 박정희'라고 반포자의 이름이 뚜렷이 박혀 있는 것도 꼭 그래야 했는지 잘 이해되지 않았다. 이 헌장을 암기하는 것을 지켜본 부모 세대는 대개 일제강점기에 교육 받은 처지에서 "그때 우리가 암기하던 교육칙어와 대동소이하다"라고 말하곤 했다.

그런 의구심의 각 요소와 그 원인을 아주 적확하고도 직설적으로 지적해 내면서 바로 이 헌장을 '오늘날 우리 교육의 실패를 집약한 본보기'로 적시한 것이다. 이보다 더 명료할 수가 없다. 이것이 바로 국민교육헌장 반포 10주년을 기해 1978년 6월 27일 전남대학교의 송기숙 교수 등 11인 명의로 발표된 '우리의 교육지표'[자료 25]의 골자였다.

이 사건으로 정권이 받은 충격은 이루 말로 표현하기 힘든 것이었다. 왜냐하면 '대통령 박정희'가 반포한 '국민교육헌장'은 각급 학교의 모든 교실에 걸리고 유신 이전부터 절대적 권위를 자랑하던 신성불가침의 존재였기 때문이다. 바로 그날로 서명자 11명 전원이 중앙정보부 전남지부로 연행되어 이틀간 조사 받았으며, 그 가운데 문안의 작성자로 알려진 송기숙 교수(1935~2021)는 긴급조치 제9호 위반 혐의로 구속되었고, 나머지 교수들도 모두 해직되었다.

조사 과정에서 확인된 바에 따르면, 당초 이 문건은 해직교수협의회 회장이자 연세대에서 교육학을 가르치던 성내운 교수(1926~1989)와 송기숙 교수가 공동으로 기초해 서울과 광주의 여러 대학에서 두루 서명받은 뒤 함께 발표하기로 했는데, 서울과 연락하는 가운데 혼선이 생기면서 전남대 교수들만의 명의로 발표된 것이었다. 수난과 영광은 이들의 몫이었다. 이들은 투옥과 해직의 고통을 겪었지만, 각계로부터 엄청난 격려를 받았다. '할 일을 제대로 했다'는 것이었다.

　언론에 보도되지도 않았는데 각계에서는 어떻게 알았을까? 인터넷과 SNS도 없던 시절. 서울-광주 간의 연락 혼선으로 광주에서 이 문건이 서둘러 발표되었다고 하지 않았는가? 그 덕분에 서명 작업의 정보가 밖으로 샐 여지가 거의 없었다. 당국이 초동에 대처하지 못하는 사이에 사실상 광주 전역으로 이 문건이 퍼져나가면서, 바로 발표 다음 날인 6월 28일 저녁 광주YWCA 강당에서는 연행된 전남대 교수들과 학원 민주화를 위한 기도회가 열렸고, 이 자리에서 이 '우리의 교육지표'가 낭독되고 배포되었다. 더 이상 통쾌할 수 없는 장면이었다. 그 뒤 전남대, 조선대 등 각 대학에서도 지지 및 석방 촉구 시위가 잇달았다.

　그리고 서울은 서울 나름대로 문건의 작성자인 성내운 교수가 일단 몸을 피하면서 각계에 문건을 전했기에 대부분의 민주화운동 단체는 그 내용을 알 수 있었다. 어쩌면 그 시점에 그 내용을 바로 알지 못한 것은 제도언론뿐이었는지도 모르겠다.

11. 10 · 26 이후

여기서 굳이 10 · 26사건과 그 전조로서의 YH사건 및 부산 · 마산 사태 등을 살펴볼 필요는 없겠다. 그것들은 문건으로 그 내용과 의미를 짚어볼 수 있는 사안도 아니다. 지금 우리는 1970년대 '시대의 목소리'를 돌이켜 다시 듣고, 거기서 '역사적 현재'가 만들어진 내력을 확인하는 것이 주안점이다. 그런 점에서 이제 우리의 시선은 한 시대의 종말인 '10·26'과 또 다른 한 시대의 시작인 '12·12' 사이쯤으로 건너뛰고, 거기서 멈추는 게 좋을 것 같다.

그 한 달 반의 기간은 유신독재가 기울면서 모든 것이 가능할 것 같았지만, 사실은 아무것도 분명한 것이 없던 시절이었다. 내일 무슨 일이 일어날지 어느 누구도 확정적으로 이야기할 수 없었다. 그래서 우선 원로들이 입을 열었다. 그 계기는 1979년 11월 10일 최규하 대통령권한대행이 특별담화를 통해 '현행 유신헌법에 의한 대통령선거 실시' 방침을 밝힌 데 따른 것이었다.

'새로운 출발'은 어떻게 오는 것일까?

11월 10일 최규하 대통령권한대행의 시국에 관한 담화 내용을 듣고 우리가 느끼는 분노와 실망은 크다. 유신체제를 사실상 계속하겠다는 최 대행의 담화는 YH 사건, 부산과 마산의 민중봉기에서 분명히 나타난 국민의 민주주의의 열망을 전혀 배반한 것으로서 질서와 안정을 빙자하여 부정과 부패의 구조 속에서 취득한 기득권을 어떻게 해서든지 유지하겠다는 의사 표시 이외에 아무것도 아니었다.

'민주주의와 민족통일을 위한 국민연합'이 3명의 공동의장(윤보선, 함석헌, 김대중) 명의를 병기해 특별담화 이틀 뒤인 11월 12일 발표한 '성명서'[자료 28-1]의 일부다. 유신의 괴수가 내부 총질로 사라진 뒤 국민이 고대하던 것은 유신 이전 민주질서의 회복이었는데, 유신헌법에 의해 다시 한 번 대통령을 선출한다니….

'1인 영구집권체제'에서 그 '1인', 즉 본체가 없어졌으니 나머지는 무엇인가? 그것이야말로 '잔당' 아닌가? 그 '유신 잔당'들의 버티기 시도가 바로 '통대에서의 대통령선거'였다. 그것은 달리 해석할 여지 없이 잔당들의 잔명 유지책이었고, 국민의 여망에서 완전히 엇나가는 것이었다. 다만, 문제는 그들이 정치적 명분에서는 밀릴지언정 법적·물리적 힘은 여전히 쥐고 있었다는 점이다. 바야흐로 새 질서를 향한 생사를 건 싸움이 시작된 것이었다.

민주통일국민연합이 구체적으로 제시한 요구 사항은 이런 것이었다. 즉, 1. 새 민주헌법을 3개월 이내에 제정하고 가능한 빠른 시일 내에 대통령선거를 실시한다. 2. 유신체제의 연장인 최규하 대행체제는 즉각 사퇴하고, 거국 민주 내각을 구성해 과도정부를 수립한다. 3. 모든 정치범은 무조건 즉각 석방 사면하고, 즉각 복직·복교·복권되어야 한다. 4. 언론자유 및 정치적 자유는 보장되어야 하며, 계엄령은 즉각 해제되어야 한다.

대부분 상식적이면서 현실적인 요구들이었다. 요컨대, 유신헌법을 폐지하고 새 헌법을 조기에 마련해 그에 따라 대통령선거를 실시하는 것으로 정치·사회적 정상화의 길을 밟자는 것이었다. 그 과정에서 계엄령뿐만 아니라 긴급조치의 해제도 당연히 필요했다. 긴급조치와 그 엄호수단으로서의 계엄령을 모두 유지한 가운데 유신헌법에 의한 대통령선거? 그게 시민들을 설득할 수 있었을까? 그뿐 아니라, 유신의 피해자들은 아직도 기약 없이 감옥에 갇혀 있는 마당에!

10·26사건을 비롯하여 오늘의 비상시국을 초래하는 데 의당 책임을 져야 할 현 내각은 국민들에게 이제까지 사퇴 용의는커녕 사과 한마디 없이 몰염치한 자세를 취하고 있다. 더욱이 최규하 대통령권한대행의 11월 10일자 성명은 1인 독재의 구체제를 연장, 승계하겠다는 것밖에는 달리 해석할 수 없게 했다.

우리도 혼란과 위기를 바라지 않는다. 우리도 성숙한 정치의식을 갖춘 우리 국민의 수준에 맞도록 민주개혁이 이루어지기를 바란다. 그러나 정치범 석방 및 사면, 유신 피해자들의 권익 원상회복 등 선행조건도 충족되지 않은 채, 그리고 우리를 억압하던 긴급조치 9호가 엄존할 뿐만 아니라 계엄령까지 선포되어 국민의 자유로운 의사표시가 막힌 채 강행되는 어떠한 조처도 참다운 민주사회와 인간적 삶을 구현할 수 없음은 너무나 명백하다. 사과나 사퇴는커녕 도리어 고압적 자세를 취하는 현 내각의 처신은 독재의 잔재 바로 그것임을 그대로 보여주는 것이다.

앞의 성명서 하루 뒤인 11월 13일 자유실천문인협의회, 해직교수협의회, 민주청년협의회, 동아·조선자유언론수호투쟁위원회 등이 연대해 발표한 '나라의 민주화를 위하여'[자료 28-2]의 일부다. 비판적 지식인 그룹들의 의견도 하루 전의 성명서와 다를 것이 전혀 없었다.

그러나 유신 잔당의 생각은 완전히 달랐다. 더 밀리면 안 된다고 생각하는 것 같았다. 열흘 이상 향후 정치 일정, 특히 유신헌법의 폐지, 거국내각 구성, 구속 인사 석방, 계엄령 해제 등의 핵심 쟁점에 대해 전혀 대꾸하지 않는 것은 물론이고 이 성명과 관련해 서남동(1918~1984), 김찬국(1927~2009), 이우정(1923~2002) 등이 조사를 받았다. 심지어 동아투위의 이부영은 조사 후 11월 17일 계엄포고령 위반으로 구속되었다. 계엄령을 해제하라고 했더니 계엄령으로 구속해 버린 것이다. 그래서 끝내 문제가 터지고야 말았다.

일단 통대 선출을 통하여 김종필-최규하 체제가 유신 체제의 법통을 이어받은 후에 물밀듯한 국민들의 민주적 열망을 무산시키고 독재 마수의 칼을 새로이 갈아, 자신들의 재집권이 현실적으로 가능하다고 판단되는 시기(따라서 가능한 가장 늦은 시기)에 기만적 개헌, 총선을 하자는 것 이외 다른 것이 아니다. (…) 그렇기 때문에 '통일주체국민회의'를 통한 대통령선거는 자신들의 부패한 특권지배를 끝내 온존시키겠다는 반민주적·반민족적·반국가적인 망국의 발상일 따름이다. 눈앞에 박두한 통대 대통령선거는 민주회복으로의 전진이냐 유신독재로의 퇴행이냐를 판가름짓는 민족사의 일대 분수령임을 우리는 분명히 직시하고 있다. (…) 전 국민적인 각성과 단결로써 결연히 통대 대통령선거를 분쇄하여야 할 것은 우리의 자명한 의무이다.

김-최 체제가 끝내 망국적 정치 일정을 고집하고 통대 대통령선거를 강행하려 든다면, 우리는 전국민적인 민주적 궐기를 통하여 시대착오적인 사기극을 단호히 분쇄하고 유신독재의 잔재를 일거에 숙정할 것임을 분명히 경고해 둔다.

12월 초순으로 임박한 통일주체국민회의에서의 대통령선거를 '전국민적인 민주적 궐기'를 통해 '단호히 분쇄'하고 '유신독재의 잔재를 일거에 숙정'하겠다니 말의 수위가 많이 높아졌다. 이것은 11월 24일 이른바 'YWCA 위장결혼식 사건'으로 알려진 '통대 선출 저지 국민대회'에서 발표된 '국민선언'[자료 28-3]의 일부다. 말로만 해서는 안 되니 행동으로 분쇄의 결의를 보여주겠다는 것이었다. 그러나 계엄령의 위력은 대단했다.

민주청년협의회 회원 홍성엽(1953~2005)과 윤정민(가상 인물)의 결혼식을 가장해 모인 500여 명의 참석자들은 위와 같은 '국민선언' 등이 배포되는 가운데 이를 낭독하고 구호를 외치는가 싶었으나, 이내 계엄군의 무력 진압으로 대회장은 쑥대밭이 되고 말았다. 계엄군은 이날 현장에서 관련자 140여 명을 검거했는데, 그 상당수가 민주청년협의회와 한국기독청년협의회(EYC) 회원들이었다.

이들은 조사 과정에서 이루 말로 다할 수 없는 고문과 비인간적 능욕을 당했다. 경찰이나 중앙정보부의 고문이 상당히 축적된 경험과 기술에 따라 원하는 답변을 끌어내기 위해 계산된 것이었다면, 군 보안사는 학생 또는 민간인을 다뤄본 경험이 많지 않기도 했거니와, 이 시점에서는 곧 등장할 '신군부 폭압 체제'의 예고편을 보이겠다는 의지로 충만해 있었다. 어느 누구의 어떠한 도전도 용납하지 않겠다는 결의였다고 할까.

이 가운데 주동자로 분류된 18명 중 14명이 수도경비사령부 계엄군법회의에 구속 송치되었고, 67명은 즉결심판에 넘겨져 15~20일의 구류 처분을 받았다.

이것이 유신 잔당의 답변이라면 답변이었다. 이렇게 해서 유신 시대는 12월 6일 유신헌법에 의한 최규하 대통령의 선출로 잔당들이 어정쩡하게 연명하는 모양새가 되었다. 12월 7일 긴급조치 제9호가 4년 7개월 만에 해제됨으로써 12월 8일 긴급조치 관련 구속자 수백 명이 형집행정지, 가석방, 구속집행정지 등 여러 모양새로 풀려났다.

그러나 석방의 기쁨을 누리고 새 시대에 대한 기대를 키우는 것도 잠시뿐, 계엄령은 엄존하고 있었고, 12월 12일 전두환 일당의 쿠데타로 국면이 완전히 바뀌었다. 1961년의 5·16, 1972년의 10·17에 이어 한국 현대사에서 세 번째 쿠데타였다. 이로써 1970년대 고난 속의 희망은 여지없이 배신당했다. '더 센 놈'이 왔고 '더 혹독한 겨울'이 기다리고 있었다. 그렇다고 희망의 불이 모두 꺼진 것이었을까?

12. 에필로그: 1974년을 '현재화'하기 위하여

지금까지 우리는 1970년대의 여러 선언문을 끄집어내 먼지를 털고 흐릿해진 활자를 키워 새삼 그 뜻을 되짚어 보았다. 언젠가 접해본 것들도 있지만, 상당수는 처음 보고 처음 듣는 것이었다. 개중에는 선언문의 이름 또는 그 발표 주체를 전혀 알지 못하던 것들도 있었다.

그런가 하면, 근 반세기 전 기록들이어서 그 의기와 열정이 다 식었을 줄 알았는데 그렇지 않은 것들도 많았다. 당시의 뜨거움이 지금도 충분히 살아 있었다. 옛 문어체 어투의 사이사이를 비집고 당시의 절실한 마음, 삶 전체를 거는 결단, 수난 뒤에 마침내 맞게 될 새날의 기대 등이 불쑥불쑥 솟아올랐다.

이제 필요한 것은 50년 전의 말과 그 말의 뜻을 오늘에 현재화하는 일이다. 지금까지 그 시대의 선언문들을 따라 읽으면서 확인한 바와 같이, 50년 전의 말과 뜻을 되살리는 방법은 다음과 같은 것들이 되리라 생각한다.

첫째, 천주교 정의구현전국사제단, NCCK 등이 50년 전부터 오늘까지 그렇게 하고 있듯이 '시대의 징표'를 읽는 일이다. 날씨는 읽으면서 시대의 징표에 관심이 없거나 그것을 읽지 못한다면 이렇게 옛 기록을 수고스럽게 뒤지는 일을 할 필요가 없다. 2020년대의 우리 생활 주변에 차고 넘치는 그 징표들을 어떻게 읽고 새길 것인지는 오로지 우리의 숙제다.

둘째, 전태일의 분신을 계기로 1970년대 학생 등 지식인들이 자신의 삶에 대한 반성을 토대로 민중과 '고통의 연대'를 이루었듯이, 우리도 21세기의 고통을 확인하고 그것을 우리의 고통으로 받아들이는 일이다. 그런 공감 위에서만 한국 사회는 달라질 수 있기 때문이다.

셋째, 1974년 이후 각 분야 단체들이 어깨동무하고 동토의 왕국을 함께 헤쳐 왔듯이, 우리도 한국사회의 변혁을 위해 노력하는 모든 사람/단체들과 힘을 합치는 일이다. 예컨대, 1979년 10·26 이후 변혁의 대상은 정치적·행정적·물리적 힘을 갖고 있었던 반면, 세상을 바꾸고자 하는 세력은 전혀 그렇지 못했던 데에서 우리는 무엇을 배울 수 있을까. 그에 반해 1987년과 2017년 시민들이 함께 이룬 혁명은 또 무엇을 우리에게 가르치는가.

넷째, 끝까지 희망을 버리지 않는 일이다. 우리는 이미 유신 7년의 암흑기와 신군부 8년의 시련기 동안 많이들 단련되었다. 그런 긴 겨울을 겪어본 사람만의 감각과 자신감도 나름대로 갖추었다. 1970년대에 점점이 또는 무리 지어 우리의 길을 향도하던 그 모든 선각자의 별빛들을 다시 한번 되새기면서 2020년대의 길을 찾다 보면 판도라의 상자 속에 갇혀 있던 희망이 마침내 어느 날 불쑥 우리 앞에 현실이 되어 그 모습을 나타낼 것이다.

1970년대의 목소리를 듣는 일을, 선언문은 아니지만 어쩌면 선언문보다 더 큰 힘으로 다가왔던 또 다른 목소리 한 가지를 되새겨보는 것으로 마무리하자. 정확하게 전태일 사건이 있었던 바로 그해, 1970년에 세상에 첫 선을 보인 김민기의 '아침이슬'이다. 그것은 그 시대의 무기인 동시에 위안이었다. 그 안에는 시대의 고통과 그 고통을 넘어서려는 사람들의 연대, 그리고 마침내 그 고통을 넘어설 수 있으리라는 희망이 모두 들어 있었다. 지금 우리에게 필요한 것도 그런 것들이 아닐까.

긴 밤 지새우고 풀잎마다 맺힌 / 진주보다 더 고운 아침이슬처럼 / 내 맘에 설움이 알알이 맺힐 때 / 아침 동산에 올라 작은 미소를 배운다 / 태양은 묘지 위에 붉게 떠오르고 / 한낮에 찌는 더위는 나의 시련일지라 / 나 이제 가노라 저 거친 광야에 / 서러움 모두 버리고 나 이제 가노라

자료편

1974년 이전

1974년

1974년 이후

1974년 이전

1-1. 서울시내 각대학 학생회장 등, '공동결의문'(1970.11.20)

공동결의문

오늘 서울 시내 각 대학 학생 대표, 각 청년 학생 종교단체 대표는 모든 근로자의 스승이며 모든 청년의 스승이며 또한 모든 종교인의 스승인 고 전태일 선생의 죽음 앞에서 다음과 같이 결의한다.

1) 전태일 선생께서는 평화시장 근로자들의 지옥과 같은 생활고를 타개하기위해 줄기차게 투쟁해 오시다가 너무나 차가운 사회의 반응에 항의하여「내 죽음이 헛되지 않도록 해달라」는 뼈저린 유언을 우리 모두에게 남기면서 오백만 근로자와 가난한 겨레의 설움을 한 몸에 안고 분신자결 하시었다. 그러나 모든 순교가 그러하듯이 이 죽음은 명백한 공모 타살임을 우리는 고발한다. 우리는 이 죽음에 있어서의 5대 살인자를 고발한다.

첫째는 기업주, 둘째는 노동청을 필두로 하여 근대화라는 미명 아래 모든 근로 대중의 참상을 심화시키며 또한 이를 은폐해 온 정부, 셋째는 근로자의 권익옹호를 사실상 포기하고 정권유지의 도구로 타락하고 있는 한국노동조합총연맹, 넷째는 전 선생의 생전의 눈물겨운 투쟁에 철저히 방관하고 냉혹하게 외면하여 온 언론관계자 및 노동법학자를 위시한 모든 지식인, 다섯째는 우리들 자신을 위시한 모든 사회인이 그것이다.

2) 이제 우리는 우리를 오늘의 사태에 이르게 한 다른 모든 살인자들을 책하기에 앞서 우리들 자신에게 엄혹한 비판을 가하지 아니할 수 없다. 우리는 이 비인간적인 현실을 바로 우리 이웃에 두고도 다분히 소시민적인 안일에 빠져 있

었으며 이 어둡고 더러운 현실을 투쟁하는 데 철저하지 못하였다. 우리는 현정부의 인간 부재의 사이비 근대화 정책을 막아내지 못하였고 업주의 횡포와 노총의 범죄적 무시주의를 방치하고 말았으며 지식인의 비열한 현실도피주의를 시정하지 못하였다.

3) 그리하여 우리는 참담한 심정으로 아래와 같이 결의한다.

① 우리는 장기적으로 근로자, 농민 등 모든 빈민의 생활실태를 조사하고 숨겨지고 있는 참상을 전 사회에 고발하며 그들의 자기 보존을 위한 투쟁을 격려 지원한다. 또한 이를 위하여 우리는 민권수호학생연맹을 서서히 결성해 나간다.

② 당연한 과제로서 우리는 평화시장 지역과 타지역 근로자들의 근로조건에 관하여 연합조사단을 구성하고 그 일차적 조사결과의 보고와 아울러 각 대학은 내주 금요일 11시를 기하여 일제히 추도집회를, 각 종교단체는 내주 일요일을 기하여 일제히 추도예배 추도미사를 갖는다. 연락 관계로 이곳에 참석하지 못한 전국의 모든 대학 및 종교단체는 이에 호응하여 줄 것을 호소한다.

③ 우리는 전태일 선생의 죽음을 암장하려는 철면피한 권력자들에게 항의한다. 저들은 이 죽음 앞에 참회하지 아니하고 도리어 가족과 친지를 협박하여 관장 장례식을 치렀고 전 선생의 시신에 경의를 표하러 간 학생들을 체포하였고 온갖 불법한 수법으로 그를 추도하는 집회를 방해하여 왔다. 또한 우리는 모든 사회인들이 이에 깊은 반성 있기를 호소한다. 특히 우리는 이 나라의 모든 문인 예술가들에게 이 의로운 죽음 앞에 그들의 작품을 바칠 것을 요구한다.

1970. 11. 20.　　서울 시내 각대학 학생회장
　　　　　　　　　각 청년 학생 종교단체 대표

헌신고백문

우리는 오늘 이 참담한 상황 속에서 오열의 눈물, 참회의 눈물, 항거의 눈물로 우리의 헌신고백문을 드리노라.

이제 전태일 선생의 죽음이 우리의 비굴과 나약함을 대신한 순교일진대 우리는 그분의 용기와 희생을 우리의 의로운 전장에 부활한 장군으로 모시리라.

"주 여호와의 이름을 망령되이 일컫지 말라"고 하신 지상명령에도 불구하고, 우리는 얼마나 오랫동안 우리의 이웃을 버려두었으며, 불의에 야합하였던가? 이미 우리는 "가자 여리고 성으로" 하며 우렁찬 정의와 믿음의 행군을 포기하고 또다시 어두운 골짜기에 우리를 숨기려 하고 있지 않는가?

회개하라, 모든 양심을 잃은 인간들이여, 소돔과 고모라의 음란과 부패가 만연된 도시의 멸망을 보지 않았느냐?

흑암 속에 묻힌 암담한 현실 속에 빛을 잃고 신세계가 다가옴을 알지 못하는 무리에게 회개의 종을 올릴 때가 왔다. 드러난 나의 추함을 반성하자. 그리고 참회의 기도를 올리자, 오늘의 현실을 보라.

가난한 자는 항상 가난하며, 어디를 가도 멸시는 받고, 억눌린 자는 어디를 가도 자유와 권리를 찾을 수 없다. 더구나 지금 한 근로자의 근로자 처우개선을 위한 죽음은 헛된 일이 되어가고 있다.

근자에 전 민족의 비판이 그 극에 다달았음에도 불구하고 지각없는 무리들의 미친 춤이 아직도 잦아들 줄 모르고 최소한의 반성도 없이 그 새벽을 알지 못하매 우리는 여기에 우리의 숨결로 청신한 새벽의 공기를 호흡케 하고, 우리의 함성으로 그들의 귀를 두들기며, 우리의 시위로 그들의 눈을 깨려 하는도다. 우리는 이에 주 예수의 십자가를 모독하고 망각하는 모든 죄인들의 참회를 바라며, 우리의 고백을 명백히 하노라.

1. 이제부터 전 선생의 고귀한 죽음을 우리의 속죄의 제물로 받고 모든 불의와 권력에 우리의 몸을 제물로 바칠 것을 고백한다.
1. 우리의 훌륭한 근로기준법이 보장하고 있는 제 노동조건을 평화시장을 비롯한 전국의 작업장에서 시행되도록 당국에서 구체적 방안을 제시할 때까지 우리의 관심을 버리지 않을 것을 고백한다.
1. 이러한 불의와 권력에 대한 희생정신이 전국의 교회에 다시 샘솟아 전 선생의 추도와 우리의 참회로 이 해를 보낼 것을 고백한다.

이상과 같은 우리의 고백이 성취될 때까지 우리는 지치지 않고 채찍질하고 또 전태일 선생이 죽어 얼어붙은 땅 속에 파묻혔다고 착각하는 자들에게 언제든지 전태일 선생의 부활을 증명할 자세가 되어 있음을 이에 고백한다.

1970. 11. 25.

고 전태일 선생 추도예배 참례자 일동

2. 민주수호국민협의회, '민주수호선언'(1971. 4.19)

민주수호선언

우리는 눈앞에 닥쳐온 이번 4월 및 5월의 선거가 우리나라 민주주의 사활이 걸려 있는 중대한 분수령이라고 판단하고 이 선거가 민주적이며 공명정대한 것으로 일관되도록 양심적인 모든 국민이 적극적으로 발언하고 참여하는 것이야말로 조국의 엄숙한 명령이라고 믿어 이에 민주수호의 범국민운동을 발의하는 바이다.

민주주의의 근간은 선거에 있고 선거의 요체는 국민의 의사가 부당한 제약 없이 정당하고 충분하게 반영되는 데에 있다. 그러나 닥쳐온 이번 선거에서도 민주선거, 공명선거는 매우 위험할 정도로 짓밟힐지 모른다는 우려와 그 징후는 벌써 농후하게 나타나고 있는 것이다. 비록 정치인은 아니나 우리가 국민의 일인으로 좌시하지 못할 이유가 여기에 있다.

첫째, 민주주의적인 제 권리와 제 질서가 일상에 있어 보장되어 있지 않은지 오래이며 그러한 상태는 선거운동 기간에 들어와서도 다름없이 지속되고 있다. 언론, 출판, 집회, 시위, 결사 등 국민의 기본적인 권리는 헌법의 조문에만 남아 있을 뿐 정보정치와 행정적 아량과 경찰력에 의하여 사실상 그 기능이 정지되어 국민의 자유에 관한 한 우리 민주주의의 역사상 최악의 상태에 와 있다. 민중의 일상적인 판단에 기초적 사실을 제공해 줄 신문과 방송이 전전긍긍, 너무도 할 말을 못하고 있는 것이 단적으로 그것을 보여주고 있다. 우리는 국민의 이 기본권을 우리의 힘으로 되찾아야 한다.

둘째. 선심이라는 이름의 금력이 후안무치하게 난무하기 시작했고 선거운동의 기회불균등을 비롯한 관권의 개입이 음성적으로 움직이기 시작했다. 신문, 방송에도 나타나지 않는 해괴한 실례들을 국민은 각자의 주변에서 무수히 발견할 수 있을 것이다. 금력의 방종이란 이제는 극한에 가까와 온 부정부패와 직결되는 것이요, 그것은 또한 국민 대중의 피해로 주름 잡혀 되돌아올 원천적인 죄악으로서, 당연히 응징되어야 한다. 공명선거, 민주선거에 있어 최대의 적의 하나인 관권의 횡포가 앞으로도 계속될 것인지 이 역시 과거의 여러 선거에서 단련된 국민의 양식이 철저하게 지켜볼 것이다.

셋째, 선거의 마지막 과정에서 정상적이며 민주적인 절차와 질서가 유지될 것인가에 대한 의구심은 과거의 뼈저린 경험을 가진 국민으로서 너무도 당연한 것이다. 우리는 국민 모두가 빠짐없이 주권을 행사하도록 기권을 방지하고 투표와 개표가 엄정히 진행되도록 민중이 감시하고 선거부정을 자기의 처소에서 고발하는 국민 각계각층의 참여를 호소한다.

우리는 우리들 국민 자신의 힘을 믿는다. 이보다 더 강대한 것이 없는 민중의 무한의 힘을 믿는다. 이 거대한 힘으로 민주주의 수호에 총궐기하자! 일체의 반민주적인 책동을 국민의 이름으로 분쇄하자!

1971년 4월 19일
민주수호국민협의회 결성대회

결의문

1. 우리는 민주적 기본질서가 파괴된 오늘의 진실을 직시하고 그 회복을 위하여 국민의 총궐기를 촉구한다.
1. 우리는 이번 양대 선거가 민주헌정사의 분수령임을 자각한다. 그러므로 이

선거에서 반민주적 부정 불법을 감행하는 자는 역사의 범죄자로 인정하고 이를 민족의 이름으로 규탄한다.

1. 우리는 국민 각자가 이번 선거에서 권력의 탄압과 금력 기타 모든 유혹을 일축하고 신성한 주권을 엄숙히 행사할 것을 호소한다.

1. 우리는 학생들의 평화적 시위를 잔학하게 탄압하는 정부 당국의 처사에 공분을 느끼며 이에 엄중 항의한다.

1971년 4월 19일
민주수호국민협의회 결성대회

서명자 명단

정석해 정하은 조용범 장 용 이병린 이병용 신순언 천관우 양호민
남정현 전덕용 김지하 구중서 박용숙 이호철 방영웅 최인훈 조태일
한남철 박태순 김재준 강기철 조향록 박형규 윤 현 김준부 김정례
이 인 박두진 신일철 염무웅 홍성유 권오돈 박근창 김용중 이을한
유인호 법 정 안병무 김정돈 박봉랑 노정섭 이해영
안경근 유한종 강차덕 최해청 남상철 이범승 한철하 이준훈 민영설
김춘봉 염창열 차인석 계희열 김관봉 이해동 신우호 계훈제

3. 한국 기독교 유지 교역자 일동, '1973년 한국그리스도인 선언'(1973. 5.20)

1973년 한국그리스도인 선언

우리는 이 선언을 한국그리스도인의 이름으로 발표한다.

그러나 한 사람이 삼권을 완전히 장악하고 국민을 억압하는 데 온갖 군사력과 정보조직을 동원하고 있는 오늘의 상황 아래서 우리는 이 선언에 서명한 사람들의 이름을 밝히기를 주저한다. 우리는 우리의 싸움이 승리하는 날까지 지하에 몸을 숨기고 입을 다물고 행동하여야 하기 때문이다.

지난해 시월 이래 한국 국민이 당면한 상황은 매우 심각하다. 대통령에게 집중된 권력은 우리 국민의 생활에 심대한 위협을 가하고 있다. 여기에 그리스도인들은 한국 국민으로서 오늘의 상황에 대하여 우리의 자세를 밝히지 않을 수 없다. 더욱이 우리는 메시아의 나라를 찾아 세워야 한다는 하나님의 명령에 따라서 행동하지 않을 수 없다.

제2차 세계대전 이후 우리 국민은 조국이 남북으로 분단된 상황에서 수많은 고난과 시련, 사회적 혼란과 경제적 수탈을 경험해 왔다. 특히 한국동란과 그 뒤를 이은 독재정권의 발호는 우리 국민을 견디기 어려운 비극 속에 몰아넣었다. 국민은 언제나 새롭고 평화스러운 사회를 누릴 수 있기를 열망해 왔다. 그러나 이제는 독재의 절대화와 잔인한 정치적 탄압으로 말미암아 이러한 인간적인 사회를 회복하려는 국민의 희망은 처참하게도 부서지고 말았다. 지난 시월 십칠 일의 이른바 「10월유신」은 사악한 인간들이 그 지배와 이익을 위하여 마련한 국민에 대한 반역이라고 우리는 생각한다. 먼저 한국의 그리스도인으로서 이처럼 사태를 판단하고 이 판단에 따라서 행동할 수밖에 없는 이유를 몇 가지로 설명하고자 한다.

(1) 우리는 구체적인 역사적 상황 속에서 하나님의 말씀에 복종하여야 한다는 하나님의 명령을 받고 있다. 오늘 우리를 움직이고 있는 것은 승리할 것을 기대하는 감격이 아니다. 그것은 도리어 하나님을 향한 죄책에 대한 고백에서 오는 것이며 한국의 오늘의 상황 속에서 진리를 말하며 그것에 따라서 행동하라는 주님의 명령에서 오는 것이다.

(2) 한국 국민은 그리스도인을 쳐다보고 오늘의 주어진 상황에서 행동을 취해 줄 것을 요청하고 있다. 그것은 결코 우리 그리스도인들이 그들을 대표할 수 있는 자격을 가지고 있기 때문이 아니다. 우리는 지금까지 우리 국민이 우리에게 건 기대를 감당해 내지 못하였다. 그럼에도 불구하고 지금 우리는 이러한 행동을, 길을 취하라는 국민적 독촉과 격려를 받고 있다. 우리는 우리 국민의 고뇌를 볼 때 이 사악한 시대에서 구원하시려는 하나님의 뜻을 깨닫게 된다.

(3) 우리는 해방을 위한 이러한 투쟁에 참여할 때 독립을 위하여 일본 식민통치에 저항한 한국 그리스도교회의 역사적인 전통을 이어받게 된다. 우리는 우리의 교회가 결정적인 태도를 취하는 데 있어서 흔히 용기가 부족하였다는 것을 잘 알고 있다. 또한 신학적인 자세에 있어서 혁명적인 역할을 다하기에도 너무나 경건주의적이었다는 사실을 잘 알고 있다. 그러나 우리는 우리의 형제 몇 사람이 연약하다고 하여 실족하여서는 안 된다. 우리 교회의 역사적 전통 속에 있는 강한 신앙의 의지 속에서 우리의 신학적인 신념을 찾아야 한다.

오늘의 우리의 말과 행동은 역사의 주인이신 하나님, 메시아의 나라에 대한 선포자이신 예수, 우리들 사이에서 힘 있게 역사하시는 성령에 대한 신앙에 굳게 기초하고 우리는 하나님이 눌린 자들, 약한 자들, 가난한 자들을 반드시 의로 보호해 주시는 분이며 역사에 있어서 악한 세력을 심판하시는 분임을 믿는다. 우리는 메시아이신 예수가 불의한 권력은 무너지고 메시아의 나라가 올 것을 선포하신 것과 이 메시아의 나라가 가난한 자들, 눌린 자들, 멸시받는 자들의 안식처가 될 것임을 믿는다. 우리는 또한 성령이 개인 생명의 부활과 성화를 위하여 활동하실 뿐만 아니라, 역사와 우주의 새로운 창조를 위하여 활동하심을 믿는다. 그러므로 이 역사적인 위기에 처하여 우리 그리스도인들은 다시금 다음과 같이 우리의 신앙을 고백한다.

(1) 우리는 역사의 주인이시며 심판자이신 하나님 앞에서 이웃을 대신하여 고난을 겪고 있는 눌린 자들이 자유를 얻도록 기도하라는 명령을 받고 있다고 믿는다.

(2) 우리는 우리의 주님 예수 그리스도가 유대 땅에서 눌린 자들, 가난한 자들, 멸시받는 자들과 함께 사신 것처럼 우리도 그들과 운명을 같이 하면서 살아가야 한다고 믿는다. 또한 예수가 로마제국의 본디오 빌라도 앞에서 「위에 있는 권세들」에 향하여 진리를 말씀하신 것처럼 우리도 담대히 진리를 선포하도록 부르신 것이라고 믿는다.

(3) 우리는 성령이 우리 성품을 변화시키며 새로운 사회와 역사를 창조하시는 데 우리가 참여할 것을 요구하신다고 믿는다. 이 영은 메시아의 나라를 위한 영으로서 우리가 이 세상에서 사회적, 정치적 개조를 위하여 싸울 것을 명령한다.

그러므로 이 같은 신앙에서 오늘 우리가 당면하고 있는 몇 가지 문제에 대하여 한국 그리스도인들의 신념을 밝히고자 한다.

(1) 한국의 현 통치세력은 공법과 설득에 의한 지배를 무시하고 힘과 위협에 의하여서만 지배하려고 한다. 우리의 공동사회는 약육강식의 집단으로 전락되고 있다. 하나님 이외에는 누구도 법 위에 설 수 없다. 세상 권세란 하나님이 인간 사회에 정의와 평화의 질서를 세우기 위하여 국가 권력에 위임하

신 것이다. 누구나 자기를 법 위에다 세우고 정의에 대한 하나님의 명령을 위반한다면 하나님을 반역하는 것이다. 우리의 동양적 전통에 있어서도 선한 통치란 지배자의 도덕적 설득과 덕에 의하여 이루어지는 것으로 이해되어 왔다. 국민을 칼로 정복할 수는 있어도 칼로 다스릴 수는 없다.

(2) 한국의 현 통치세력은 양심의 자유와 신앙의 자유를 무너뜨리고 있다. 표현의 자유는 물론 침묵의 자유도 없다. 그리스도 교회는 예배, 기도, 집회, 설교 내용, 성경의 가르침에 있어서 부당한 간섭과 억압을 받고 있다. 그리스도 교회는 물론 다른 종교단체들도 국민의 양심을 옹호하는 데 그 역할이 있다. 양심을 파괴하는 것은 가장 사악한 행위다. 한국 교회가 통치세력의 간섭과 억압에 대하여 신앙의 자유를 지킨다는 것은 한국 국민의 양심의 자유를 지키는 것이다.

(3) 한국의 현 통치세력은 국민을 지배하기 위하여 대중 기만과 조작, 또는 세뇌 작용을 조직적으로 전개하고 있다. 언론기관은 지배체제의 선전수단으로 전락하여 국민에게 사이비 진리와 근거 없는 허위를 전달하고 있으며 국민을 기만하기 위하여 정보를 통제하여 조종하고 있다. 우리 그리스도인들은 진리에 대한 증인으로서 언제 어디서나 기만과 조작의 어떠한 체제도 깨뜨려 버리기 위하여 싸워야 한다. 왜냐하면 진리를 말한다는 것은 곧 메시아의 나라를 선포하고 인간을 자유롭게 하는 길이기 때문이다.

(4) 한국의 현 통치세력은 무자비하게 효과적인 수단을 써서 정치적인 반대자, 비판적인 지식인, 나아가서는 무고한 국민들을 파괴하고 있다. 이러한 목적을 위하여 활동하는 중앙정보부(CIA)는 나치스나 스탈린 치하의 비밀경찰을 방불케 한다. 국민은 신체적, 정신적으로 고통을 겪고 있으며 위협과 협박을 받고 있을 뿐만 아니라 어떤 때는 그들에게 연행된 채 행방을 알 수가 없다. 우리는 하나님이 인간을 육과 영으로 창조하신 것을 믿는다. 메시아의 심판의 날, 육은 영과 함께 부활한다. 우리는 인간의 몸이 범할 수 없는 것임을 믿는다. 인간의 몸을 강제로 범한다는 것은 살인적인 행위다.

(5) 한국의 현 통치세력은 강한 자가 가난한 자를 수탈하는 오늘의 경제체제에 대하여 책임을 져야 한다. 국민, 특히 가난한 도시노동자들과 농민들은 가혹한 수탈과 사회적 경제적인 부정으로 희생을 당하고 있다. 한국의 이른바「경제적 발전」이란 가난한 사람들에 대한 지배자 몇 사람의 음모의 결과이며 우리의 환경에 대한 가혹한 재난이라고 하지 않을 수 없다. 우리 그리스도인들은 이 극단적인 비인간화와 부정의 체제를 무너뜨리기 위하여 싸워야 한다. 왜냐하면 우리는 역사에 있어서 가난한 자들이 부유해지고 눌린 자들이 보호를 받고 모든 백성이 평화를 누리게 되는 메시아의 나라가 실현되는 과정을 증거하여야 하기 때문이다.

(6) 지금 남북의 정권은 통일의 대화를 단지 그들 자신의 집권을 유지하고 강화하는 구실로 삼고 있으며 한국 민족의 국토 통일에 대한 열망을 배반하고 있다. 남북은 진정한 화해를 이룩하려는 민족적 자세를 확립하여 우리 민족 전체가 참다운 공동체를 수립할 수 있도록 깊이 모색하여야 한다. 우리는 그리스도인으로서 지난날의 쓰라린 싸움에 대한 경험, 이데올로기와 정치, 경제제도의 차이를 넘어서고 국민을 억압하는 현재의 상황을 극복하지 않고서는 진정한 통일을 실현할 수 없다.

여기서 우리 그리스도인들은 구체적으로 다음과 같은 세 가지 행동을 선포하여 호소한다.

(1) 1972년 10월 17일 이후 국민의 주권을 전적으로 무시한 채 제정된 법률, 명령, 정책 또는 독재를 위한 정치적 절차를 우리는 한국 국민으로서 단호히 거부한다. 이 땅에 민주주의를 부활시키기 위하여 온갖 형태의 국민적 연대를 수립하자.

(2) 이 투쟁을 위하여 우리 그리스도인들은 신학적 사고와 신념을 심화하고, 신앙적 자세를 분명하게 하며, 눌리고 가난한 자들과의 연대를 강화하고, 하

나님의 나라를 선포하는 복음을 널리 전파하며, 말씀에 서서 조국을 위하여 기도함으로써 교회를 새롭게 하자. 우리는 우리 선인들이 걸어온 가시밭길을 되새기면서 필요하다면 순교도 불사하는 신앙의 자세를 다짐하여야 한다.

(3) 우리는 세계 교회를 향하여 우리를 위하여 기도해 줄 것과 우리와의 연대감을 더욱 공고하게 해 줄 것을 호소한다. 세계의 그리스도 교인들의 우리에 대한 격려와 지원을 통하여 그리스도로 말미암은 공동적인 유대를 계속 확인하여 주기 바란다.

우리의 주님, 메시아 예수는 유대 땅에서 가난한 자들, 눌린 자들, 멸시받는 자들의 사이에 계셨고, 그들과 함께 살으셨다. 그는 로마제국의 대표자 본디오 빌라도 앞에 담대하게 서시었다. 그리고 진리를 증거하시는 도상에서 십자가에 못박혀 죽으셨다. 그러나 백성들을 해방하기 위하여 죽음에서 일어나 변화의 능력을 보여주셨다. 우리는 오늘, 주님의 발자취를 따라갈 것을 결의한다. 그리하여 주님처럼 소외당한 동포들과 함께 살면서 정치적인 압박에 저항하고 역사의 개조에 참여하려고 한다. 왜냐하면 이것만이 우리의 사랑하는 조국, 한국 땅에서 메시아의 나라를 선포하는 길이라고 믿기 때문이다.

주님의 한량없는 은총을 믿고 기원한다.

1973년 5월 20일
한국 기독교 유지(有志) 교역자(教役者) 일동

4. 서울대학교 문리과대학 학생회, '선언문'(1973.10. 2)

선언문

오늘 우리는 전 국민 대중의 생존권을 위협하는 이 참혹한 현실을 더 이상 좌시할 수 없어 스스로의 양심의 명령에 따라 무언의 저항을 넘어서 분연히 일어섰다.

극에 달한 부정과 불의, 억압과 빈곤이 전 국민 대중을 무서운 절망으로 몰아넣고, 소수 특권층의 만행적인 부패와 패륜이 민족적 양심과 도덕을 최악의 구렁텅이까지 타락시키고 있다.

보라! 민중을 수탈하여 살찐 불의의 무리가 홀로 포식하며 오만무례하게 거드럭거린다.

보라! 권력을 쥔 부정의 무리가 생존의 권리를 요구하는 민중의 몸 위에 무시무시한 정보정치의 쇠사슬을 무겁게 씌우고 있다. 인간의 존엄성은 유린되고, 자유는 압살되고, 도덕은 타락하여 퇴폐와 불신이 우리를 깊은 절망으로 몰아넣고 있다.

이미 그 흔적마저 찾아볼 수 없는 자유의 사각지대에서 우리는, 민족을 외면한 현 정권의 정보·파쇼 통치를 목격한다. 미·중공의 화해는 반공 일변의 현 체제에 심각한 모순을 야기시켰으니 그들의 최후 발악은 국민 대중을 칠흑 같은 공포 속에 몰아넣고, 정보·파쇼 체제를 제도화하여 민족적 양심인 자유민주주의의 신념을 철저히 말살하는 것이다. 그들은 입법부의 시녀화, 사법부의 계열화 등 일체의 국가기구를 파쇼통치의 장식물로 전락시키고, 학원과 언론에 가증스러운 탄압을 가함으로써 영구집권을 기도하고 있다.

민족의 생존을 위한 자립경제와 국민복지를 외면한 채 국내외의 소수 독점자본의 만용에 영합하여 국민 대중에 대한 가혹한 수탈을 강화하고, 대일경제 예속의 가속화는 민족경제의 자립발전을 결정적으로 저해하여 숨통을 끊고 있다.

학우여! 자유와 정의, 진리는 대학의 생명이다.

오늘 우리는 너무도 비통하고 참담한 조국의 현실을 직시하여, 사회에 만연한 무기력과 좌절감, 불의의 권력에 비굴하게 목숨을 구걸한 모든 패배주의, 투항주의, 무사안일주의와 모든 굴종의 자기기만을 단호히 걷어치우고 의연하게 악과 불의에 항거하여 이 땅에 정의, 자유, 그리고 진리를 기어코 실현하려는 역사적인 민주투쟁의 첫 봉화에 불을 붙인다. 절대로 굴복하지 않고, 절대로 타협하지 않고, 절대로 주저하지 않고 과감히 항거하는 우리의 투쟁은 더없이 뜨거운 정의의 불꽃이며, 더없이 힘찬 민중의 아우성이며, 더욱이 고귀한 민족생존의 활로이다.

우리의 외침을 억누를 자 누구냐?

결의 사항

ㅇ 정보 · 파쇼 통치를 즉각 중지하고 국민의 기본권을 보장하는 자유민주체제를 확립하라.

ㅇ 대일 예속화를 즉각 중지하고 민족자립 경제체제를 확립하여 국민의 생존권을 보장하라.

ㅇ 정보 · 파쇼 통치의 원흉인 중앙정보부를 즉각 해체하고 만인 공로할 김대중 사건의 진상을 즉각 밝히라.

ㅇ 기성 정치인과 언론인은 각성하라.

1973. 10. 2
서울대학교 문리과대학 학생회

5. 한국기독교교회협의회 인권문제협의회, '인권선언'(1973.11.24)

인권선언

인권은 하나님이 주신 지상의 가치이다. 인간을 그의 형상대로 지으신(창 1:27) 하나님은 인간을 모든 속박으로부터 해방시키며 인권의 침해가 없는 사회를 이루어 나아가고 계신다.

그의 역사하심을 따라 교회는 인권의 확립을 지상의 과제로 믿고(눅 4:18) 교회는 시대적 사명이 개인의 생존의 근거이며 사회발전의 기초인 인권확립을 확신한다.

이에 한국기독교교회협의회는 인권의 확보 및 수행을 위한 효과적 방법을 모색하기 위하여 1973년 11월 23일 - 24일 양일간 인권문제 협의회를 개최하고 한국사회 속에서 한국 교회의 사명이 인권확립에 있음을 확인하면서 이 선언문을 채택하는 바이다.

지금 한국사회의 현실은 인권이 무참히 유린당하고 있는 상태이다. 정치적으로 국민은 주권을 박탈당하였으며, 민주주의는 허울뿐 모든 자유가 유보되었다. 신앙의 자유마저 빼앗겨 가고 있는 이제, 교회는 종래의 소극적이고 방관적 태도를 통절히 회개하면서 인권의 확립을 자유의 쟁취에서부터 성취코저 교회의 결의를 새로이 한다.

특히 인권 문제에 관련해서 교회는 다음의 사항들을 인권 확립에 있어 가장 우선적으로 해결해야 할 당면 과제라고 보며, 이의 달성을 위하여 교회가 진력 매진하려 한다.

학원에 있어서의 인권

정부 당국은 학원의 사찰을 즉각 중지하고 학원 자율화를 기하라. 민주체제의 재건을 위하여 투쟁하다 구속된 학생들은 조속히 석방되어야 하며, 희생당한 교수들은 모두 구제되어야 한다.

여성의 인권

한국 사회 속에서 여권의 신장은 가장 시급한 과제이다. "관광진흥"이라는 미명 아래 방관 내지 조장되고 있는 기생관광의 국제 매음행위는 중지되어야 한다.

노동자의 인권

근로자는 근로기준법에 입각한 정당한 대우를 받아야 한다. 따라서 최저임금 제도와 사회보장 제도를 확립하라.

언론인의 인권

인권 확립은 언론자유의 확립에서부터 비롯된다. 정부 당국은 언론사찰 및 검열을 중지하고 언론인들의 자유로운 언론 창달을 위하여 확고한 신분보장을 하라.

오늘의 현실을 직시하는 우리는 위의 모든 문제들을 해결함에 있어 우리 자신들의 책임이 막중함을 느낀다. 그러나 무엇보다 먼저 국민의 주권은 헌법으로 보장받아야 한다. 여기 우리 기독교인들은 이러한 문제 해결에 적극적으로 동참하는 자세를 다음과 같은 신앙적인 결단 위에 두려 한다.

1. 억눌린 자들을 해방시키는 복음적 교회가 되기 위하여 교회의 내적 갱신을 기한다.

2. 교회는 개인의 영혼 구원에 힘쓸 뿐만 아니라 "구조악"으로부터 인간을 구출하기 위하여 사회 구원에 힘쓴다.

3. 교회는 인권확립을 위하여 교회의 자원을 집중시킨다. 국제사회 속에 살고 있는 우리는 세계교회와 함께 인권 확립을 위해 투쟁할 것이며, 이 투쟁을 세계의 평화와 인간회복의 꿈이 실현되어 하나님의 나라가 성취되기까지 지속할 것을 우리는 신앙공동체로서 선언하는 바이다.

주후 1973년 11월 24일
한국기독교교회협의회
인권문제협의회

6. 한국그리스도인 유지일동[독일], '재독 한국그리스도인의 선언'

[바일슈타인선언](1973.11.25)

재독 한국 그리스도인의 선언

이 땅에 자유롭고 정의로운 하나님의 나라를 현실적으로 증거할 우리 그리스도인들은 불의한 권력의 노예가 되기를 거부하며, 어떠한 경우에도 신앙과 양심에 따라 비판하고 행동해야 할 것을 확신한다. 악의 권세와 세상의 고통에서부터 인간을 해방하기 위해 인간의 구체적 역사와 현실의 부조리에 도전한 그리스도가 곧 우리의 주님이기에, 우리는 떠나온 조국의 비민주적 현실을 고발하며, 이 현실을 초래한 국민으로서의 공동적인 책임을 통감한다.

한국의 현 정권은 「10월 유신」이란 위장된 구실 아래, 민주적 헌정질서를 하루아침에 파괴하고, 일인 영구집권의 독재체제를 구축하였으며, 이에 항거하는 양식 있는 지성인과 학생 및 종교인을 비인도적인 방법으로 탄압하고 제어하고 있다. 국민대중은 집회·결사의 자유는 물론, 의사표현의 자유마저 제도적으로 박탈당하고 정보정치와 공포정치의 이성을 잃은 횡포 속에, 인간의 존엄마저 짓밟히고 있다. 사회정의와 분배의 공정을 도외시한 경제정책은, 빈부격차의 양극화와 대중생활의 곤핍을 초래하였고, 극도에 달한 조직적 부정부패는 국민 도의의 만성적 타락과 자주경제 건설의 실패를 낳게 했다. 학원과 언론이 정보기구에 의해 완전 통제되고, 매수와 조작과 압력을 통해 비판과 양심의 세력마저도 분쇄되고 있는 현 사회구조 속에서는 여론과 민주적 참여를 통한 사회개혁의 가능성은 거의 전부 배제되고 말았다. 우리는 민주시민으로서 가난하고 억눌린 자를 도우라는 그리스도의 교훈을 실천하려던 은명기 목사와 박형규 목사가 어떻게 그 신앙의 자유마저 유린된 채 구속되었나를 지켜보았다. 우리는 함석헌 선생, 김재준 목사, 지학순 주교, 천관우 선생을 비롯한 15인 종교인, 지성인들이 순교적인 각오로써 외친「민주회복을 요구하는 시국선언문」이 국내 신문의 한 줄에도 보도될 수 없는, 민주정치의 파국을 경험하였다. 우리 주변의 또 누가 다음번 희생자가 되지 않으리라고 장담할 수 있을까?

우리 재독 한인 그리스도인들은, 인권과 사회정의의 실현을 위해 투쟁하다가 고난을 당하고 있는 국내외의 민주수호자들과 함께 공동의 유대의식을 가지며, 우리의 빛난 조국에 다시는 불의와 독재가 지배하지 못하도록 각 방면에서 최선을 다할 것을 엄숙히 결의한다. 이러한 결의의 표명과 함께 비록 우리들 자신에게 어떠한 위협이 닥쳐온다 해도, 지금 이때는 불의에 저항하는 것이 하나님에게 순종하는 길인 줄 믿기에, 진리를 거스려 권력에 굴종하거나 타협하지 않을 것을 거듭 다짐한다.

뜻을 같이하는 국내외 동포들의 공동적 참여와 세계교회의 성원과 기도를 바란다.

1973년 11월 25일 Beilstein에서

한국 그리스도인 유지 일동

개헌 청원운동 취지문
- 민주주의 회복, 현행헌법 개정을 요구하는 청원운동을 전개하며 -

헌법개정 청원운동본부

오늘의 모든 사태는 궁극적으로 민주주의를 완전히 회복하는 문제로 귀착된다. 경제의 파탄, 민심의 혼란, 남북 긴장의 재현이란 상황 속에서 학원과 교회, 언론계와 가두에서 울부짖는 자유화의 요구 등의 모든 것을 종합하면 오늘의 헌법하에서는 살 수가 없다는 것으로 요약된다.

그러나 오늘의 헌법은 그 개정의 발의권이 사실상 대통령에게만 속해 있는 것이다. 이에 우리 국민은 이와 같이 헌법개정 발의권으로부터의 소외를 극복하고 우리들의 천부의 권리를 제시하는 방법으로 대통령에게 현행 헌법의 개정을 요구하는 백만인 청원운동을 전개하는 바이다.

이 운동은 우선 우리들 모두의 내 집안에서부터 시작하여 학원과 교회 그리고 각 직장과 가두에서 확대될 것이다.

청원 내용

현행헌법을 개정하여 현행헌법이 이전의 민주헌법 본래의 모습을 되찾는다.

1973년 12월 24일

서명자(서명순)

장준하, 함석헌, 법정, 김동길, 김재준, 유진오, 이희승, 김수환, 백낙준,
김관석, 안병무, 천관우, 지학순, 김지하, 문동환, 박두진, 김정준, 김찬국,
문상희, 백기완, 이병린, 계훈제, 김홍일, 이인, 이상은, 이호철, 이정규,
김윤수, 김숭경, 홍남순

1974년

민주회복을 위한 개헌운동은 당연한 권리

대다수 동포들이 빈곤과 압제에 시달리며 민족의 존망 자체가 위태로운 이 어려운 시기를 맞이하여 문학인들은 더 이상 침묵할 수만은 없다. 우리는 미래의 한국 문단과 사회에 새로운 풍토를 조성하기 위해 개헌 서명을 지지한다.

1. 고난에 찬 민족의 현실을 직시하고 인간의 인간다운 삶을 이 땅에 실현하겠다는 열의에 불타는 문인만이 참다운 민족문학의 역군이 될 수 있다고 믿는다.

2. 인간다운 삶의 실현을 위해서는 양심의 자유와 표현의 자유를 포함한 국민의 기본적 인권이 제도적으로 보장돼야 한다.

3. 민주적 질서를 회복하기 위한 헌법개정을 청원하는 것은 국민의 당연한 권리이며, 우리는 이 권리를 결코 포기하지 않을 것임을 천명한다.

4. 우리는 국민의 편에 서서 용기와 신념을 갖고 민주주의와 사회정의를 위해 싸우는 모든 양심적인 지식인들과 더불어 어떤 가시밭길도 헤쳐 나갈 것을 다짐한다.

1974년 1월 7일

이희승, 이헌구, 김광섭, 김정한, 오영수, 안수길, 박두진, 김승옥, 김용성, 김지하, 남정현, 박연희, 박태순, 방영웅, 백낙청, 오상원, 유현종, 이호철, 장용학, 강용준, 강태열, 고은, 구중서, 김광협, 김국태, 김문수, 김병걸, 김병익, 김원일, 김윤식, 김종해, 김창범, 박경석, 박봉우, 박용숙, 백승철, 송영, 신경림, 신기선, 신동문, 신동한, 신상웅, 양문길, 염무웅, 오인문, 윤정규, 이문구, 이성부, 이시영, 이제하, 인태성, 임헌영, 정헌종, 조선작, 조태일, 조해일, 천승세, 최민, 한남철, 황명걸, 황석영.

민주사회 건설을 위한 선언서

I

민주사회의 건설은 전 국민의 요청이며 민족사의 방향이다.

일찍이 빼앗기고 억눌린 백성의 민생을 구하려던 동학혁명과, 박탈된 민족의
자주생존을 회복하려던 기미년 독립운동, 그리고 독재 아래 짓밟힌 민권을 소
생시킨 사월 학생혁명은 바로 인간의 존엄과 사회 정의를 구현하는 민주사회
의 건설을 그 목표로 하였다.

그럼에도 항상 피 흘려 찾은 국민의 자유와 권리는 다시금 빼앗기고, 양심과
정의를 주장하는 외침은 무참히 짓밟히었으며, 민족의 자주성과 주체는 가련
하게 상실되니, 이러한 역사의 악순환과 오늘의 위기는 근본적으로 어디에 원
인이 있는가? 부정과 특혜로 살찐 특권층이 마음대로 치부와 사치를 자행하고
다수의 서민대중은 착취된 노동과 민생고 속에서 지칠 대로 지친 이 반민주적,
반사회적 현실을 초래한 책임은 과연 누구에게 있는가? 국민의 입과 귀를 강제
로 틀어막고, 정당한 주권 행사를 탄압하며, 국정에 참여할 수 있는 길을 깡그
리 막아 놓음으로써 봉건적 절대권력을 혼자 거머쥔 채 민주사회 건설에 반역
하고 있는 주동인물은 누구인가?

동포여! 민주사회 건설의 동지여!

사회구조의 모순과 국가의 위기를 철저히 인식하라!

민족의 굴욕적인 예속이 다시 오기 전에, 국민이 영구히 한 독재자의 노예로

되기 전에, 수수방관적 자세를 버리고 일어나서 이성과 양심을 거스린 독재의 무리들을 물리치자!

빼앗긴 국민주권과 짓밟힌 인권을 회복하여 민족의 이념인 민주사회를 창건하는 데 헌신하며 참여하자!

II

참된 민주사회의 건설은 현실의 철저한 비판과 분석을 통해 반민주적이며 반사회적인 요인을 찾아내고, 이를 제거하는 데서 시작되어야 한다. 그런데 우리는 박정권의 현 팟쇼적 독재체제가 바로 그것이라 단언한다. 왜 그런가?

첫째, '10월 유신'은 민주사회의 반역이다.

'10월 유신'은 탱크와 대포를 앞세워 국회와 정당을 해산하고, 국민의 자유와 권리를 불법으로 억압한 채 오직 개인의 권력욕을 만족시키기 위해 국가의 기본이 되는 헌법을 제멋대로 고쳐버린 민주사회의 반역이다.

박정권은 '서구식 민주주의'가 낭비와 비능률과 불안정을 가져오기 때문에 우리 실정에 맞지 않으니 '한국적 민주주의'를 해야겠다고 말했다. 박정권이 그러면 언제 서구식 민주주의를 해 본 일이 있는가? 12년 동안 입법, 사법, 행정의 실질적인 권력을 독점한 채 헌법을 마음대로 바꾸며 혼자 지배하고서, 낭비와 비능률과 불안정만 남아 있다고 하면, 그 책임은 과연 누구에게 있는가? 남북통일을 위해 장기집권을 해야 한다고 했는데, 어째서 유신을 한 지 일 년도 못돼 남북대화의 길마저 중단되고 말았는가?

국회의원은 임명제로 해 버리고, 국정감사는 폐지시켜 버리고, 사람은 영장도 없이 잡아 가두며, 대통령직은 영구 독재의 총통직으로 만드는 것, 이것이 '한국적 민주주의'란 말인가? 민주주의를 모독하고 우리 국민을 모욕해도 분수가 있다. 왜 차라리 '박씨왕국(朴氏王國)'을 만들지 않았는가?

　박정희의 정치행로는 공약의 위반과 속임수의 연속이었다. "군 본연의 임무에 복귀하겠다"던 5·16혁명 공약은 휴지화해 버리고, 자기 손으로 제정한 헌법의 삼선 금지조항을 야반삼경에 변칙 삭제했으며, 삼선 대통령 출마 시 장충단공원에서 "이번이 마지막 출마이며, 후계자를 찾겠다"고 호소한 공약을 뒤엎고 영구집권 독재체제를 만든 그의 기만과 우롱에 국민이 더 이상 속아서는 안 된다. 이성과 양심의 소리를 외치는 지성인과 종교인, 학생들을 체포 감금하고, 정당하게 개헌을 요구하는 국민의 청원마저 팟쇼적 철권으로 짓누른 독재자와 그의 '유신체제'는 국민의 이름으로 제거되고 심판을 받아야 한다.

둘째, 극도의 빈부격차와 부정부패에 책임을 져야 한다.

주문같이 외어오던 박정권의 '경제성장'은 특혜를 입은 극소수의 대재벌에게만 엄청난 부를 집중시켰고, 중소기업의 몰락과 서민생활의 빈궁화를 가져 왔다. 수십억 불의 외국 빚을 들여다 부실기업을 만들어 국가 경제에 막대한 손실을 입혔으며, 국민생활의 실정과 공익을 무시한 사치성 소비산업을 도입해 낭비와 사치 풍조만 조장했다.

　GNP는 높아졌고, 수출은 증대되고, 국민소득은 몇 배로 늘었다고 하는데, 어째서 대다수의 국민대중은 생계비가 안 되는 저소득으로 생활고에 시달려야 하고, 실업자 빈민들은 슬럼 지대에서 인간 이하의 비참한 고통을 당해야 하는가? 그럼에도 소수의 특수족은 '오적촌(五賊村)'을 이루고, 에스카레이터 장치까지 한 수천만 원의 호화주택에서 온갖 사치와 향락을 누리고 있지 않는가? 이것이 박정권이 약속한 근대화며 번영이었고, 이것을 위해 국민은 허리띠를 조르고 일해야 했는가? 이것이 국민총화며 국력배양인가?

　'중농정책(重農政策)'이다, '농공병진(農工竝進)'이다 구호를 외치고, '소비가 미덕이 되는 사회'니 '풍요한 사회'를 선전하더니, 고도성장을 달리고 있다는 경제발전이 어째서 국민경제의 기본이 되는 식량과 연료 문제도 해결 못 하고 매년 수억 불 어치의 외국쌀을 빚으로 사다 먹는 형편이 되었는가?

생산량과 통화량, 물가지수와 실업자 수의 경제통계를 한 번도 정직하게 사실대로 발표한 적이 없고, 과시주의와 전시효과 위주의 졸렬하고 불성실한 경제정책을 거듭해 온 박정권이 다시금 무슨 찬란한 용어를 쓰면서 사탕발림을 해도 이미 속을 대로 속은 국민은 더 이상 믿으려 하지 않는다. 외자도입과 금융특혜에 얽힌 어마어마한 부정과, 썩을 대로 썩은 특권층의 파렴치한 부패타락을 아는 국민은, 국가민족의 백년대계를 박정권에게 더 이상 맡길 수 없다.

셋째, 굴욕적 대일정책이 국민경제를 예속화하고 있다.

무엇보다 우리를 두렵게 하는 것은 박정권의 이성을 잃은 경제정책과 굴욕적인 자세가 국민경제와 사회풍조를 점차 일본에 예속시키고 있는 것이다. 이미 부패와 무절제로 빚만 남기고 실패한 차관정책을 직접투자로 바꾸어 박정권은 경제적 침략을 노리는 일본의 사양산업을 마구 끌어들이고 있다. 49%까지의 외국투자만 허용하던 그나마의 보호정책을 100%까지 투자하게 양보해 주고, 민족산업의 파탄을 가져오게 했으며, 지배와 침략을 목적으로 들어오는 일본 기업들에게 세금을 면제해 주고, 공업단지를 닦아주며, 더욱이 일본노동자의 1/4도 못되는 저임금으로 착취당하는 우리 노동자들에게 노동쟁의도 할 수 없게 만든 지극히 굴욕적인 조약을 맺어 국가 이익을 팔아먹고 있다. 그나마 고갈되어 가는 국내 자원과 값싼 노동력을 몰인정한 '경제동물'들이 단숨에 흡수해 버리지 않겠는가? 민족의 고혈을 빨아가는 경제적 식민정책을 모르는가, 벌써 잊었는가?

중화학 공업이라는 미명하에 민족경제 성장과는 상관이 없는 일본의 공해산업을 들여와 조국의 강토를 못 쓰게 더럽히고, 매판자본가들을 앞세워 국민경제를 일본경제권 속에 예속시킬 위기와 징조가 너무나 뚜렷하다.

어느새 왜색 종교와 문화가 이토록 민족문화를 침식했고, 처녀들의 정조를 토산품이라고 팔아먹는 망국적, 반민족적 퇴폐가 이 사회에 풍미하게 되었는가?

넷째, 잔인무도한 정보정치는 공포에 떨게 한다.

오직 박정권의 안보만을 위해 매수와 조직과 잔혹한 고문을 구사하며 온갖 비인도적 만행을 다하고 있는 정보조직은 국민의 양심을 마비시켰고, 민족의 의기를 꺾었으며, 사회 각계에 불신과 공포의 분위기를 조성해 놓았다. 진리의 전당인 학원과 사회적 양심을 대변하는 언론을 온갖 악랄한 수단으로 질식시켰고, 민주적 신념을 가진 지성인과 정치인을 테러하였으며, 공갈 사취 밀수 등 사회악과 범죄에 기식하면서, 세계 여론에 의해 '마피아단'이라고 규탄되고 있다.

죄 없는 국민들을 무자비하게 끌고가 법도 인도적 양심도 존재치 않는 정보부의 지하실에서 몽둥이로 치고, 불로 지지고, 불구를 만드는 마수의 집단이 김대중 씨를 수은을 먹여 현해탄에 던지려 했고, 최종길 교수를 고문으로 죽게 하지 않았는가? 무엇 때문에 국민은 혈세를 바쳐 이같은 악의 떼들이 막대한 국가예산을 허비하게 하고 그리고 또 공포에 떨어야 하는가?

III

국민의 기본권을 박탈하고 양심마저 짓밟은 채 독재자가 영구집권의 아성을 쌓기에 광분하는 오늘의 절박한 상황에서, 우리는 '이것도 후진국의 운명이려니' 하며 체념하고 있을 수는 없다. '우리나라가 언제는 별 수 있었느냐?'며 자학과 패배주의에 사로잡혀서도 안 되겠다.

불의가 승리하고 독재가 참월(僭越)하는 이 오욕의 역사를 비굴하게 살다가 후대에까지 물려줄 것인가? 민족사의 발전을 가로막고 민주시민의 이성과 양심을 테러하는 이 현실을 남의 일처럼 방관하고 있을 것인가? 침묵이나 방관은 곧 현실에의 긍정이요 동조이다.

국민이여! 민주사회 건설의 동지여!

독재의 세뇌에서 벗어나 올바른 비판의식을 갖자!

용기를 가지라! 힘을 모으라! 그리고 "독재정권아 물러가라"고 함성을 지르자! 아무리 철면피의 독재자라도 줄지어 외치는 국민 전부를 옥에 가두고 혼자 지배할 수는 없을 것이다. 이미 민심의 기반을 잃고 우방 국가들의 지탄을 받은 박정권이 오래 버틸 수는 없다.

그러나 우리는 결코 체계의 개혁이 없는 단순한 정권이나 인물만의 교체를 원치 않는다. 그리고 구국(救國)을 빙자하여 일어날지도 모를 제2의 군사 쿠데타를 우리는 철저히 경계한다. 그것은 항상 민주사회를 배반하며 권력 탈취의 악순환을 가져올 뿐이다.

올바른 민주사회는 국민 대중이 주권을 회복하고, 사회 대중의 이익을 대변하며, 국가와 사회의 권력을 통제할 수 있을 때 비로소 건설된다. 그리고 이것은 국민 대중 스스로가 확고한 민주 의식과 참여 정신을 통해 지켜나가야 한다. 그러기에 우리는 탄압과 방해를 무릅쓰고, 이국 땅 한 모퉁이에서라도 민주사회 건설을 위한 토론의 광장을 마련하며, 뜻을 같이하는 국내외 동포들과 함께 반독재 투쟁의 대열에 뭉치고저 한다.

독재여, 물러가라! 동지들이여, 승리하라!

1974년 3월 1일
삼일운동 55주년의 날에

서명인(가나다순)

강돈구(Tübingen)   강영란(Rheinhausen)   강정숙(München)
김길순(Würzburg)   김득수(Münster)   김복선(Berlin)

김복희(München)　　　　김순환(München)　　　　김영한(Heidelberg)

김종일(Münster)　　　　박대원(Köln)　　　　　　박소은(Marburg)

박종대(München)　　　　배동인(Köln)　　　　　　배정석(München)

서돈수(Duisburg)　　　　손덕수(Göttingen)　　　　송두율(Münster)

송복자(Münster)　　　　송영배(Tübingen)　　　　김원호(München)

양원차(Gelsenkirchen)　오길남(Kiel)　　　　　　오대석(Frankfurt/M.)

오인탁(Tübingen)　　　　유충준(Gelsenkirchen)　　윤이상(Berlin)

이민상(Regensburg)　　　이보영(Kiel)　　　　　　이삼열(Göttingen)

이승자(Frankfurt/M.)　　이영빈(München)　　　　이영준(Bochum)

이재형(Hamburg)　　　　이정의(Berlin)　　　　　　이준모(Frankfurt/M.)

이 지(Marburg)　　　　　이지숙(Göttingen)　　　　이태수(Göttingen)

이화선(Frankfurt/M.)　　임신자(Frankfurt/M.)　　임승철(Rheinhausen)

임영희(Duisburg)　　　　임학자(Tübingen)　　　　임희길(Frankfurt/M.)

장성환(Duisburg)　　　　장행길(Bottrop)　　　　　정정희(Münster)

정하은(Berlin)　　　　　천명윤(Gelsenkirchen)　　최두환(Göttingen)

최순택(Köln)　　　　　　최승규(Heidelberg)　　　　홍종남(München)

황능원(Bochum)

민중 · 민족 · 민주선언

바야흐로 민권승리의 새날이 밝아오고 있다. 공포와 착취, 결핍과 빈곤에서 허덕이던 민중은 이제 절망과 압제의 쇠사슬을 끊고 또다시 거리로 나섰다.

작년의 역사적인 10월투쟁에 대한 저들 권력배들의 응답은 오로지 기만적 회유와 폭압정치의 증대뿐이었다. 이로써 그들이 살찌워 온 부패특권 체제를 추호도 포기할 뜻이 없음을 명백히 하였고 착취, 치부, 차별, 방탕의 씻을 수 없는 죄악을 회개할 의사가 조금도 없음을 노골적으로 표현한 것이다. 기아수출입국, 지엔피(G.N.P.) 신앙을 교리로 내걸고 민족자본의 압살과 매판화를 종용하여 수십억 불의 부채를 국민에게 전가시키며 혈세를 가렴하여 절대권력과 폭압정치의 밑천으로 삼고 기간산업을 포함한 주요 경제부문의 족벌 사유화를 획책해 온 저들 매판족벌들이야말로 오늘의 돌이킬 수 없는 침상을 초래케 한 장본인이다.

극소수의 특권 족벌들은 국민경제가 전면적 파탄 상태에 돌입하자 마치 그 원인이 전적으로 국제적 원자재 폭등에 있다는 등 책임을 전가하고 진실을 은폐하기에 급급할 뿐이다. 이러한 국민경제의 전면적 파탄은 자원과 노동력을 헐값에 팔아버리고 외국 독점자본을 이 땅의 경제 종주로서 뿌리박게 한 매판특권체제와 부정 · 부패의 여파가 확대 재생산되는 창부경제구조의 산물이라는 것은 명백한 사실이다.

오늘의 물가고와 경제파탄을 초래케 한 부패 · 특권 족벌들은 이러한 서민생활의 위기에서도 거대한 이익을 취하면서 민중의 불만을 무마하려는 등 막바지에 다다른 그들의 잔명을 보존하고자 최후의 발악을 하고 있다.

민중의 참상 속에서 오히려 호유방탕하는 저들 뒤에 수많은 민중의 피땀이 엉켜 있음을 모르는가? 기아임금으로 혹사당하는 근로대중과 봉건적 착취 아래 신음하는 농민, 그리고 또 하나의 격리된 세계에서 확대되어 가는 판자촌 - 이것이 13년에 걸친 조국근대화의 업적인가?

이러한 농민 수탈체제의 수호신은 바로 1인독재 체제와 정보·폭압 정치이다. 5년 전의 3선개헌으로부터 노골화된 영구집권의 야욕은 국민의 기본권을 유린하는 한편 이에 항의하는 학생·지식인·종교인 등 수많은 애국인사를 체포·구금·고문·투옥하는 만행을 서슴지 않고 있다. 소위 유신이란 해괴한 쿠데타·국가비상사태와 1·8조치 등으로 폭압체제를 완비하여 언론을 탄압하고 학원과 교회에 대한 억압을 더욱 가중시킴으로써 비판을 원천적으로 봉쇄하고 있다. 비판할 수 없는 정치, 이것은 과연 한국적 민주주의인가?

조국의 평화적 통일을 내걸고 시작된 남북대화로써 그동안 우리는 통일의 문 앞에 다가서기는커녕 오히려 민족의 영구분단으로 치닫고 있으며 남북대화는 영구집권을 위한 장식물 이상의 아무 것도 아니다. 팽배한 군국주의를 또다시 이 땅의 역사 위에 뿌리박기 위한 야욕을 명백하게 드러낸 일본 지배층이 한민족 분단을 영구화시키려고 하는 언동에 항의 한번 못하는 것이 소위 저들의 주체성인가?

남북통일이 오로지 그들의 점유물인 양 떠들면서 폭력정치와 민중수탈 체제를 더욱 공고하게 할 때 통일의 길은 더욱 멀어지고 있다. 자유와 평등이 보장되는 진정한 민주주의 승리만이 통일의 지름길임을 모르는가?

보라! 자유를 박탈하여 노예 상태를 강요하는 저들 깡패집단을!

보라! 호화·방탕을 일삼으며 민중의 살과 뼈를 삼켜 살찐 저 도둑의 무리를!

보라! 이 땅을 신식민주의자들에게 제물로 바친 저 매국노들을!

부패특권 족벌들이 저지르는 이러한 파멸 상태를 더 이상 좌시할 수 없다. 저들의 발밑에서 빼앗기고 고통당하는 제민주세력이 민생·민권·민족의 기치 아래 속속 모여들고 있다. 어떤 강압과 폭력으로도 노도와 같이 소용돌이치며 흐르는 이 도도한 물결을 결코 막지 못하리라. 이제 우리는 반민주적·반민중적·반민족적 집단을 분쇄하기 위하여 숭고한 민족·민주 전열의 선두에 서서 우리의 육신을 살라 바치려 한다.

1974년 4월 3일
전국민주청년학생총연맹

10-2. 전국민주청년학생총연맹, '결의문'(1974. 4. 3)

결의문

오늘 우리의 궐기는 학생과 민중과 민족의 의사를 대변하고 이 땅에 진정한 자유와 평등을 실현하기 위한 민중적·민족적·민주적 운동임을 밝히면서 아래와 같이 결의한다.

1. 부패 특권족벌의 치부를 위한 경제정책을 시정하고 부정부패 특권의 원흉을 즉각 처단하라.
2. 서민의 세금을 대폭 감면하고 국민경제의 밑받침인 근로대중의 최저생활을 보장하라.
3. 모든 노동악법을 철폐함으로써 노동운동의 자유를 보장하라.
4. 국가 비상사태, 1 8조치 등으로 구속된 모든 애국인사들을 즉각 석방하고 유신체제를 폐기하여 진정한 민주주의 체제를 확립하라.
5. 모든 정보 폭압정치의 원천인 중앙정보부를 즉각 해체하라.
6. 반민족적 대외 의존경제를 청산하고 자립 경제체제를 확립하라.

이상 우리의 주장을 관철시키기 위하여 최후의 1인까지 투쟁할 것을 역사와 민족 앞에 엄숙히 선언한다. 서울 시내 전 학생과 시민은 금일 하오 2시에 시청 앞 광장과 청계천5가 네거리에 집결한다.

10-3. 전국민주청년학생총연맹, '격문'(1974. 4. 3)

격문

극심한 물가고와 공포정치에 짓눌린 우리의 현실을 타개하고자 우리의 동지인 한국신학대학, 경북대학교, 서강대학교, 연세대학교 학우들이 피의 항쟁을 벌여 왔다. 앞서간 애국시민, 학생의 뒤를 이으며 민중의 편에 서서 민중의 이익을 대변하고자 전국의 모든 학생들은 이 시각을 기하여 총궐기했다. 국민이여, 모두 민주전선에 우리의 뜨거운 피를 뿌리자!

근로대중이여, 궐기하라!
핍박받는 민중이여, 궐기하라!
지성인이여 궐기하라!
언론인이여 궐기하라!
종교인이여 궐기하라!
굶어 죽을 자유 말고 먹고살 권리 찾자!
배고파서 못 살겠다 기아임금 인상하라!
유신이란 간판 걸고 국민 자유 박탈 마라!
남북통일 사탕발림 영구집권 최후 수단
재벌 위한 경제성장 정권 위한 국민총화
왜놈 위한 공업화에 민중들만 죽어난다.

11-1. 지학순 주교, '나의 견해'(1974. 7.15)

나의 견해

* 이 글은 지학순 주교님께서 성모병원에 입원하신 동안 작성하셨다가 7월 23일 중앙정보부에 재차 연금되시기 직전 남겨놓으신 글입니다. *

나는 소위 민청학련 사건이라는 문제에 대하여 나의 입장을 다음과 같이 밝혀둔다.

1. 김영일에게 돈을 준 문제에 대하여

내가 김영일에게 돈을 준 것은 사실이다. 그러나 당국에서 말하는 바와 같이 유혈데모나 폭동을 일으키기 위하여 자금을 준 것은 절대로 아니다. 다만 순수한 학생운동으로서 민주수호를 위한 기금으로서 준 것이다. 더구나 공산주의자와 어떠한 관계가 있는 줄 알면서 주었다는 것은 상상할 수도 없는 일이다. 또 학생 데모를 통해 정부를 전복하려는 생각은 전혀 없었다. 이것은 전연 불가능한 줄 알기 때문에.

2. 현 정부에 대한 나의 입장

정보부와 검찰에서 진술한 바와 같이

가. 부정부패가 많기 때문에 근본적으로 반대하고,

나. 민주국가에서는 삼권이 분립되어 있어야 함에도 불구하고 현 체제는 삼권이 1인의 손에 장악되어 있는 체제이기 때문에 반대하고,

다. 1인 장기집권을 반대하고,

라. 가끔 인간의 기본권이 침해를 당하기 때문에 반대하며,

마. 부정부패를 시정하려는 노력에 대해서는 찬성한다.

이상 기록한 것이 나의 기본적 주장이며 생각이다. 이외에는 어떠한 말이 나오더라도 나의 진정한 뜻에서 나오는 말이 아니라 타의에 의한 강박에서 나온 것임을 알아주기 바란다.

1974년 7월 15일

지 학 순

추기 .. 김영일에게 돈을 준 액수와 시일에 대하여는 확실한 기억이 없으나 백만 원 내외의 금액을 1973년 초겨울에 준 것으로 기억한다. -이상-

양심선언

본인은 1974년 7월 23일 오전 형사 피고인으로 소위 비상군법회의에 출두하라는 소환장을 받았다. 그러나 본인은 양심과 하느님의 정의가 허용치 않음으로 소환에 불응한다. 본인은 분명히 말해 두지만 본인에 대한 소위 비상군법회의의 어떠한 절차가 공포되더라도 그것은 본인이 스스로 출두한 것이 아니라 폭력으로 끌려간 것임을 미리 밝혀 둔다.

1. 소위 유신헌법이라는 것은 1972. 10. 17에 민주헌정을 배신적으로 파괴하고 국민의 의도와는 아무런 관계없이 폭력과 공갈과 국민투표라는 사기극에 의하여 조작된 것이기 때문에 무효이고 진리에 반대되는 것이다.

2. 소위 유신헌법이라는 것은 국민의 최소한도의 양보도 할 수 없는 기본인권과 기본적인 인간의 품위를 집권자 한 사람의 긴급명령이라는 단순한 형식만 가지고 짓밟는 것이다. 이래서는 인간의 양심이 여지없이 파괴될 것이다.

3. 본인이 위반했다고 기소된 소위 대통령 긴급조치 제1호, 제4호는 우리나라의 오랜 역사상 가장 참혹한 자연법 유린의 하나이다.
   이것들은 소위 유신헌법의 개정을 청원이나 건의를 금지하고 그러한 개정의견이 있었다는 것의 보도까지 금지하며, 소위 대통령 긴급조치를 그 자체에 대한 불만이나 반대의사 표시조차 못하게 하여 이러한 금지를 위반하면

종신징역 또는 사형에 처할 수 있다는 식이다.

4. 본인이 범했다고 그들이 기소한 또 하나의 죄목인 내란선동은 본인이 그리
   스도교 정신을 올바로 가졌기 때문에 억압받는 청년에게 그리스도교적 정
   의와 사랑의 운동을 하라고 돈을 준 사실에 대하여 갖다 붙인 조작된 죄목
   이다.

5. 본인을 재판하겠다고 하는 소위 비상군법회의라는 것은 그 스스로 법과 양
   심에 따라 독립하여 판단할 수도 없는 꼭두각시다. 저들은 지금 수많은 정
   직한 사람들을 투옥하고 처형하는 데 있어 비상군법회의라 불리우는 형사
   절차의 이름을 빌리고 싶어 할 것이다. 그러나 울부짖는 피고인들의 목소리
   는 밖으로 알려지지 않은 동안 통제된 신문들, 봉쇄된 방송들, 통제된 텔레
   비전들에서는 소위 검찰관의 증거희박 주장만이 사실로 나타났다.

1974년 7월 23일 아침
천주교 원주교구 주교 지 학 순

성명서

1. 1974년 7월 23일 명동성당에서 선포된 지학순 주교의 "양심선언"을 적극 지지한다.

2. 대통령 긴급조치 제2호(비상군법회의)를 즉각 해제하고 현재 투옥 중인 지학순 주교, 목사, 교수, 변호사, 학생 등을 즉각 석방하라.

3. 이 땅 위에 민주주의가 회복되고 인간 존엄성과 기본권이 보장될 때까지 우리 사제단은 주교단 사목교서 내용을 준수하며 사태의 진전을 예의 주시하면서 기도회를 계속한다.

이러한 우리의 결의는 곧 그리스도의 진리와 성의와 사랑을 실현키 위한 사명 완수의 길임을 확신한다.

1974년 8월 26일
성직자 일동

11-4. 천주교 정의구현전국사제단 · 전국평신도협의회, '결의문'(1974. 9.11)

결의문

우리 가톨릭 신도들은 하느님의 자녀요 그리스도의 형제로서 그리스도의 정의
와 진리와 사랑을 이 땅에 구현하고 하느님의 나라를 건설해야 한다는 사명을
띠고 있다.

고귀한 인간의 존엄성과 생존권 및 기본적 인권이 제도적으로 보장되고, 모
든 인간의 참다운 행복을 증진시키도록 현실을 개선해 나가고, 그리스도의 정
신이 모든 인간생활 구석구석에 구현되는 것이 그 나라를 건설시키는 것으로
믿는다.

이에 반하여 우리의 현실은 정당한 법절차 없이 사람을 체포하고 투옥하고,
고문함으로써 고귀한 인간의 존엄성과 민주주의 요체인 생존권이나 기본권을
여지없이 유린하고 박탈하는 것은 용서받지 못할 범죄 행위로 단정하고, 이와
같은 죄악이 이 땅에서 하루속히 사라지도록 모든 선의의 사람들과 협력하고
계속 노력할 것이다.

우리는 진정한 민주주의 회복과, 인간 기본권의 보장 없이는 참다운 국민총
화도, 진실한 국력의 신장도, 그리고 우리 민족의 염원인 자유와 통일의 길도
모두가 폐쇄될 것을 확신한다.

우리는 인간의 존엄성과 모든 인권이 근본적으로 보호되고, 자유와 평등과
박애의 정신이 제도적으로 보장될 때에만 국내적으로 총화단결을 이룩하고 국
제적으로는 약소국의 처지를 개선할 것을 확신한다.

따라서 우리는 정권 유지를 위한 정치적 폭력 행위가 지양되고, 국민의 기본
적 생존권이 보장되며, 모든 언론의 탄압과 보도의 통제가 철폐되어, 언론의

자유가 확보된 가운데 진실을 진실 그대로 보도함으로써 국민 스스로의 판단에 의하여 국민 모두가 자발적인 애국심으로 국력배양에 참여할 때 진정한 민주주의가 실현될 것으로 믿는다.

이러한 역사적 상황에 대한 기도를 계속하는 사제단과 전국 평신도 사도협의회는 특유의 크리스찬적 사명을 절감하고, 1975년도 성년에 즈음한 한국주교단 사목교서의 기본정신과 우리의 목자인 지학순 주교의 "양심선언"을 적극 지지하면서 다음과 같이 우리의 결의를 밝힌다.

〈평신도 사도협의회의 결의〉

1. 참된 민주주의에 역행하는 모든 제도적 법적 조치를 근본적으로 철폐하라.
2. 참된 민주주의 회복과 민주사회 건설을 위하여 싸우다가 투옥된 지학순 주교를 비롯한 애국인사와 민주학생들을 즉각 석방하라.
3. 언론의 탄압을 즉각 중단하고 언론의 자유를 보장하라. 국민으로서 현실을 바르게 알리고 알아야 할 권리를 일방적 의사로 박탈하지 말라.
4. 우리는 이러한 현실을 직시하고 우리의 요구 사항이 관철될 때까지 이 땅의 모든 민주적 국민과 더불어 계속 투쟁할 것이다.

〈정의구현 사제단의 결의〉

1. 1974년 7월 23일 명동성당에서 선포된 지학순 주교의 "양심선언"을 적극 지지한다.
2. 대통령 긴급조치 제2호(비상군법회의)를 즉각 해제하고 현재 투옥 중인 지학순 주교 목사 교수 변호사 학생 등을 즉각 석방하라.
3. 이 땅 위에 민주주의가 회복되고 인간 존엄성과 기본권이 보장될 때까지 우리 사제단은 주교단 사목교서 내용을 준수하며 사태의 진전을 예의 주시하

면서 기도회를 계속한다.

이러한 우리의 결의는 곧 그리스도의 진리와 정의와 사랑을 실현키 위한 사명
완수의 길임을 확신한다.

전국 정의구현사제단
전국평신도협의회 일동

1974년 9월 11일

11-5. 구속자를 위한 신구교 연합기도회 주관단체 일동, '우리의 선언'과 '우리의 결의'(1974. 9.22)

우리의 선언

우리는 오늘 안으로는 국론이 갈라지고 밖으로는 국제적 위신이 추락되어 조국의 운명이 심히 위태스러운 역사적 시점에 처해 하느님의 뜻에 따른 애국애족의 충정에서 구속자를 위한 신구교 연합기도회를 갖고 우리 그리스도의 신앙과 태도를 밝힌다.

하느님은 역사의 주인이심을 우리는 믿는다. 하느님의 뜻에 위배되는 어떠한 사람의 뜻에도 우리는 복종할 수 없다.

하느님은 선하신 분으로 온 인류는 그 앞에 꼭 같은 자녀임을 우리는 믿는다. 따라서 인류는 서로의 의사를 존중하여야 하며 아무도 자신의 뜻을 다른 사람에게 강요하지 못한다.

하느님은 만물을 나날이 새롭게 하시는 분임을 우리는 믿는다. 그러므로 우리는 어떠한 제도도 절대화할 수 없고 나날이 그의 뜻에 더 가까이 일치하도록 발전시켜 나가야 한다.

하느님은 사랑이 담겨진 공의로운 제도를 원하시고 계심을 우리는 믿는다. 그러기에 높은 자리에 있는 사람일수록 밑에 있는 사람의 발을 씻는 종으로서의 자세를 가져야 하며 누구도 밑에 있는 사람에게 힘으로 강요하지 못한다. 그러므로 이 제도가 선하게 운영되기 위해서는 선하신 하느님의 감추인 뜻을 현실에서 탐구 실현하기 위한 모든 자유와 민주적 기본질서가 확립되어야 한다.

이상과 같은 우리의 신앙적 입장에서 우리는 우리의 현실을 다음과 같이 본다.

우리는, 유신체제는 민의를 무시한 (체제로서) 자유민주주의에 역행할 뿐 아니라 하느님 외에는 절대자가 있을 수 없다는 우리의 신앙에 위배된다(고 본다).

우리는 오늘날 날로 극심하여 가는 빈부의 격차, 사회적 부패, 불신 풍조의 만연 등은 바로 진정한 자유민주주의를 실현하지 못한 부조리성의 발로라고 본다.

우리는 민주체제의 복귀와 사회정의를 외쳐 부르던 성직자, 교수, 기독자, 학생, 변호사, 문인, 애국인사들을 극형에까지 처한 것은 극심한 인권유린이(라고 보)며, (이같은) 인간 천시에 공분을 느낀다.

우리는 이러한 현실에서 아무 말도, 항의도 못한다는 것은 악을 조장하는 일이(라고 보)며, (그러한 무기력은) 이 백성을 사랑하시는 하느님을 배반하는 행위인 것이다

그러므로 하느님의 정의를 구현하기 위한 우리의 노력은 바로 하느님의 창조사업에 동참하는 것으로서 교회를 향한 하느님의 준엄한 명령이다.

우리의 결의

우리는 이상과 같은 신앙 양심과 판단에 따라 우리 신앙과 행동자세를 다음과 같이 결의한다.

1. 하느님의 주권을 무시하고 참된 민주정신을 무시한 유신체제를 조속히 철폐하고 삼권분립의 민주체제를 실현하라.
2. 긴급조치를 전면적 원천적으로 무효화하고 민주회복과 사회정의를 외치다 투옥된 성직자, 교수, 학생, 민주 애국인사를 즉각 석방하라.
3. 하느님의 백성에 해방을 선포하는 선교의 자유와 민주국가 발전의 첩경인 언론, 집회, 결사, 보도의 자유를 보장하기 위하여 우리는 몸으로 증거한다.

4. 서민 대중을 위한 복지정책을 조속히 확립하고 경제발전의 주축인 노동자의 경제적, 사회적 지위 향상을 위한 노동삼권을 보장키 위하여 총력을 다한다.
5. 이제 우리는 우리의 신앙양심과 판단에 따른 우리의 결의를 효과적으로 수행하기 위하여 이 기도회를 즈음하여 범교회적으로 뜻있는 모든 젊은이와 함께 '한국교회 사회정의구현위원회'를 발족시킬 것을 선언한다.

1974년 9월 22일
구속자를 위한 신구교 연합기도회 주관단체 일동

천주교 정의구현 전국사제단 시국선언

우리는 인간의 위대한 존엄성과 소명을 믿는다.

인간은 하느님의 모상으로 하느님께 창조되었고, 하느님의 독생성자 예수 그리스도께 구원받은 고귀한 존재이다. 그러기에 인간은 이미 이 지상에서부터 자기의 이 존엄성을 존중받을 권리를 갖는다. 그러기에 또한 그는 이 다음 완성될 천국에서 하느님과 더불어 완전하고도 영원한 행복을 누리기로 부름받은 자기의 이 소명을 꽃피우고 열매 맺게 할 수 있는 여건을 개발하고 조성할 권리와 의무를 가진다.

인간은 이 자기실현이라는 위대한 목적을 달성하기 위하여 타고난 자질과 능력과 창의를 최대한 발휘할 수 있어야 한다. 자유는 이 능력과 창의가 자라나고 피어오르고 열매 맺는 터전이요 토양이다. 자유는 능력개발과 창의발휘를 위한 필요 불가결의 여백이다.

세계의 인간화, 보다 인간적인 세계 건설은 인간이 그 소명에 응답하는 구체적인 행동이요, 실천적인 방법이다. 자유는 여기에 요구되는 절대적 전제이다.

교회 공동체는 물론 국가 공동체를 포함하는 일체의 인간 공동체는 인간의 이 자유를 보장하고 그의 천부적 자질과 창의를 발휘할 수 있는 여건을 조성함으로써 개인으로서 모면할 길 없는 한계와 취약점을 보완해 주어야 한다.

민주제도는 정치질서에 있어서 국가 공동체가 그 본연의 사명을 완수할 수 있는 가장 적절한 정치제도임을 우리는 믿는다.

교회는 이와 같은 인간의 존엄성과 소명, 그의 생존권리, 기본권을 선포하고 일깨우고 수호할 권리와 의무를 가진다. 그러기에 교회는 이 기본권이 짓밟히고 침해당할 때면 언제 어디서나 피해자가 누구이든 그의 편에 서서 그를 대변하면서 유린당한 그의 권리를 회복해 주기 위하여 가해자와 침해자가 누구이든, 그를 거슬러 항변하고 저항하고 투쟁할 권리와 의무를 갖는다.

오늘날 우리의 현실은 어떤가.

국민 대중의 일상적인 인간 생존권과 기본권이 민주제도를 역행하는 정치적 권력행사로 말미암아 끊임없이 유린당하고 여지없이 압살되어 가는 현실을 우리는 지켜보았고 그 고통을 뼈저리게 느껴왔고 그 굴욕을 씹어 왔다.

소위 유신헌법은 1972년 10월 17일을 기하여 이 땅의 민주헌정을 배신적으로 파괴하였고, 한 사람의 집권자가 이른바 긴급명령이라는 형식적인 법절차와 권력남용으로 국민의 촌보도 양보할 수 없는 기본 인권과 존엄성을 짓밟고 있다. 이러한 권력남용에 형식적인 합법성을 부여하는 소위 유신헌법이야말로 일인집권을 장기화시키고 분리되어야 할 삼권을 한 사람의 집권자에게 집중시킴으로써 그 권력을 극한과 절대에 이르기까지 비대시키는 악법이 아니고 무엇이랴.

정부는 정보정치라는 파렴치한 수단으로 반공전선에 전념하여야 할 정보기관을 동원하여 국민을 협박하고 그들의 개인생활을 침해하면서 오늘의 우리 사회에 공포 분위기와 불신풍조를 조장하고 있다.

또한 정부는 알아야 할 국민의 권리를 묵살하고 일체의 비판을 봉쇄하고 언론을 탄압함으로써 여론을 오도하고, 침묵의 국민 대중을 천부당만부당하게도 집권자의 지지세력으로 날조하는 월권과 위선과 파렴치를 자행하고 있다. 정책의 빈곤은 양식 있고 실력 있는 지식인들의 해외도피를 결과적으로 방조하고 미래지향적인 정책적 비전의 부재는 학생들을 비롯한 오늘의 젊은 세대에게 보람찬 내일에의 희망과 한국인으로서의 긍지는커녕 실의를 강요함으로써 퇴폐풍조를 부채질하고 있다.

우리의 현실은 어떤가?

해방 직후부터 촛불항쟁까지
대학의 안과 밖을 넘나들며
70년의 긴 호흡으로 정리한 학생운동사

학생들이 만든 한국 현대사: 서울대 학생운동 70년
제1권 시대사 유용태·정숭교·최갑수 지음 / 2020.5 발행 / 416면

학생들이 만든 한국 현대사: 서울대 학생운동 70년
제2권 사회문화사 유용태·정숭교·최갑수 지음 / 2020.10 발행 / 472면

'학생운동의 시대'로 불리는 1960년부터 1990년 중반까지 전국 각지의 학생들은
민주화운동을 치열하게 전개했다. 4·19혁명, 한일협정 반대운동, 유신반대운동,
부마항쟁, 서울의 봄, 5·18광주민주화운동, 6월항쟁 등 역사의 고비마다 학생들은
떨쳐 일어났고, 그들이 뿌린 땀과 피를 밟으며 한국의 민주주의는 한 걸음 한 걸음
앞으로 나아갈 수 있었다.

www.hanulmplus.kr | hanul@hanulbooks.co.kr | 한울엠플러스(주) 한울

민주주의를 위한 염원은 오늘날에도 메아리치고 있다

한국 민주주의 100년, 가치와 문화

성찰적 시각으로 본 한국 민주주의의 가치와 문화

민주화운동기념사업회 한국민주주의연구소 엮음/ 김동춘·김아람·
김정인·문지영·서복경·신진욱·이나미·전강수·정상호 지음
2020.12 발행/ 400면

한국 민주주의, 100년의 혁명 1919~2019

100년간 지속된 실천들이 만들어낸 성취의 역사!

민주화운동기념사업회 한국민주주의연구소 엮음/ 김동택·김정인·
서복경·신진욱·이관후·이나미·장석준·장숙경·정상호 지음
2019.6 발행/ 384면

한국 민주주의의 미래와 과제

촛불과 함께 약동하는 한국 민주주의의 미래상을 그리다

민주화운동기념사업회 기획/ 이삼열·이정우·강원택 엮음
2017.10 발행/ 568면

그래도 우리는 노래한다: 민중가요와 5월운동 이야기

함께 부르는 노래, 민중가요,
세상을 바꾼 노래운동의 역사를 기록하다

정유하 지음/ 2017.5 발행/ 243면

김민기

한 시대정신의 상징이었던 음악인 김민기,
이 책은 그의 음악인생의 중간 총결산이다.

김창남 엮음/ 2004.10 발행/ 592면

www.hanulmplus.kr | hanul@hanulbooks.co.kr | 한울엠플러스(주)

해방 직후부터 촛불항쟁까지
대학의 안과 밖을 넘나들며
70년의 긴 호흡으로 정리한 학생운동사

학생들이 만든 한국 현대사: 서울대 학생운동 70년
제1권 시대사 유용태·정숭교·최갑수 지음 / 2020.5 발행 / 416면

학생들이 만든 한국 현대사: 서울대 학생운동 70년
제2권 사회문화사 유용태·정숭교·최갑수 지음 / 2020.10 발행 / 472면

'학생운동의 시대'로 불리는 1960년부터 1990년 중반까지 전국 각지의 학생들은 민주화운동을 치열하게 전개했다. 4·19혁명, 한일협정 반대운동, 유신반대운동, 부마항쟁, 서울의 봄, 5·18광주민주화운동, 6월항쟁 등 역사의 고비마다 학생들은 떨쳐 일어났고, 그들이 뿌린 땀과 피를 밟으며 한국의 민주주의는 한 걸음 한 걸음 앞으로 나아갈 수 있었다.

www.hanulmplus.kr | hanul@hanulbooks.co.kr | 한울엠플러스(주)

민주주의를 위한 염원은 오늘날에도 메아리치고 있다

한국 민주주의 100년, 가치와 문화

성찰적 시각으로 본 한국 민주주의의 가치와 문화

민주화운동기념사업회 한국민주주의연구소 엮음/ 김동춘·김아람·
김정인·문지영·서복경·신진욱·이나미·전강수·정상호 지음
2020.12 발행/ 400면

한국 민주주의, 100년의 혁명 1919~2019

100년간 지속된 실천들이 만들어낸 성취의 역사!

민주화운동기념사업회 한국민주주의연구소 엮음/ 김동택·김정인·
서복경·신진욱·이관후·이나미·장석준·장숙경·정상호 지음
2019.6 발행/ 384면

한국 민주주의의 미래와 과제

촛불과 함께 약동하는 한국 민주주의의 미래상을 그리다

민주화운동기념사업회 기획/ 이삼열·이정우·강원택 엮음
2017.10 발행/ 568면

그래도 우리는 노래한다: 민중가요와 5월운동 이야기

함께 부르는 노래, 민중가요,
세상을 바꾼 노래운동의 역사를 기록하다

정유하 지음/ 2017.5 발행/ 243면

김민기

한 시대정신의 상징이었던 음악인 김민기,
이 책은 그의 음악인생의 중간 총결산이다.

김창남 엮음/ 2004.10 발행/ 592면

www.hanulmplus.kr | hanul@hanulbooks.co.kr | 한울엠플러스(주)

80년대에 번영과 풍요를 구가할 복지국가 건설을 표방하는 정부의 경제 제일 주의는 계수경제의 마술로 국민을 기만하고 현혹시키고 있다.

우리는 묻는다 : 소수 악덕 기업가와 정상배들에게 특혜를 베풀고 이들을 권력으로 비호하면서 기업과 경영 외의 요인으로 치부와 축재를 일삼게 하면서도 이 나라의 가난한 서민 대중을 외면하고 천대하는 정부의 의도는 무엇인가?

우리는 묻는다 : 이 나라의 고질적인 부정부패를 뿌리째 뽑아 없애는 용단을 정부는 왜 내리지 않는가?

우리는 묻는다 : 고용증대와 외화획득이라는 미명하에 근로자의 신성한 기본적인 쟁의권을 박탈하면서까지 강행한 굴욕적인 외자유치와 합작투자는 오늘날 막대한 액수의 외채와 대일경제 예속화 이외에 무슨 소득을 거두었는가?

우리는 묻는다 : 수백 년 묵은 농민 대중의 수탈과 인고의 예종을 방치하고 그들의 가난과 무지와 후진성을 정부는 왜 외면하고 있는가?

우리는 묻는다 : 소득의 불균등 분배에서 결과하는 격심한 빈부의 차가 과연 반공을 위한 국민총화와 국력배양의 정도요 첩경인가?

우리는 묻는다 : 우리의 이 암담한 현실이야말로 자유우방 각국과의 선린과 호혜평등을 원칙으로 하는 외교관계를 약화시키고 국제간에 대한민국의 국위를 손상하고 대공 외교정책에 심각한 차질을 자초하는 가장 근본적인 원인이 아니고 무엇인가?

이것이 우리의 현실일진대 어찌 강요된 침묵을 더 이상 계속할 수 있겠는가?

그러기에 성직자, 교수, 학생, 변호사, 문인, 근로자 및 그 밖의 민주애국인사들과 시민들은 마침내 침묵을 깨뜨리고 민주헌정의 회복과 사회정의를 절규하면서 국민의 정당한 의사를 정당한 방법으로 표시하면서 정부 당국의 맹성과 각성을 촉구하러 나선 것이다. 이들을 체포하고 구금하고 극형과 중형에 처한 처사는 납득할 수도 용납할 수도 없는 인권유린이요 국민의 기본권을 무시하는 횡포이다. 국가와 정부는 엄연히 서로 구별하여야 한다. 그러기에 정부는 국민으로 하여금 그가 원하는 국민 위주의 정부를 선택할 수 있는 기본 권리를 존중하고 자유로운 분위기에 정당하고도 합법적인 절차로 이 권리를 행사하여 정권의 평화적 교체를 가지게 하여야 한다.

이것이야말로 5·16 군사혁명으로 얼룩진 후진국의 정치적 낙후성이라는 오명을 썻고 반만 년에 이르는 유구한 전통과 역사를 자랑하는 문화민족으로서의 우리 한민족의 정체를 다시 한번 세계만방에 과시하고, 빈곤을 타파하고 사회정의를 구현하며, 진정한 민주복지국가로서 대공투쟁에 자신과 긍지를 가지고, 우방 열국들과 대열을 함께 하면서 인류의 문화발전과 세계평화에 이바지할 수 있는 길이라는 것을 우리는 확신한다.

우리는 이와 같은 우리의 소신과 주장을 그동안 전국 각지에서 열린 기도회를 통해 누차 표명하고 선포하여 왔다. 그러나 정부는 오늘에 이르기까지 이에 대한 성의 있는 답변으로서의 정책전환을 실증해 주지 않고 있다. 이에 우리는 다음과 같은 우리의 결의를 다시 한번 다짐하면서 정부의 각성과 성의 있는 답변을 촉구하고 국민 여러분의 여망을 반영시키기 위하여 정당하고도 합법적인 의사표시의 방법으로서 평화적 시위에 나서기로 선언한다.

우리의 결의

1. 유신헌법을 철폐하고 민주헌정을 회복하라.
1. 긴급조치를 전면적으로 무효화시키고 구속 중인 지학순 주교를 비롯하여 성직자, 교수, 학생, 민주 애국인사를 즉각 석방하라.
1. 국민의 생존권과 기본권을 존중하고 언론, 보도, 집회, 결사의 자유를 보장하라.
1. 서민 대중의 최소한의 생활과 복지를 보장하는 경제정책을 확립하라.

천주교 정의구현 전국 사제단 일동

천주교 정의구현 전국 사제단
제2차 시국선언
-인권회복을 위한 기도회에 즈음하여-

교회는 자기에게 맡겨진 복음에 입각하여 인간의 권리를 선언한다. 그뿐 아니라 교회는 이 인권을 짓밟는 일체의 개인적 폭력이나 공권력의 횡포에서 이를 보호할 의무를 갖는다. 실상 교회는 이 의무를 수행하는 데 있어 인류문화의 어떤 특수형태나 어느 특정의 정치, 경제, 사회 체제에 얽매이지 않는다. 교회가 위임받은 그리스도의 복음만큼 인간이 존엄성과 자유를 보장해 줄 수 있는 어떠한 인간의 법률도 있을 수 없다는 것이 우리 신앙의 확신이다. 그러기에 교회가 그리스도의 복음을 선포하는 가운데 하느님의 자녀로서의 인간의 자유를 알리고 선언하며, 궁극적으로는 죄에서 기인하는 일체의 예종과 질곡을 배격해야 할 의무는 그만큼 더 중차대한 것이다.

  실로 인간의 인격은 만물 위에 초연한 존재이며 그의 권리와 의무는 보편적이며 불가침적이고 불가변적이다. 그러기에 인간은 인간다운 생활을 영위하기에 필요한 모든 것을 갖출 수 있어야 한다. 인간은 의식주를 충분타당하게 보장받을 수 있어야 한다. 인간은 신분 선택의 자유와 가정 형성의 권리, 교육과 노동에 대한 권리, 명예와 존경에 대한 권리, 정당한 보도(報道)를 들을 권리, 자기 양심의 규범에 따라 행동할 권리, 사생활을 수호할 권리, 종교 분야에 있어서의 정당한 자유를 정당하고도 효과적으로 행사할 수 있어야 한다. 또한 인간은 공공생활에 있어서 마땅히 보장되어야 할 인권, 곧 집회의 자유, 노조 결사의 자유, 언론의 자유, 공사간(公私間)의 종교 자유를 정당하게 누릴 수 있어야 한다.

오늘날 정부는 시민의 이와 같은 개인적 자유 및 공공적 자유를 부당하게 억압하고 탐욕과 부정부패, 그리고 정치적 범죄조작으로 말미암는 희생자를 격증시켜 가면서 공동선을 위하기는커녕 집권층 및 소수 특권층의 사리(私利)만을 위해서 공권력을 남용하고 있다는 것이 우리의 판단이다.

이제 우리 사제들은 이 부당하고 불의한 현실을 복음의 이름으로 고발하는 동시에 차제에 다시 한번 정부의 맹성을 촉구하고 그 조속한 정착시정을 강력히 요구하는 바이다.

오늘의 현실을 보라!

집권자에 대한 우리 국민의 정당하고도 건전한 비판이 주권재민(主權在民)이라는 민주정치의 기본원리에 입각한 것임에도 불구하고 이 국민의 비판이 도리어 총화를 해친다는 논리의 전도(顚倒)는 어디에 근거를 두고 있는가? 우리 국민은 집권자에게 비판에서의 면제특권을 일찍이 부여한 적이 없다. 이 나라의 운명을 좌우해야 하는 것은 국민의 진정한 소리이다. 주권자는 국민이며 집권자는 주권 일부의 수임자로서 공복(公僕)의 대표적 지도자라는 엄연한 진실을 왜 외면하려 드는가? 집권자, 특히 행정권의 최고수임자라도 그가 국민의 공복이라는 사실에는 변함이 없다. 공복일진대 마땅히 주권자들의 말을 들어야 한다. 만일 그가 주권자인 국민대중의 비판적 통제 때문에 공복으로서의 지도적 임무를 수행할 수 없을 정도로 도덕적 영향력을 잃었다고 한다면, 국민들의 이 비판적 통제를 탓하기에 앞서 공복 자신의 가치관과 지도역량을 반성하고 민의의 진정한 소재를 다시 한번 확인한 다음 자기의 정치적 거취를 진지하게 고려하는 것이 민주주의의 자명한 논리가 아닌가? 신문, 방송들의 기업경영적 메카니즘에 대한 음험한 압력 때문에 집권층에 대한 국민들의 민중통제적 의사표시가 오랫동안 봉쇄되어 왔다고 믿는 선량하고도 정직한 시민들이 있다. 이 사람들이 평화적 도보시위로 그들의 의사를 표시하러 나설 때 곤봉과 최루탄, 구류와 기소, 심지어 정부전복과 국가변란이라는 내란죄 적용으로 이를 강압적으로 "다스리려는" 정부의 태도와 저의는 과연 정정당당한가? 정부 전복과 더구나 국가변란이라는 음모가 획책되었었다면 그것은 집권층만의 관심사가 아니고, 국민 전체가 그 진상을 밝히 알아야 할 중대 사건이다. 그렇다면 세칭 "민청학련 사건"을 심리하는 비상군법회의를 왜 국민들에게 공개하지 않았는가? 이 사건에 관련된 것으로 기소된 사람들도 엄연한 인간이다. 그러기에 그들은 국가를 상대하는 경우에 있어서도 법의 보호를 받을 권리를 갖는다. 법적 보호를 보장하는 사법 관리와 법의 운용이 공정하고 독립적이라는 것을 입증하는 중요한 계기는 바로 공개재판이 아닌가?

온갖 종류의 살인과 암살, 낙태와 안락사, 인체 상해, 육체적 정신적 고문, 고문치사, 고문으로 말미암는 육체 혹은 정신이 불구화(不具化), 납치, 심리적 탄압, 정치적 보복 및 간접박해, 구속적부심을 거치지 않는 일체의 불법연행 및 감금, 유형(流刑), 그리고 이와 비슷한 강제적 귀향 조치가 공권력에 의하여 부당하게 묵인·방조되거나 자행되는 국가사회가 있다면 실로 가공할 노릇이요, 이러한 사회 안에서 강압에 의하여 유지되는 안정과 질서는 성경의 말씀대로 "회칠한 무덤"이다. 이것은 끔찍한 죄악이다. 이를 좌시한다면 우리도 그 공범을 면치 못할 것이다.

독재정치는 국민의 자존심과 긍지를 백안시한다. 특히 이러한 독재정권이 장기화하면 사회의 구석구석에는 시민들의 비굴과 창의 및 의욕 감퇴라는 불행한 풍토가 만연하게 되고, 결과적으로 국가체질의 취약과 외적에 대한 국방력의 약화를 자초하는 필연성을 자체 안에 내포한다. 또한 강압정치는 시민들의 아첨과 부패를 강요함으로써 재화의 공정한 분배를 고사하고 건전한 경제발전마저도 그 기반을 상실하게 마련이다. 더구나 집권층이 평범을 넘어선 극기와 도덕적 수준을 유지하기는 고사하고 비난에 대한 방패가 있다고 믿어서인지 아니면 비판을 강권으로 봉쇄할 수 있다고 믿어서인지 보통 시민으로서는 상상할 수도 없는 치부와 축재, 사치와 부도덕을 예사로 자행한다면 이러한 풍토에서 수행되는 반유물론적 및 반유일체제적 대공투재에서 우리는 결코 승리를 기대할 수 없는 것이다.

우리는 지금 중대한 시국에 처해 있다. 국회의 안팎을 막론하고 유신체제에 대한 찬반의 시비, 나아가서는 도전이 가열화하고 있으며, 인권을 비롯하여 민주정치를 위한 기본조건, 국민의 대다수를 차지하는 농민대중과 근로대중의 생존권과 복리증진을 둘러싸고 정부와 국민 간에 심각하게 의견이 대립되어 있다. 유신체제의 철폐를 주장하고 민주인사들과 학생들의 즉각석방을 요구하는 대학가의 일련의 움직임은 마침내 휴강과 학생 응징이라는 서글픈 사태를 강요받는 결과가 되었고, 이러한 사태는 아직 수습되지 않고 있다. 이러한 중대시국에 처하여 사실보도와 또한 사실에 근거하는 현실비판이라는 언론인 본연의 기능과 사명은 그만큼 더 중대성을 띠게 마련이다. 언론인들의 자구선언(自救宣言)은 그러기에 적기(適期)에 이루어진 쾌거(快擧)이고 우리는 이를 전폭적으로 지지하거니와 이러한 중대시기에 우리의 자유우방 미국의 포드 대통령의 방한에 일언 하지 않을 수 없다. 오늘날 한국에서는 주권자인 국민과 집권층 사이에 민주주의 및 인권의 기본문제를 둘러싸고 이견과 분쟁이 일고 있다. 포드 대통령이 한국의 집권자와 특히 이 시점에서 회담을 갖는다는 사실이 국내정치적으로 악용되어서는 안 된다. 포드 대통령의 한국 방문이 이 땅 위에 민주체제 확립을 하나의 기정사실로서 확인하고 보장하며 이를 입증하는 상징으로서 왜곡된다면 이것이야말로 집권층 자체가 비난해 마지않았던 사대주의적 자가당착이 아닐 수 없다. 그의 한국 방문이 우리의 난국은 우리 힘으로 극복할 수 있다는 한국민의 민주역량을 과시할 수 있는 이 중대한 계기를 묵살하는 결과가 되어서는 안 된다. 그러기에 우리는 그의 방한을 재삼 신중히 고려해 줄 것을 당부하는 바이다.

우리는 어떤 일정한 정치적 이해집단(利害集團)의 선전이나 영향력 경쟁을 의도하지도 않으며 정부의 전문적 정책기술(政策技術)을 논란하려는 것도 아니다. 정치권력의 비대와 남용을 통제하고 이를 방지하려는 민중의 편에 서서 그들을 대변하여 인간의 기본권과 생존권에 관한 복음의 가르침을 재천명하고 집권자와 국민의 상호 의무와 권리를 다시 한번 각성시키는 것이 우리의 사명임을 확신한다. 왜냐하면 국민의 비판을 받아들일 줄 아는 민주정부, 고도의 도덕성을 갖춘 지도자로서의 역량, 국민의 총화와 헌신을 진작하는 기본적 사회정의의 실현이 건전하고 용감한 국군 및 자유우방의 지원과 함께 우리 국가안보와 민족의 발전을 위한 진정한 조건임을 믿는 때문이다. 우리는 이와 같은 우리의 소신이 국민의 여망에 호응한다는 것을 확신한다. 그러기에 우리의 이 소신이 관철될 때까지 항의와 비판, 나아가서 행동으로써 우리의 사명을 다할 것을 선언하고 다짐한다.

1974년 11월 6일 천주교 정의구현 전국 사제단 일동

사회정의 실천선언

예수의 본래적 관심사는 하느님 나라에 있다. 하느님 나라는 해방을 향한 인간의 염원을 표현한다. 해방은 불안, 고통, 부정과 불의, 죄와 죽음과 같이 인간을 소외시키는 일체의 요인에서 해방된다는 뜻이다. 하느님 나라는 악마적 권세로 말미암아 질식되어 있는 이 세계 위에 하느님이 몸소 발휘하시고 행사하시는 절대적 지배권을 가리키는 표현이요 또한 하나의 엄연한 현실이다. 하느님나라가 가까이 왔다는 것은 하느님께서 당신의 침묵을 깨치시고 "나는 세상의 의미이고 그 최종적 운명이다"라고 선언하러 나섰다는 뜻이다. 예수님은 이 하느님나라를 선포하심으로써 인간의 실존, 그 희망의 근거 그리고 이 희망의 이상향적 차원을 밝혀주셨다. 동시에 하느님나라가 이제는 아무 곳에도 존재하지 않는 이상향이 아니라, 모든 사람들이 참된 행복을 누릴 수 있는 곳 즉 현존하는 장소요 여건이라는 것도 분명히 밝혀주셨다. 참으로 그것은 모든 사람들에게 커다란 기쁨의 소식일 수밖에 없고, 그러기에 복음을 선포하는 예수의 첫 말씀도 "때가 차서 하느님나라가 가까이 왔으니 회개하고 이 기쁜 소식을 믿으시오."(마르코 1:15)였다.

하느님나라는 인간의 영혼만을 위한 것이 아니라, 그것은 묵은 세상과 구질서의 모든 구조를 뒤엎고 새 세상과 새 질서를 마련하는 결정적 전기요 하나의 위력이다. 그러기에 하느님나라는 가난한 사람들에게는 복음 즉 기쁜 소식이요 눈먼 장님에게는 빛이요 반신불수에게는 병의 치료와 완쾌를 의미한다. 그러기에 또한 그것은 귀먹은 이에게는 청각의 회복을, 감옥에 갇힌 사람들에게는 자유를, 억압당하는 사람들에게는 해방을, 죄인들에게는 용서를, 그리고 죽은 자들에게는 부활의 생명을 의미한다. 그러기에 하느님나라는 다가올 내세만이 아니고 철저하게 인간화한 현세, 그 구조가 변혁되고 그 변모가 일신된 현세까지를 포함한다.

가난이 제 탓 때문이 아니고, 우리 사회의 구조와 체제의 모습 때문이라면, 그리고 이 가난한 사람들에게 하느님나라는 기쁜 소식을 말로만이 아니라 행동으로 선포할 때 우리의 행동이 정치적 여파를 몰고 온다는 것은 불가피한 결과일 뿐 아니라, 우리의 행동이 복음에 입각한 것임을 오히려 입증한다. 정치와 종교를 분리한다는 원칙을 구실로 가난을 제거하고 인간의 존엄을 회복하기 위한 행동을 포기한다면 그것은 교회와 그리스도로서의 자기모순이요 자기배신일 것이다.

억압과 무지와 의식조작 때문에 사람다운 대접을 받지 못하고 있다는 사실을 눈먼 장님처럼 까맣게 모르고 있거나 알아도 탄압으로 말미암아 항의는커녕 발설도 못하고 침묵을 계속적으로 강요당하고 있다면 이런 사람에게 하느님나라가 기쁜 소식으로서 전파되기 위해서 우리는 무엇을 하여야 하는가. 그것은 그저 인간으로서의 존엄성을 깨닫게 하고, 언론과 보도의 자유에 입각하여 부당하고 불의한 사실을 사실대로 보도하고 이렇게 보도된 사실이 부당하다는 것을 비판하고 억울한 사정을 대변하고 당연한 권리를 주장하고 관철하도록 도와주는 길밖에 다른 도리가 없을 것이다.

마찬가지로 하느님나라는 옥에 갇힌 사람들에게 자유를 선포한다. 투옥된 인사들이 형사범이나 파렴치범도 아니며, 우리 대한민국의 국기를 전복하고 말살하려는 공산주의자가 아님이 분명하고 오히려 민권에 대하여 부당하게 간섭하고 이를 지나치게 제한하는 공권력에 이의를 제기하면서 이 나라의 민주헌정을 재건하고 수호하려던 사람들이라면, 이들에게 하느님 나라의 이름으로 자유를 선포하는 우리의 언행은 그들의 무죄와 석방을 요구하는 의사표시로 구체화할 수밖에 없다. 이와 같이 하느님나라가 인간의 꿈에 그리는 유토피아를 객관화시켜 만든 하나의 신화가 아니고 하나의 엄연한 현실임을 신빙성 있게 선포하는 길은 우리가 사는 이 역사 안에서 하느님나라의 현세적 차원을 그야말로 현실화시키는 도리밖에 없다. 이로써 이 하느님나라의 내세적 차원, 그 종말론적 차원이 꿈을 이루지 못한 좌절과 환멸에서 조작된 신기루가 아니고 하나의 엄연한 현실이요 궁극적 현실이라는 것도 우리는 아울러 증언할 수 있다.

하느님은 이 세상을 사랑하사 당신의 독생성자 예수 그리스도를 우리 인간들에게 보내시기까지 하셨다. 하느님나라는 하느님 안에 감싸여진 이 세상 전체를 표상하고 포괄한다. 그 나라에서 제외되는 것은 아무 것도 없다. 하느님의 지배권이 행사되지 못할 치외법권은 존재하지 않는다. 그러기에 그것은 역사 내의 어떠한 정치적 모델, 공동선에 관한 어떠한 이데올로기와도 동일시되어서도 안된다. 그러기에 이른바 안보를 위한 자유의 유보에 불복하고 인간의 기본권 회복과 자유의 신장을 주장하는 우리를 서구식 민주주의의 치졸한 모방주의자로 간주한다는 것은 터무니없는 무고이다. 하느님나라는 미·쏘를 비롯한 강대국 간의 세력균형으로 유지되는 현상적 평화도 아니요 구미 여러 선진국가와 같은 복지국가도 아니기 때문이다. 이처럼 하느님나라를 국지화시키고 분할하고 역사 내의 일정한 모형에 고착하려 하고 단편화시키려는 일체의 시도는 하나의 유혹이다. 예수님도 당신의 전 생애에 걸쳐 이 유혹과 끊임없이 대결하여야 했다.

하느님나라는 굶주림을 포함하는 인간의 일체의 결핍과 수요를 만족시켜주는 기적일 수 없다. 공갈과 협박에 생명의 위협을 느끼고 스스로의 자유와 존엄성을 비굴하게 포기하는 일이 없도록 하느님은 각 사람에게 신성불가침의 생존권을 부여하셨다. 그러기에 생명을 위협하고 불안과 공포를 조성하면서 불의를 강하는 자는 그가 개인이든 국가이든 모두 하느님나라를 거슬리는 자이다.

하느님나라는 정치적 권력행사로 실현되지 않으며 어떠한 기존정권도 하느님나라와 동일시될 수 없다. 그러기에 일체의 기존정권은 하느님나라의 이름과 기준에 따라 비판받아야 하며 여기에서는 그 합법성 여부는 고사하고라도 어떠한 민주정권도 면제될 수 없다. 다른 한편 교회가 하느님나라와 그 실현을 위함이라는 명목으로도 정권에 대한 야욕을 가질 수 없다는 요청도 같은 이유에 근거한다. 그럼에도 불구하고 현 행정부의 국무총리가 합법적 민주정부라는 피상적이요 형식적인 명목만으로 현 정부를 비판하는 그리스도 신앙인을 하느님의 이름으로 심판하겠다고 발언한 것은 신앙을 침해하는 월권이며 차제에 우리는 이에 엄중히 항의하는 바이다.

하느님나라는 인간이 제정한 어떠한 종교적 제도나 체제와도 동일시될 수 없다. 역사 내의 종교사회학적 현상으로서의 가톨릭 교회도 이 점에 있어서는 다른 종교와 다를 바 없다. 종교가 여러 가지 금욕과 수덕으로 공로를 쌓아 이로써 하느님을 강박하여 인간에게 궁극적 행복을 베풀도록 하는 인간의 이니시어티브요 인간의 기도라고 한다면 그리스도교는 단언 종교가 아니다. 하느님 나라 앞에서는 교회도 마찬가지로 심판받아야 한다. 예수의 본래적 관심사를 자기의 관심사로 삼지 않으려는 교회는 하느님나라의 심판을 면치 못할 것이요, 따라서 사회정의를 외치고 나서는 교회일수록 자체의 정화와 쇄신을 강력하게 수행하여야 한다.

예수님은 빵의 기적과 정치권력과 그리고 당시의 종교체제를 포기 내지 근본적으로 비판하면서 하느님 나라를 선포하셨다. 모든 사람들을 차별 없이 구원에로 초대하시는 하느님 아버지의 보편적 사랑을 널리 선포하신 예수님의 사랑과 관심은 당시 지배계급과 기본체제에서 종교적으로나 사회적으로나 소외당한 사람들에게 집중되었다. 예수님의 이와 같은 처신과 말씀은 마침내 구조와 체제를 고수하고 이를 악용 내지 남용하여 부당이득을 독점하는 지배층에게 하나의 커다란 위협으로 작용하였다. 그러기에 예수님의 반대자들은 드디어 예수를 빌라도 앞에 끌고 가서 "우리는 이 사람이 백성들에게 소란을 일으키도록 선동하여 카이사르에게 세금을 못 바치게 하고 자칭 그리스도다, 왕이다 하여 돌아다니기에 붙잡아 왔습니다"라고 무고하였고 이렇게 선동자로 무고된 예수님은 마침내 로마 제국의 국사범 즉 정치범으로 처형되어 돌아가셨다. 권력과 폭력 그리고 금력과 의식조작을 포기하고 하느님이 몸소 베푸신 인간의 위대한 소명에 인간다운 응답을 보내드릴 수 있기 위하여 예수님은 자유라는 여백과 여건을 인간들에게 마련해 주셨다. 그분이 병자를 고치고, 부마가들에게서 악마를 추방하고, 가난한 사람들, 창녀와 세리들을 벗으로서 환대한 것은 바로 이 때문이었다. 예수님은 이처럼 비정치적 처신을 끝까지 고수하셨건만 그의 반대자들은 이를 정치화시켜 주님을 십자가에 처형하였던 것이다. 그러나 예수님은 당신의 소신을 끝까지 굽히지 않으셨고 마침내 죽음을 맞이하셨다. 그분의 죽음이 죽음으로 끝났다면 오늘에 이르기까지의 그분의 승리는 관념의 승리에 지나지 않았을 것이고 예수님은 비극의 주인공에 불과하였을 것이다. 그러나 우리 그리스도 신앙인들은 예수님의 부활을 믿는다. 예수님의 승리는 그분의 소신이 관념적으로 승리를 거뒀다는 것뿐 아니라 그분 자신이 하느님 아버지로부터 인정을 받았고 하느님 아버지께서 그분의 평생 소신과 죽음에 이르는 그분의 신의를 정당화시켜 주셨다는 것까지도 의미한다. 이것이 바로 예수 부활의 참된 뜻이다.

우리는 이러한 뜻에서 예수님의 부활을 신앙으로 고백한다. 이 부활 신앙은 우리 희망의 근거이다. 그리스도인들이 실망할 권리를 박탈당한 것도 이 때문이다. 그렇다면 이 희망에 입각하여 우리는 하느님 나라의 오심을 기도 중에 간구하여야 한다. 우리의 기도가 간절할수록 사회정의의 실천으로 수행되는 하느님 나라에의 우리의 봉사는 더욱 순수하고 더욱 현실적이며 더욱 효율적일 것이다. 이것은 또한 우리 민족에의 소박하지만 성실한 봉사로 결과할 것을 우리는 믿어 의심치 않는다. 우리는 다시 한번 우리의 이 마음가짐을 하느님과 교회 그리고 온 국민 앞에 다짐하면서 사회정의 실천에 구체적으로 솔선할 것을 여기 선언하는 바이다.

1974년 11월 20일
천주교 정의구현 전국 사제단

제3 시국선언

하느님의 진리와 주 예수 그리스도의 길을 따라 우리는 이 땅의 사회정의 구현과 인권회복을 위한 기도를 계속하여 왔다. 우리의 기도는 암담한 현실 속에서 차라리 몸부림이었고 하나의 실천이었다.

우리의 기도를 계속하면서 우리가 본 것은 광정되어 가는 현실이 아니라 더욱 비인간화되어가는 역리의 현실이었다. 이 사회의 부정의와 비양심의 농도는 엷어져 가는 것이 아니라 오히려 확대되고 심화되어 가고 있다. 우리는 기도를 통하여 십자가의 의미를 더욱 절감하지 않을 수 없었다. 십자가의 의미는 묵상으로서만 아니라 몸으로서 체득할 것을 현세는 강요하였고, 그러기에 우리는 십자가의 길이 얼마나 험난한 것인가를 뜨겁게 깨달을 수 있었다. 주 예수 그리스도의 수고 수난을 통한 구원의 길은 더욱 더 멀리서 빛났다.

우리 기도에 대한 현세의 대답은 기도의식 자체마저 거부하는 것이었다. 인간의 기본적 인권은 더욱 심한 침해의 과정을 겪어야 했다. 이제 우리 자신도 그 인권유린의 대상으로 되어 가고 있다.

부정과 부패는 척결이 아니라 거의 제도화된 풍속으로서 이 땅에 정착했다. 언론의 자유는 강요된 그나마의 연약한 체질마저 압사될 위험에 직면하고 있다. 우리의 순수한 종교의식인 기도회마저 위협과 도전을 받고 있다.

진리와 양심의 소리에 귀막은 현세의 권력은 이제 하느님의 뜻을 따르고자 하는 행위마저 봉쇄하려 하고 있다. 악은 그 악의 존립을 위해 그 악의 질과 양을 강화하고 확대하여 가고 있다.

「폭력은 혼자 존립하지 않는다는 것을, 혼자서 그 명맥을 이어나가지 못한다는 것을 우리는 알고 있다. 폭력은 그 본질부터가 더없이 긴밀하게 거짓과 얽혀 있다. 폭력은 거짓말에서밖에 은신처를 찾지 못하고 거짓말은 폭력에게밖에 의지할 데가 없다. 폭력을 수단으로 택한 인간이면 누구나 필연코 거짓을 그 법도로 삼지 않을 수 없다.」

그리스도교 사랑과 관용의 질서는 그 관용 자체를 파괴하려는 위와 같은 독재체제나 전체주의만은 관용할 수 없는 것이다.

따라서 결정적으로 받아들일 수 없는 이와 같은 체제를 우리가 받아들일 때 그 현실적 결과는 그리스도의 사랑과 관용에 본질적으로 위배되는 결과가 된다.

양심을 원칙적으로 거부하는 현세의 권력은 하느님과의 양심의 대화마저 권력으로 막으려 하고 있다. 우리는 우리의 기도에서 이 땅에 인권회복 민주회복을 하느님의 소명으로 확인하였다. 인권회복은 정치권력의 무한한 횡포로부터 우리의 기본적 인권을 찾자는 것이다. 이 땅의 인간회복은 인간다운 삶을 보장받자는 것이며, 이 땅의 민주회복은 독재정치의 굴레로부터 해방되자는 것이다. 이것은 정치적 요구가 아니라 인간적 요구이다.

이 인간적 요구에 대해 정치적 응답이 이른바 국민투표이다. 국민투표는 국민의 최소한의 인간적 요구를 원점으로 환원시키는 것 이외의 아무 것도 아니다. 국민투표의 과정과 결과는 현재의 상황과 법제, 그리고 그것을 획책하는 사람들의 속성으로서는 예정된 포석일 수밖에 없다.

신임을 묻는다면 심판받는 사람으로서의 겸허한 자세가 전제되어야 한다. 체제에 대해 심판을 받겠다면 그 체제의 제물인 애국적 민주인사의 무조건 석방이 선행되어야 한다. 위협과 독선보다 참인간에로의 회귀가 수반되어야 한다.

그러나 보라. 주권자인 국민을 우롱함은 여기서 끝나지 않는다. 국민투표라는 각본의 예정된 결말이 의미하는 바는 현 집권층의 보다 차원 높은 비인간화와 국민에 대한 비인간적 폭력의 정당화이다. 이것이 국민적 양심의 요구에 대한 진정한 대답이 될 수 있는가.

이제 우리는 십자가의 의미를 실감하지 않을 수 없는 상황 속에 있다. 하느님의 교회는 양심을 거부하는 무리들에게 눈의 가시로 투영되고 있다. 하느님의 교회는 폭풍 속의 언덕 위에 지금 놓여 있는 것이다.

그러나 우리의 양심과 진리의 발언은 계속될 것이다. 이 땅의 사회정의 실현을 위한 우리의 기도는 멈추지 않을 것이다. 우리 모두 괴로움이 가득한 이 어두운 현실에서 촛불을 밝혀 들고 우리 자신과 우리에게 맡겨진 양떼들의 길을 비추어 갈 것이다.

오늘의 현실이 빚어낸 억압에 찌들고 생존에 신음하는 어진 약자들은 우리와 화해하고 있는 우리의 형제이다. 강요된 비참 속에 체념을 씹고 있는 근로자와 농민을 위하여 우리가 할 수 있는 것이 무엇인가를 생각해야 할 때이다. 가톨릭 노동청년회와 가톨릭 농민회의 활동은 곧 우리의 그것이며 착한 사마리아인의 행동이라고 믿는다.

인권회복, 인간회복, 민주회복은 체제와 정권의 차원을 뛰어넘는 인간적 양심의 요구이다. 우리의 양심은 외친다. 우리 겨레는 지금 노예로 가는 길목에 끌려가고 있다. 양심의 요구를 거부함은 사탄의 길을 선택함을 의미할 따름이다. 우리는 모든 현세의 음모와 박해에도 우리의 기도를 계속할 것이다. 우리의 관심과 행동은 예수 그리스도와 그분의 복음에 대한 공동의 신앙에서 우러난 것임을 확신한다.

우리의 결의

우리는 제3 시국선언의 정신에 따라 다음과 같은 우리의 결의를 밝힌다.

1. 우리는 대구대교구 기도회에서 발표한 천주교 정의구현 전국사제단의 국민투표 거부 결의를 재천명한다.
2. 우리는 하느님의 뜻과 우리의 양심에 따라 인권회복, 인간회복, 민주회복의

노력을 국민투표와 관계없이 계속한다.

3. 우리는 지학순 주교의 양심선언을 거듭 지지하며, 또한 인간의 양심을 탈환하고 방위하는 양심선언 운동에 적극적으로 호응한다.

4. 가혹한 언론탄압에 뒤이은 종교와 신앙의 자유에 대한 위협으로부터 하느님의 교회와 양심, 그리고 우리의 신앙을 지킨다.

5. 우리는 부정과 부패, 독재와 정보정치를 거부하며 이 사회에 충만한 부조리와 비리를 고발, 광정한다

6. 우리는 하느님의 모든 백성과의 화해에 솔선하며 특히 억압받고 찌들은 약자에의 관심과 화해에 주력한다.

7. 우리의 기도와 실천은 하느님의 뜻에 따라 비폭력, 무저항, 평화적인 방법으로써 계속한다.

1975년 2월 6일
천주교 정의구현 전국사제단

민주·민생을 위한 복음운동을 선포한다

"주님의 성령이 내게 내리셨다.
주께서 나에게 기름을 부으시어 가난한 이들에게
기쁜 소식을 전하게 하셨다.
주께서 나를 보내시어
묶인 사람들에게 해방을 알려주고
눈먼 사람들에게 시력을 주고
억눌린 사람들을 놓아주며
주님의 은총을 선포하게 하셨다."
- 루가복음 4장 18~19절 -

1

우리는 이제까지 이 땅의 인권회복, 인간회복, 민주회복을 위하여 기도하여 왔
다. 그 과정에서 우리는 가난한 사람들에게 복음을 전하고 억압받는 사람들에
게 자유를 주며 고민하는 사람들에게 기쁨을 주어야 할 교회의 사명을 다 함께
자각하였다. 그러나 우리가 그것을 자각하면 할수록, 기도하면 할수록 현실이
갖는 모순의 크기와 질은 더욱 더 큰 심연으로서 우리 앞에 제시되었다. 보이
는 것은 단지 외형과 형식일 뿐 진리의 길은 본질적으로 그를 거부하는 사람과
집단에 의하여 선병질적으로 거부되고 제도적으로 봉쇄되어 있음을 확인하게
되었다. 그간에 우리가 터득한 것은 인간에 의하여 저질러질 수 있는 악이 얼
마나 깊고 끔찍하고 무한한 것인가 하는 것이었다. 그리고 그 악을 밑받침하기

위한 법과 제도는 민중을 철저하게 안과 밖으로 얽매어 탄압함으로써 인간의 동물화를 강요하고 있는 것이다. 악에 의한 희생자는 줄어드는 것이 아니라 더욱 늘어만 가고 있다. 법이나 그것을 운영하는 현세의 권력집단은 극소수의 안전과 독버섯의 번영을 보장하고 대다수 민중을 그 안전과 번영을 위해 동원하고 희생시키는 것이다.

2

평등과 자유는 민주사회의 지배적 이념이며 하느님의 정의의 실현을 위한 구체적 전제이다. 오늘의 한국사회는 대다수의 민중이 억압받는 사회이며 하느님의 정의가 짓밟히는 사회이다. 소수의 부패와 특권을 위하여 다수의 생존권이 현실적으로 또 제도적으로 희생되고 있다. 경제발전은 국민경제의 총체적 발전이 아니라 특권·부패경제의 발전이며, 경제개발은 개발이라는 이름 밑에 민중의 권익을 제도적으로 유린하였다. 농민과 어민, 근로자, 실업자, 병사와 순경, 봉급생활자, 영세상인, 중소생산업자 등을 포함하는 절대다수의 민중은 정치적 억압과 경제적 착취와 사회적 모멸과 문화적 소외 속에 신음하고 있다.

얼마나 많은 생령들이 한 그릇의 죽을 얻기 위하여 인간적인 모든 것을 박탈당하고 있는가. 소수 부패·특권층의 부귀영화를 위하여 얼마나 많은 다수의 눈물과 한숨이 강요되었는가. 얼마나 많은 젊음들이 끝없는 중노동과 빈곤, 질병과 무학의 굴레에 결박되어 실의와 자학의 뒷골목에서 시들어가고 있는가. 얼마나 많은 순결한 소녀들이 예속경제하에서 외국자본의 횡포 속에 민족적 모독과 인간적 수모를 받고 있는가. 이 모든 것이 이미 제도화된 체질로서 강요되고 있다.

3

민생문제를 제쳐놓고는 민주주의를 말할 수 없다. 민주회복·인간회복은 국민의 인간다운 삶을 전제로 하여야 한다. 민주주의는 독재권력과 그것에 기생하는 부패특권층만을 위한 강요된 민주주의로서는 존립할 수 없다. 민중이 주체로서 참여하는 민주주의로서만 비로소 진정한 민주주의가 건설될 수 있다.

진정한 민주회복은 억압되어 유린된 민중의 권익을 되찾음으로써 완성될 것이다. 따라서 민주회복운동은 민중의 권익투쟁과 결합할 때보다 큰 힘을 가지게 되며, 참된 민주주의 실현을 위한 지름길을 민중 모두와 다함께 가는 결과로 될 것이다. 더욱이 이른바 유신체제의 강요로 인하여, 정치적 억압과 경제적 수탈이 노골적으로 그리고 동시적으로 나타남에 따라 민주회복운동과 민생운동은 궤를 같이하지 않을 수 없다. 민중의 인간다운 삶과 인간의 존엄성에 상응하는 생활을 보장받기 위한 민생운동의 획기적 전개와 그 승리로서만 민주회복·인간회복은 가능하다는 결론에 도달하게 된다.

4

모든 제도적 장치와 현실적 억압, 그리고 비민중적 어용노조의 핍박과 방해 속에서 고군분투하는 가톨릭노동청년회(JOC)는 우리 가톨릭이 참여하고 있는 민생운동의 전위단체이다. "너는 벙어리와 버림받는 자의 권리를 찾아주기 위하여 너의 입을 열어라. 너는 입을 열어 정의로운 판단을 내리며 불행한 자와 궁핍한 자의 권리를 옹호하여 주라"는 말씀에 따르는 이러한 활동은 이제 곧 우리의 그것이 되어야 한다.

민생운동은 소외되고 버림받은 민중의 조직 확대로부터 출발하여야 한다. 가톨릭노동청년회가 추진하고 있는 바와 같이 미조직 근로자의 조직, 산업별 및 지역별 근로조직의 확충, 어용노조에 대치할 민주노조를 조직할 수 있는 자유를 획득하여야 하며 단결권 및 쟁의권에 대한 모든 제약을 철폐하고 외국인투자기업체, 교원, 공무원, 언론인 등에 있어서의 노조 결성이 이루어져야 한다. 또한 현저하게 버림받고 있는 농민과 어민의 권익을 하루빨리 되찾지 않으면 안 된다. 사실상 어용수탈기구에 지나지 않는 농협과 수협을 농어민의 힘으로 개조하거나, 민주적 협동조합을 자유롭게 조직하기 위한 노력이 경주되어야 한다. 그 과도적인 단체로서 신용조합 운동을 위시한 각종 농어민 조직화 운동이 더욱 강화·발전되어야 한다. 농민의 수탈을 보장하는 저곡가정책은 지양되어야 하며 그렇지 못할 때 수탈적인 곡물 수매는 거부되어야 한다. 가톨릭농민회(JAC)의 활동은 민주적 농민운동의 자생적 주도역량이 되어 가고 있다. 농민과 하나가 되려는 가톨릭농민회의 활동에 우리도 하나가 되어 우리가 할 수 있는 최선의 노력을 경주해야 한다.

5

교회는 억압에 찌들은 근로자와 농민을 위하여 중요한 동반자가 되어야 한다. 민중 권익의 압살을 제도적으로 보장하는 모든 악법의 철폐에 교회는 앞장서야 하며 사회의 기초를 흔드는 부정·부패의 척결에 솔선해야 한다. 잘 사는 사람들의 식탁에서 떨어지는 빵 부스러기로 가난한 사람들의 삶을 연장케 하는 것이 정책이 되게 하여서는 안 된다. 민중의 인간다운 삶을 저해하고 있는 근본원인은 민중의 게으름이나 경제성장의 불충분에 있는 것이 아니라 억압과 착취에 있다는 사실을 분명히 깨달아야 한다. 현세의 문제는 빈곤평등에 있는 것이 아니라 빈부불평등에 있음을 직시해야 한다.

이제 우리 교회는 민중의 희생 위에 살쪄 온 부패특권분자들을 탄핵할 것이며, 의존·특권경제의 필연적 귀결인 물가고와 실업에 항의할 것이며, 외국 독점자본의 이익을 위해 제공되는 이 나라 민중의 희생을 구제할 것이며, 민족의 삶의 터전을 망치는 망국공해에 반대할 것이다. 근로자와 농민을 외면하는 그들의 과오를 호도하기 위해 쓰여지는 재원부족이라는 말을 용납지 않을 것이다. 정의의 은행이 파산했다는 것을 우리는 믿지 않을 것이다.

6

모든 억압받고 찌들은 민중들의 인간다운 삶을 위하여 스스로를 던지는 십자가의 길을 우리는 걸을 것이다. 우리는 우리의 교회를 민중들을 위한 따뜻한 어머니로서 제시할 것이다. 우리는 정의에 뿌리박고 있는 화해정신에 따라 모든 사람에게 화해의 표적과 원천이 되도록 노력할 것이다. 민생운동은 곧 화해운동으로서 분열이 아닌 민족대단결 운동임을 확신한다. 그것은 또 외국 독점자본과 그에 결탁한 모든 그릇된 세력으로부터 민족과 민중의 이익을 지키는 참된 민주·민족의 운동임을 믿는다.

여기 우리는 우리 교회의 사명에 따라 우리 사회에 누적된 비극을 청산하기 위한 민주·민생을 위한 복음운동을 선포한다. 우리가 선포하는 복음은 이미 죽은 자를 천당으로 인도하기만 하는 '장의복음'이 아니며, 구호물자의 도착을 알리는 자선남비의 복음도 아니다. 고통받는 이웃을 하느님이 창조하신 인간다운 모습으로 되살리기 위한 복음이다. 가난하고 억눌린 자를 위해 우리의 교회가 해방의 요람이 되기 위한 복음이다.

이제 우리는 인간의 존엄성에 맞는 생존권이 보장될 때까지 우리에게는 휴식도 없고 고요도 없음을 스스로 확인하면서 여기 우리의 결의를 밝힌다.

1. 우리는 이 땅에 가득 찬 부정과 부패, 현세권력의 민중에 대한 박해, 인권유린, 공갈, 위협으로부터 민중을 보호한다.
2. 우리는 억압받고 고통받는 근로자, 농민의 자기 권익옹호를 위한 노력에 적극적으로 협력 지원한다.
3. 가톨릭노동청년회와 가톨릭농민회에 대한 어떠한 형태의 박해에도 우리들 사제단은 공동으로 대처한다.
4. 근로자·농민의 단결권·쟁의권에 대한 제한의 철폐와 그들의 경제투쟁에 앞장설 것이다.
5. 민중 상호간의 권익옹호를 위한 조직 및 투쟁의 확대에 우리는 그 상호간의 연대를 위해 주선하고 협력할 것이다.
6. 우리는 민중의 고통을 우리의 고통으로 할 것이며, 민중의 눈물의 기록인 권리침해와 핍박은 우리의 교회에서 고발될 것이다.

7. 우리는 민생운동에 헌신하고 있는 각급 민주·민생운동 단체와 유대를 강화할 것이며, 특히 개신교 측과 연합하여 이 운동을 전개할 것을 제의하는 바이다.

이와 같은 우리의 행동로선이 복음에 입각하고 교회 교도권의 가르침에 순응하면서, 부당한 사회현실을 고발하고 이의 시정을 촉구하여야 하는 교회 본연의 사명을 이 땅에서 수행하는 최선의 길임을 우리는 확신한다.

1975년 3월 10일

천주교 정의구현 전국사제단

언론자유수호선언

자유언론의 일선 담당자인 우리는 오늘의 언론 위기가 한계 상황에 이르렀음을 통감하고 민주주의의 기초인 언론자유가 어떤 압력이나 사술로써도 훼손되어서는 안 된다고 엄숙히 선언한다. 오늘의 언론이 진실의 발견과 공정한 보도라는 본연의 기능을 거의 거세당하고 만 것은 주로 외부로부터의 불법 부당한 제재와 간섭 때문임을 우리는 알고 있다. 돌이켜 보면 자랑스런 선배 언론인들은 숨 막히는 외족의 억압 아래서도 국민의 알 권리와 국민에게 알릴 의무를 떳떳이 싸워 지켰다. 그러나 우리는 수년래 강화된 온갖 형태의 박해로 자율의 의지를 앗긴 채 언론 부재 · 언론 불신의 막다른 골목까지 밀려 나왔다. 작게는 뉴스원의 봉쇄로부터 기사의 경중과 보도 여부에까지 외부의 손길이 미쳤고, 이른바 정보기관원의 '상주'가 빚어내는 불합리한 사태는 일선 언론인인 우리들에게 치욕과 슬픔을 안겨 주었다. 이에 우리는 헌법이 보장하고 있는 언론의 자유가 어떤 구실로도 침해되어서는 안 되며 즉각적이고 완전하게 회복되어야 한다고 확신한다. 기관원의 상주나 출입은 허용될 수 없으며 신문 및 방송의 제작 · 판매의 전과정은 언론인의 양식에 따라 자유롭게 이루어져야 한다. 아울러 우리는 오늘의 언론위기의 책임을 전적으로 외부로만 전가하려 하지 않으며 권리 위에 잠잔 스스로의 게으름을 반성하려 한다.

1. 우리는 기자적 양심에 따라 진실을 진실대로 자유롭게 보도한다.
2. 우리는 외부로부터 직접 간접으로 가해지는 부당한 압력을 일치단결하여 배격한다.
3. 우리는 우리의 명예를 걸고 정보요원의 사내 상주 또는 출입을 거부한다.

1971년 4월 15일 동아일보사 기자 일동

언론자유수호 제2선언문

민주주의는 이 나라가 추구해야 할 이상이며 언론의 자유가 바로 민주주의의 대전제임을 확신한다. 그럼에도 불구하고 언론의 자유가 언론인 스스로의 무능과 무기력으로 인해 수호되지 못한 것을 부끄럽게 생각한다.

오늘의 현실은 국민의 알 권리와 알릴 의무가 침해당하고 있다. 신문 방송 출판물이 국가 권력의 간섭에 의해서 사실상 사전검열을 당하고 있다.

우리 주변에서 일어나고 있는 중요한 사실들이 제대로 알려지지 않음으로써 국민의 참다운 언론은 방향을 잃고 있으며, 국민들 사이에는 근거 없는 소문이 나돌아 국민의 결속을 저해하고 있다.

심지어 국내의 움직임을 외국의 출판물을 통해 알기가 일쑤다. 언론은 국민들로부터 불신당하고 언론인들은 자기의 책무를 다하지 못해 긍지를 잃고 실의에 빠져 있다.

우리는 오늘날 한국의 언론이 중대한 위기에 처해 있음을 통감하고 다음의 같이 결의한다.

1. 정부는 언론에 대한 부당한 간섭을 하지 말라.
1. 모든 언론인은 용기와 신념으로써 외부의 압력을 배격하고 언론의 본분을 지키자.
1. 우리는 언론의 자유가 확보될 때까지 모든 힘을 바친다.

1973년 11월 20일 동아일보사 기자 일동

언론자유수호 제3선언문

우리는 언론의 자유가 한국 민주주의의 대전제임을 재확인한다. 우리는 그동 안 외부의 억압과 우리 스스로의 무기력으로 시들어가는 이 땅의 언론자유를 회생시키기 위해 몸부림쳐 왔다.

지난 71년 4월 15일 우리가 천명한 언론자유 수호 제1선언과 지난 11월 20일 의 제2선언, 그리고 최근 수차에 걸쳐 벌여 온 철야농성들은 이같은 몸부림의 표현이었다.

그러나 최근 당국과 일부 발행인들이 한국신문협회를 통해 자율의 미명 아래 안보 문제와 데모 사태 등을 보도하지 못하게 함으로써 언론의 목을 조르려는 책동이 자행되고 있음을 우리는 통탄한다.

이제 한국언론은 사활의 기로에 와 있다.

이에 우리는 언론에 대한 부당한 간섭을 배격하고 언론의 자유가 확보될 때까 지 모든 힘을 바친다는 지난번 선언을 재확인하고, 이 땅에 언론자유를 소생시 키기 위해 끝까지 투쟁할 것을 다짐하면서 다음과 같이 결의한다.

1. 우리는 당국이 자율을 빙자한 발행인 서명공작을 즉각 철회할 것을 요구 한다.

1. 우리는 이같은 강압에 맞서 언론 본연의 임무를 지키려는 양식 있는 언론인의 의연한 자세에 경의를 표하며 함께 투쟁한다.
1. 우리는 이 시점까지 서명을 거부해 온 본사 발행인이 당국의 강압에 못이겨 끝내 서명하게 되는 불행한 사태가 올 경우 신문제작과 방송 뉴스의 보도를 거부한다.

1973년 12월 3일 동아일보사 기자 일동

발기문

우리는 언론인으로서의 신분보장은 물론 최소한의 생활급조차 보장받지 못하는 근로조건 아래서 허덕여 왔읍니다.

더 이상 견딜 수 없읍니다.

단결해야 할 때가 왔읍니다.

업주가 사기업으로서의 논리를 지향하는 이상, 우리 역시 법이 보장하는 테두리 안에서 자구책을 강구하지 않을 수 없읍니다.

헌법은 모든 국민이 인간다운 생활을 할 권리와 함께 그 구체적인 실현을 위해 단결할 권리도 보장하고 있읍니다.

근로자의 단결권 단체교섭권 단체행동권 즉 노동3권이 바로 그것입니다.

이에 오랫동안 숙원이던 언론노조를 발기하는 바입니다. 더 이상 권리 위에 낮잠 자는 바보가 될 수 없읍니다. 누구를 위해서도 아닌 바로 우리 자신의 생존을 위해서 뭉칩시다.

1974년 3월 6일

전국출판노동조합 동아일보사지부 발기위원회

자유언론실천선언

우리는 오늘날 우리 사회가 처한 미증유의 난국을 극복할 수 있는 길이 언론의 자유로운 활동에 있음을 선언한다. 민주사회를 유지하고 자유국가를 발전시키기 위한 기본적인 사회기능인 자유언론은 어떠한 구실로도 억압될 수 없으며 어느 누구도 간섭할 수 없는 것임을 선언한다.

우리는 교회와 대학 등 언론계 밖에서 언론의 자유회복이 주장되고 언론인의 각성이 촉구되고 있는 현실에 대하여 뼈아픈 부끄러움을 느낀다.

본질적으로 자유언론은 바로 우리 언론종사자들 자신의 실천과제일 뿐 당국에서 허용받거나 국민 대중이 찾아서 쥐어주는 것이 아니다.

따라서 우리는 자유언론에 역행하는 어떠한 압력에도 굴하지 않고 자유민주사회 존립의 기본요건인 자유언론 실천에 모든 노력을 다할 것을 선언하며 우리의 뜨거운 심장을 모아 다음과 같이 결의한다.

1. 신문, 방송, 잡지에 대한 어떠한 외부 간섭도 우리의 일치된 단결로 강력히 배제한다.
1. 기관원의 출입을 엄격히 거부한다.
1. 언론인의 불법연행을 일체 거부한다. 만약 어떠한 명목으로라도 불법연행이 자행되는 경우 그가 귀사할 때까지 퇴근하지 않기로 한다.

1974년 10월 24일 동아일보사 기자 일동

언론자유선언문

민주언론의 선봉이며 중추인 우리 조선일보 기자들은 우리 언론사상 가장 불행한 시기에 언론의 일선을 맡았음을 절감한다. 우리는 사실을 국민에게 알려야 할 신성한 사명이 외부로부터의 지나친 간섭에 의해 민족지로서의 전통을 더 이상 이어갈 수 없는 위기에 처해 있음을 직시하고 이를 타개할 것을 선언한다.

지난 64년 언론윤리위원회법 파동 이래 신문 제작상의 제약이 가중되어 왔으며 최근의 학생데모에서는 일선취재까지 위축받아야 할 중대한 사태에 직면하였다.

취재기자가 학생들로부터 돌팔매질을 받을 만큼 언론이 극단적인 불신의 대상이 되어도 스스로를 방어할 수 없었다. 심지어 정당한 취재 활동을 하던 기자가 기관원으로부터 폭행을 당해도 그 책임이 규명되지 못했으며 정보기관원이 편집국을 수시로 출입, 신문 제작에 굴욕적인 압력을 가해도 이를 배격하지 못한 언론의 무기력을 자괴하고 이제 우리는 언론 본연의 자세를 되찾기 위해 새출발하려 한다.

우리는 이 모든 책임을 경영주나 외부적인 요인에만 돌리려고는 하지 않는다. 오늘 우리들의 모임은 결단코 현실 체제의 부정이 아니라 스스로 언론 현상을 광정, 민중의 기대에 부응하기 위한 최소한의 노력임을 자부한다. 우리들의 각성과 선투가 곧 선배 언론인들에 대한 보답일뿐더러 민권의 보루로서 후손들에게 연면(連綿)하게 전통을 이어줄 우리 세대의 당연한 책무임을 깨달은 결과이다. 우리의 정당한 주장은 어떠한 회유나 강압에도 꺾일 수 없다. 우리

는 우리의 기본권을 찾을 때까지 모든 언론의 적과 끝까지 투쟁할 것을 엄숙히
선언한다.

결의문

1. 우리는 민주한국의 언론인으로서의 긍지를 되찾아 원천적인 강압을 배격
   한다.
1. 우리는 기자를 함부로 연행·감금·구타하는 등 민주적 기본질서에 반하는
   행위의 정보기관원의 사내 항시 출입과 같은 부당한 간섭을 중지할 것을 촉
   구한다.
1. 우리는 보도할 가치가 있는 모든 뉴스를 사실대로 알릴 것을 다짐한다.
1. 우리는 언론 불신의 책임이 우리 자신에게도 있음을 깨닫고 앞으로 언론인
   의 품위를 지켜 사명을 다할 것을 결의한다.

1971년 4월 17일
조선일보사 기자 일동

언론자유회복을 위한 선언문

우리는 우리에게 가해진 당국의 부당한 압력에 너무나 무기력했음을 부끄러워한다. 언론 자유는 언론인 스스로가 찾아야 한다는 외부의 부르짖음을 외면했고 오히려 스스로 그 자유를 포기한 듯한 인상을 주었음을 자인한다.

우리는 최근 언론계의 여러 선배와 동료가 보도와 관련, 당국에 의해 불법연행되는 등 우리의 권리가 부당하게 침해되어 온 것을 중시한다.

우리는 지금까지의 이와 같은 수치를 되풀이하지 않기 위해 하나로 뜻을 모았다. 우리는 앞으로 언론 본연의 사명을 다할 것을 다짐하며 다음과 같이 결의한다.

결의문

1. 우리는 언론의 자유가 민주주의 발전과 조국의 번영을 위한 바탕임을 재확인한다. 따라서 우리는 자유언론의 수호를 위해 어떠한 부당한 압력에도 굴하지 않고 이를 배제할 것을 다짐한다.
1. 우리는 조선일보 기자는 물론 타사 언론인들이 보도 활동과 관련, 부당하게 연행·구금될 경우 총력을 모아 규탄하고 그들이 돌아올 때까지 강력한 투쟁을 한다.
1. 최근 사태에 대한 학생 종교인 등 각계의 정당한 의사표시는 그것이 국민의 주장이기에 반드시 게재되어야 하며 관철되지 않을 경우에는 실력투쟁을 한다.

1974년 10월 24일

조선일보사 기자 일동

자유실천문인협의회 101인선언

오늘날 우리 현실은 민족사적으로 일대 위기를 맞이하고 있다. 사회 도처에서 불신과 불의, 부정과 부패가 만연하여 정직하고 근면한 사람은 살기 어렵고 거짓과 아첨에 능한 사람은 살기 편하게 되어 있으며, 왜곡된 근대화 정책의 무리한 강행으로 인하여 권력과 금력에서 소외된 대다수 국민들은 기초적인 생존마저 안심할 수 없는 지경에 이르고 말았다. 이러한 모순과 부조리는 반드시 극복되어야 한다. 그러나 그것은 몇몇 정치가의 독단적인 결정에 맡겨질 일이 아니라 전국민적인 지혜와 용기에 의해서만 가능한 일이라 믿고, 이에 우리 뜻 있는 문학인 일동은 우리의 순수한 문학적 양심과 떳떳한 인간적 이성에 입각하여 다음과 같은 주장을 결의·선언하는 바이며, 이러한 우리의 주장이 실현되는 것만이 국민총화와 민족안보에 이르는 길이라고 선언하는 바이다.

결의

1. 시인 김지하 씨를 비롯하여 긴급조치로 구속된 지식인, 종교인 및 학생들은 즉각 석방되어야 한다.
2. 언론·출판·집회·결사 및 신앙·사상의 자유는 여하한 이유로도 제한될 수 없으며 교수·언론인·종교인·예술가를 비롯한 모든 지식인은 이 자유의 수호에 앞장서야 한다.
3. 서민 대중의 기본적 생존권을 보장하기 위한 획기적인 조처가 있어야 하며 현행 노동제법은 민주적인 방향에서 개정되어야 한다.

4. 이상과 같은 사실들이 원천적으로 해결되기 위해서는 자유민주주의의 정신과 절차에 따른 새로운 헌법이 마련되어야 한다.

5. 이러한 우리의 주장은 어떠한 형태의 당리당략에도 이용되어서는 안 될 문학자적 순수성의 발로이며 또한 어떠한 탄압 속에서도 계속될 인간 본연의 진실한 외침이다.

1974년 11월 18일

고문 :　이희승 이헌구 박화성 김정한
　　　　박두진 김상옥 박연희 이영도
　　　　이인석 장용학

대표간사 : 고은

간사 :　신경림, 박태순, 염무웅, 황석영, 조해일
　　　　강　민 강우식 강은교 강태열 강호무 권오운 구중관 김광협 김국태
　　　　김남주 김문수 김병걸 김성종 김승옥 김연균 김용성 김종철 김종해
　　　　김주영 김준태 김형영 김화영 문병란 문순태 민　영 민윤기 박건한
　　　　박봉우 박완서 박용래 박용숙 방영웅 백낙청 백승철 서영은 서종택
　　　　석지현 손영호 송기숙 송　영 신동문 신동한 신상웅 신석상 신중신
　　　　양문길 양성우 오상원 오인문 오탁번 유광우 유종호 유현종 윤정규
　　　　윤흥길 이가림 이근배 이문구 이선영 이성부 이시영 이제하 이청준
　　　　이태원 이한성 임정남 장문평 정규웅 정희성 조남기 조선작 조태일
　　　　천승세 최　민 최범서 최인호 최일남 최창학 최하림 한남철 한승원
　　　　한승헌 호영송 홍사중 황명걸

한국 그리스도인의 신학적 성명

동기

우리는 그리스도가 세계사의 구원자임을 믿는 세계 그리스도교의 일원이다. 그와 동시에 한국 국민으로서 이 나라에 그리스도의 복음을 전하여 정의를 세우고 하나님의 질서를 수립할 것을 사명으로 아는 그리스도인이요 신학도들이다.

그리스도는 제도적 교회에 오신 것이 아니라 바로 이 세계, 이 역사의 한가운데 오셨다. 이 사실은 하나님의 구원의 역사는 인간의 모든 것을 포괄한다는 말이다. 이것을 우리는 하나님의 선교라고 부르며 그 일에 참여하는 것을 선교적 사명으로 안다. 그러므로 우리 관심은 정권이 누구의 손에 있느냐는 데 있지 않고 그 제도와 정책에 있다.

우리는 신학적인 입장에서 다음 세 가지 문제를 예의 주시했다.

1. 권력이 그 한계를 알고 정의를 위해 행사되느냐?
2. 하나님께 속한 인간의 기본권이 보장되고 있느냐?
3. 신앙 행위의 자유가 보장되어 있느냐?

그런데 현 정권이 수립된 이후 위수령, 비상사태 선언, 헌법개정, 마침내 대통령 긴급조치령 등으로 권력을 절대화하는 방향으로 줄달음쳤다. 그것은 다음과 같은 사실에서 노골화됐다.

첫째로, 국가와 정부를 동일시하므로 정부의 정책을 비판하는 언론이나 행위를 국가안보라는 구실로 반국가적 죄로 다스리기에 이르렀다. 오늘날 수많은 학생, 성직자, 지성인들에게 사형에서 수십 년의 중형을 언도한 것은 이런 정권 절대화의 소산이다.

둘째로, 현 정권은 인권을 극도로 유린하고 있다. 정권의 정책을 비판하는 것은 민주사회의 국민의 권리요 의무다. 그런데 대통령 비상조치라는 특별법 아래 국민을 소환장도 없이 체포하고 정당한 법의 옹호도 없는 재판과정을 거쳐 처형하고 있다. 인간의 기본권이며, 민주사회 형성의 절대 요소인 언론 자유를 봉쇄하고 있다. 언론 통제, 학원 사찰, 평화적 의사표시의 한 방법인 시위를 무력으로 억제하고 있다. 정부는 북한 공산집단의 위협을 구실 삼아 "자유의 유보"라는 이름 아래 통제적 총화를 강요한다. 그러나 그것은 공산주의와 대결할 명분을 흐리게 하는 일이다. 그뿐 아니라 안으로 생기는 부정부패를 고발할 길을 막았다. 그러다가 스스로 붕괴될 위험선에까지 오게 했다. 노동자와 가난한 자들이 자기 권익을 위해서 투쟁할 길을 봉쇄함으로 그 생존의 자유권마저 침해당하게 했다.

셋째로, 현 정권은 신앙과 선교의 자유권을 가속도적으로 침범하고 있다. 교회의 사찰, 설교 내용의 간섭, 마침내는 신앙 양심에 의한 정의의 외침, 가난한 눌린 자를 돌보고 저들의 인권을 찾아주려는 선교행위마저 범죄행위로 처벌했다. 거기 멎지 않고 정부는 정교분리니, 종교의 한계니, 종교의 분수니 하는 발언을 연발하므로 종교의 자세마저 규제하려고 한다. 이것은 종교마저 통제하려는 것이며 신앙행위의 침범이다. 특히 최근에 국무총리가 성서를 아전인수 격으로 인용하면서 현 정부를 하나님의 권력의 대행자처럼 절대화하고 그 정책을 비판하는 선교행위를 심판의 대상이라고 극언할 뿐 아니라 외국인 선교사 교인들의 선교 참여를 규탄하는 중대한 발언을 하였다. 이것은 그리스도 교회의 선교활동에 전면 도전하는 일이다.

이같은 정황에 직면한 우리는 오늘과 같은 사태에 대한 그리스도교의 입장을 밝혀야 할 것을 절감하여 그 신학적 해명을 아래와 같이 내놓는 바이다.

국가와 종교

인간의 기본권은 국가가 있기 이전에 하나님에게서 받았다. 국가는 하나님의 주권 아래서 인간의 기본권인 생명과 재산과 자유를 지킴으로써 인간으로서의 축복받은 삶을 즐길 수 있게 보장하는 정치적 한 단위다. 정부는 이와 같은 목적으로 나라 살림을 위임받은 공복이다.

따라서 국가와 정부는 차원이 다르며 정부에 대한 충성이 곧 국가에 대한 충성이 아니다. "모든 권세가 하나님에게서 왔다(로마서 13장)"는 말은 그것에 대한 복종을 말하기에 앞서 집권자의 한계를 규정하는 것이다. 집권자는 위와 같은 기능을 위임받은 자로서 그 한계 안에만 그 권세를 행사해야 한다는 말이다. 인간의 기본권인 생존과 자유를 뺏는 권세는 하나님의 뜻을 배반하는 것이다. 절대권은 하나님에게만 속한 것이다. 그런데 이 절대권을 도용하여 상대적인 것이 절대화할 위험성을 막기 위해 땅위에 어떠한 하나님의 형상도 만들지 말라고 했다(십계명). 그리스도교는 상대적인 것이 절대화된 것을 우상이라고 하고 그것과의 투쟁을 지상명령으로 삼는 전통을 갖고 있다. 십자가는 절대화된 세력에 의해 이루어진 수난의 상징이며 요한계시록은 이같은 세력을 무서운 짐승으로 상징했다. 그러므로 절대화된 권력이 인간의 권리를 유린할 때 그리스도 교회는 그것에 대한 투쟁을 감행할 수밖에 없다. 하나님은 이 세상을 구원하려고 그리스도를 보내셨다. 그리스도는 권력자에게 처형됐으나 하나님은 그를 살려 일으키셨다. 교회는 이 십자가와 부활의 사건이 하나님의 구원의 행위라고 믿고 그 신앙 위에 서 있다. 교회는 이 구원을 완성하려고 부름을 받은 사람들의 공동체다. 그리스도인은 모든 사람이 떳떳하고 보람차게 그리고 즐겁게 공존할 수 있도록 돕고 그것을 저해하는 악의 힘을 물리치기 위하여 보냄 받은 투사들이다. 따라서 교회는 언제나 가난한자 눌린자의 편에 서서 그를 억압된 데서 해방시키고 그들의 기본권을 찾아 주려는 것을 직접적 사명으로 삼는다. 교회는 정치권력 쟁취를 위한 공동체는 아니다. 그러나 위와 같은 사명을 실천하려면 정치 활동은 불가피하다. 따라서 정치권력과 긴장 관계에 놓이지 않을 수 없다. 이렇게 하므로 교회는 국가와 정부가 하나님께 속한 인간의 기본권을 보호하고 복지사회를 이룩하도록 빛과 소금과 누룩의 역할을 한다. 정치와 종교 또는 국가와 교회의 분리는 본래 정치적 권력과 종교적 권위의 야합에서 오는 권력의 절대화와 그것에 따르는 횡포와 부패를 막기 위한 것임과 동시에 특정한 종교에 대한 정치권력의 차별 대우를 막기 위한 것이지 종교와 정치의 대상과 영역을 분리하기 위한 것은 아니다. 구약 예언자들은 예외 없이 경제 정치적 권력의 횡포와 부패에 맞서서 싸운 인물이다. 다윗왕을 지탄한 나단이나 왕후장상 앞에 예배보다 사회정의를 앞세운 아모스 등이 그런 예들이다. 예수는 바로 이 계열에 서신 분이다. 그러므로 이같은 전통에 서서 사회정의와 인권의 옹호를 위한 그리스도 교회의 활동을 탄압하는 것은 곧 종교와 자유를 억압하는 것이다.

인권

인권은 하나님께서 주신 것이고 오직 그에게 속했다는 것이 그리스도교의 신앙이다. 그러므로 그리스도인들은 인권을 지킬 의무를 띠고 있다. 인간은 하나님의 형상대로 지음을 받았고 하나님의 창조물이기 때문이다(창세기 1:27). 그러므로 하나님 외의 어떤 권력이든 인권 위에 서는 것은 하나님의 영역을 침범하는 것이다. 그런 뜻에서 아무리 미미한 자라도 범죄케 하느니 차라리 연자맷돌을 목에 걸고 바다에 빠지는 것이 낫다고 했다(마가복음 9:42). 인간은 하나님의 형상으로 존엄한 존재이기 때문에 아무것도 그것을 수단으로 삼지 못한다. 또한 어떠한 제도든 사람의 동등성을 유린할 수 없다. 하나님은 살인자 가인에게도 생명의 표를 달아 그 생명을 보호했으며 사람의 생명은 천하를 주고도 바꿀 수 없다고 하셨으며 예수님은 99마리의 양을 두고 잃어진 한 마리 양을 찾는 목자의 심정으로 개개의 생명의 존엄성을 가르쳤다. 하나님은 인간(아담)을 창조하고 생육과 번성의 축복을 주시고 이 자연을 지배하고 다스릴 권리를 주셨다. 이 권리에서 생존, 창조, 개발의 자유권이 동등하게 주어졌다.

그러므로 오늘날 생존, 언론, 신앙, 결사의 자유를 주장하는 것은 바로 하나님에게서 받은 권리인 것이다. 그러므로 권력의 부당한 개입으로 또 경제구조의 병폐에 의한 물질의 편중으로 가난한 사람은 더욱 가난해져서 생존권마저 침해받는 일은 하나님께 속한 인권이 유린되는 일이다. 인권을 보호할 목적으로 만든 법이 권력에 유린되어 국민은 영장 없이 체포되어 고문을 받고 정당한 변호의 길이 막힌 채 재판을 받는 일, 인권의 구체적 방법을 알리고 알 권리(언론의 자유)를 봉쇄당하는 일, 부당한 것을 고발하고 불의한 것을 견제하기 위한 집단 행위인 시위나 정치 행위를 부당한 법으로 억압당하는 등은 다 인권이 유린되는 것이다. 제도나 법은 인권을 봉사하는 한에서 인정된다. 제도나 법은 사람을 위해 있지 사람이 그런 것을 위해 있는 것은 아니다. 이런 뜻에서 예수는 사람이 안식일의 법을 위해 있는 것이 아니라 안식일이 사람을 위해 있다고 "인간은 안식일의 주인(마가복음 2:28)"이라고 했다. 이것은 억압하는 제도나 법에 대한 첫 인권선언이다.

교회의 선교

그리스도교는 복음의 선교 활동이다. "때가 찼고 하나님 나라가 가까왔으니 회개하고 복음을 믿으라(마가복음 1:15)"는 말은 복음의 핵심이다. "하나님의 나라"는 역사적 사회 정치적 영역을 포함하고 그것을 넘어서는 것이며 영적이라고 표현하는 어떤 부분에 국한한 개인적 타계적인 어떤 특유의 종교 영역을 말하는 것은 아니다. 예수의 첫 선포는 "주의 성령이 내게 임하셨으니 이는 가난한 자에게 복음을 전하게 하시려고 내게 기름을 부으시고 나를 보내사 포로된 자에게 자유를 눈먼자에게 다시 보게함을 전파하며 눌린자를 해방하고 주의 은혜를 전파하게 하심이라. (누가복음 4:18-19)" 이것은 현실생활과는 무관한 정신세계의 그림자를 말하는 것이 아니라 경제적으로 가난한자, 정치적 권력구조에서 눌린자, 신체적 또는 지적으로 눌린자, 실제 삶에서 포로된자가 개인 또는 집단적으로 그러한 속박과 결핍으로부터 해방되는 것을 가리킨다. 예수의 "하나님 나라" 선포가 이러한 것이며 그의 출현 자체가 이러한 해방을 안겨주는 성년의 선포다(레위기 25장). 이러한 구원과 해방의 말씀이 교회의 선교이다. 그러므로 교회의 선교는 현대사회에서 정치적 사회적 활동으로 추진될 수밖에 없는 것이다. 인간이란 영혼만이 아니라 육체이며, 개인적 실존만이 아니라 사회적 관계이며 또한 전체 환경 안에 있는 존재다. 그러므로 인간의 구원에 개인적 심령적 구원이 따로 있지도 않고 그것이 선행하는 것도 아니다. 그것은 항상 영혼과 육체, 인격과 사회, 인간과 자연을 함께 포함하는 전체적이며 구조적인 것이다. 그러므로 교회의 선교는 현대사회에서 인간의 자유화, 인류의 사회화, 제도의 인간화, 사회정의, 세계평화, 인간과 자연과의 화해에 종사하게 된다. 하나님의 말씀을 선포하는 예수의 선교에서 박두해 오는 하나님의 나라는 현 질서에 대한 위협이었다. 그것으로 구 질서를 주관하는 악의 세력은 무너지기 시작했다. 그것이 악귀 추방이었다. 맘몬의 힘체제의 속박, 권력의 압박, 이데올로기 절대화는 허물어지기 시작했다.

예수는 이러한 선교 활동의 대가로서 로마의 법에 따라 정치범이 받는 체형인 십자가 형을 받았다. 그리고 그를 따르는 제자들에게 이 십자가를 지고 따라오라고 했다. 그러므로 예수의 제자로서 선교의 길을 갈 때 정치적 결단인 십자가는 피할 도리가 없다. 오늘의 한국의 그리스도인들이 선교를 정치적 사회적 행동으로 수행하는 것은 하나님의 나라가 하나님의 선물로 오는 것이지 인간의 힘으로 이루어지는 것이 아니라는 것을 모르는 때문이거나 교회의 정치적 사회적 행동이 단번에 결정적인 이상 사회를 이룩할 수 있다고 생각하기 때문도 아니다. 다만 구약의 예언자들, 신약의 사도들, 그리스도교 역사상의 증인들과 순교자들, 그리고 무엇보다도 예수 그리스도의 선교 활동에서 그 삶과 행동의 표본을 보기 때문이다. 그러므로 우리의 젊은 학생들이 정치체제의 민주화 운동에 앞장서고 젊은 교역자들이 노동자 농민의 생존권을 위한 산업선교에 종사하고 그리스도인들이 민주화와 언론의 자유를 부르짖는다. 이것은 선교활동의 본연의 소임을 다하려는 것이라고 본다. 이같은 선교활동은 공산주의의 위협을 강조하면 할수록 더욱 그 정당성이 드러난다. 교회는 그 본질 상으로나 실체상으로나 민족, 국경, 계급을 넘어선 신앙과 선교의 공동체이며 거룩한 보편적(가톨릭)인 한 공동체다. 그러므로 선교행위에는 국경이 없다. 한국 안의 외국인 선교사들은 한국교회에 입적한 한국교회의 교우들이다. 현대의 범지구적인 세계에서 문화, 경제, 과학, 그리고 산업 오염 등도 지역적인 정치 단위로 분리시켜 생각할 수 없듯이 그리스도 교회도 그러하다. 그래서 우리는 세계교회의 일원이며, 세계교회와 끊을 수 없는 하나임을 확인한다. 그래서 우리는 외국인 선교사 교인들을 우리의 선교활동의 동지로 받아들인 것이다. 우리는 어떤 상황에서도 우리의 선교활동을 중지할 수 없다. 우리는 하나님의 나라의 도래와 부활의 소망에 확고히 서 있기 때문이다.

한국교회의 시국선언들에 대하여

한국교회는 근자에 현 유신체제하의 국제적 국내적 시국 사정에 대해서 계속하여 여러 번 발언하였다. 우리는 이러한 교회의 발언들이 신앙 양심의 절규며 나라의 장래를 염려하는 충정의 발로로 본다. 그리고 우리는 이러한 선언문들을 신학적으로 정리하고 뒷받침하는 책무를 지고 있다고 느낀다. 이러한 문서들은 다 양심의 소리며 하나님의 말씀의 전달이다. 동시에 이것은 국민의 소리의 대변이기에 우리는 그 중 대표적인 몇 가지만 열거하여 다시 확인하려고 한다.

1. 1973년 한국 그리스도교인 선언 … 한국 기독교 유지 교역자 일동 (73.5.20)
2. 인권선언 … 한국기독교교회협의회 인권문제협의회 (73.11.24)
3. 양심선언 …… 천주교 원주교구 주교 지학순 (74.7.23)
4. 결의문 …… 천주교 정의구현전국사제단 및 전국평신도협의회 일동 (74.9.11)
5. 우리의 선언 … 구속자를 위한 신구교 연합기도회 주관단체 일동 (74.9.22)
6. 선언서 … 한국기독교장로회 제59회 총회 (74.9.27)
7. 총회 시국선언문 …… 대한예수교장로회 제59회 총회 (74.9.30)
8. 시국선언문 …… 대한감리회 제12차 총회 (74.10.27)

이 선언문들은 독재정권의 절대화를 규탄한 것이며 사람이 하나님의 자리를 참취하는 행위이기에 통렬히 경고한 것이다. 또 권력의 횡포, 부유층의 사치, 외국의 경제침략을 배격한 것이며 언론의 자유, 구속인사의 석방, 정보 사찰의 중지를 요구하고 정치 체제를 즉각 민주화할 것을 주장한 것이다. 이것이 바로 "가난한자 간힌자를 해방하는" 교회의 선교 활동이다. 선교하는 교회의 일선에서 발언한 이들 문서들은 예수의 선교의 현대적 상황적 수행이라고 보아 이를 전적으로 지지한다.

1974. 11.

서명자 명단

강문규 강원용 고용수 구덕환 김관석 김상근 김연수 김용옥 김이곤
김이태 김정준 김용열 김형태 노명식 노정선 마경일 맹용길 문동환
문상희 문익환 문희석 박광재 박근원 박봉랑 박봉배 박용익 박창환
서광선 서남동 소홍렬 신종선 안병무 안희국 오명근 오충일 윤병상
윤성범 윤순덕 윤정옥 은준관 이남덕 이문영 이영민 이영현 이우정

이해영 이효재 장일조 전경연 정웅섭 정의숙 조승혁 조요한 조용술 조향록 조화순 조선애 주재용 지동식 차풍로 한영선 한완상 한준석 함성국 현영학 황성규 (이상 66명 가나다 순)

국민선언

1. 우리 민족의 대다수가 공산주의를 반대하는 것은 인권을 유린하고 정치적 자유를 박탈하며 절대적 독재를 강제하는 것임을 알기 때문이다. 우리의 체제가 이러한 공산주의의 체제적 특질을 날로 닮아가서 그 격차가 좁혀진다면 우리 국민의 공산주의에 대항하려는 의지는 둔화될 수밖에 없으며, 빗나간 현 체제의 억압에 반대하는 국민 각계각층의 저항은 계속 확대될 것이다. 우리는 오직 민주제체를 재건 확립함으로써만 우리 국민이 어떠한 경우에도 공산주의를 받아들이지 않을 결의를 견지하여 나갈 수 있다고 확신한다.

2. 엄연히 민주공화국인 대한민국의 헌법은 주권자인 국민에게 민주체제를 보장하는 기본법이어야 한다는 것은 어길 수 없는 대원칙이다. 전면적으로 이 대원칙에 어긋나는 현행헌법은 최단시일 내에 합리적 절차를 거쳐 민주헌법으로 대체되어야 한다. 우리는 이 나라의 민주체제가 우리 민족이 처한 역사적 현실의 제 조건에 입각하지 않으면 안 된다는 것을 인정하지만 이는 우리의 특수한 상황 속에서 민주주의의 보편적 본질을 구현 발전시키는 데 타당한 방책을 강구할 필요가 있다는 것이고, 마치 민주체제로서는 북의 공산주의자들에게 대처할 수 없는 것처럼 강변하면서 우리의 당면한 제 조건을 빙자하여 민주주의의 본질 자체를 부인하려 드는 일은 결코 용납될 수 없다고 확신한다.

3. 정부가 곧 국가라는 전제적 사고방식은 민주주의에 역행하는 것이며 반정부는 반국가가 아니다. 민주국가의 국민은 국가를 위하여 정부에 수시로 요망

사항을 제시하며, 정부의 실정을 비판하여 시정을 촉구하고 나아가서는 정부의 퇴진까지 주장할 수 있다는 데에 민주체제의 발전적 생명력이 있는 것이다. 오늘 국민기강을 송두리째 교란시키는 갖은 부정부패가 이 나라에서 판치게 된 것은 무엇보다도 민주주의의 본질적 요소인 자유로운 비판이 봉쇄되어 온 때문이다. 우리는 반정부 행동으로 말미암아 복역, 구속, 연금 등을 당하고 있는 모든 인사들을 사면, 석방하고 그들의 정치적 권리를 회복시키고 언론의 자유를 보장할 것을 요구하는 바이며, 그럼으로써 민주적 과정을 통한 국민적 합의 위에 국가 과업의 수행을 뒷받침할 참다운 국민총화도 이루어질 수 있다고 확신한다.

4. 우리 국민이 반대하는 공산주의 체제하에서도 통치권력이 피통치자의 최저 생활에 대해서는 책임을 진다고 한다. 우리 정부는 마땅히 정책을 전환하여 자유경제 토대를 구축하면서 가난한 사람들의 생활과 복지를 보장함으로써 부패된 특수층만을 위한 정부가 아니라 전 국민의 정부임을 입증하여야 한다. 우리는 모든 국민이 튼튼한 민주 체제하에서 기본적 자유를 누림과 아울러 사회정의 실현에 의하여 경제발전의 혜택을 균등하게 받게 될 때에는 공산주의자를 두려워 할 이유가 없으며, 염원의 민족통일도 당당하게 추진할 수 있다고 확신한다.

5. 우리 국민이 북의 공산주의자들의 선의에 기대할 수 없다는 것이 사실이라면 국가 안전보장과 나아가 공산화의 염려가 없는 민족통일의 성취를 위하여 우리의 입장에 대한 광범한 국제적 지지를 절실히 필요로 한다. 공산주의자들의 국제적 지지기반이 거의 민주체제와는 인연이 먼 공산권 및 아프리카 등의 일당국가들인 것과는 달리 우리의 주요한 국제적 지지기반은 민주체제를 가진 국가들로서 이들 제국에서는 독재적 반민주적 정부들에 대한 지원에 반대하는 국민여론이 한결같이 강화되어 가고 있으며 그것은 마침내 이들 제국의 국가

정책을 좌우하게 된다. 우리는 민주체제를 재건, 확립하는 것만이 또한 우리의 국제적 고립을 면하는 길이라고 확신한다.

6. 각자가 속한 각계각층의 국민들의 소망을 공감할 수 있는 우리는 이 바탕 위에서 서상(敍上)의 견식과 확신들을 서로 공통히 지니고 있다는 것을 확인하였다. 우리는 이제 우리의 공통의 의사를 국민의 이름으로 내외에 선언함에 있어서 우리가 이 선언의 정신으로 결속되어 있다는 것을 전 국민에게 알리고저 하며, 이 선언에 따른 줄기찬 범국민적 운동을 벌리기 위하여 우리들 가운데 신분상의 구애를 받지 않는 사람들로서 민주회복국민회의(가칭)를 발족한다. 우리는 각계각층의 대다수 국민들이 이 선언의 정신을 따라 각자가 처하여 있는 자리에서 주위의 동지 인사들과 최대한으로 연대하고 가능한 모든 평화적 공동행동으로 자유와 민주주의를 쟁취하기 위하여 서슴없이 나서며 전 야당이 또한 거당적으로 이 거대한 국민의 대열에 참여하여 줄 것을 호소하며 이를 확신한다.

1974년 11월 27일
민주회복국민회의

둘째번 결의문

어두운 조국의 현실을 밝히려고 햇불을 들었던 아들과 딸이 감방으로 끌려간 지도 세 계절이 완전히 지난 지금 우리의 마음도 또한 어둡기 짝이 없습니다. 그들이 남기고 간 불씨는 다시 여기저기서 타고 있지만 독재의 검은 손은 사슬을 놓을 줄 모르고 국제정치적인 홍정을 하며 영구집권을 꾀하고 있습니다.

자식을 잃은 어미의 맘을 모르는 채, 남편을 잃은 아내의 몸부림을 외면한 채, 빨갱이의 자식이라고 뭇매를 맞는 어린 것의 울음을 못 들은 채, 정의의 투사를 잃은 국민의 아픔을 짓누른 채, 정권은 지금도 학원 교문을 막아서고 언론의 목을 조르며 국민의 눈과 귀를 막고 있습니다.

우리들은 하나님께 기도했으며 유엔에 호소도 했고, 정의를 사랑하는 형제들에게 감사를 했었습니다. 그러나 우리 구속자 가족들은 우리들의 투쟁이 없이 자식과 남편을 구할 수 없고, 우리들의 투쟁이 없이 얻는 자유는 진정한 자유라 할 수 없음을 깨달았습니다. 탄압자의 정치도구로 자식을 빼앗긴 우리들의 호소를, 탄압자의 포승에 묶여 교수대로 가야 하는 남편을 찾는 우리들의 외침을 누가 막을 수 있겠습니까? 하늘은 스스로 돕는 자를 돕는다 했습니다. 우리는 이제 자식이 외치다 들어간 부정부패 일소를 외쳐야 하며, 우리는 이제 자식이 외치다가 들어간 유신독재 철폐를 부르짖어야 하겠습니다. 이것이 진정으로 아들이 그토록 사랑하던, 남편이 그토록 사랑하던 조국을 위하는 길이고 자식을 구하는 지름길임을 알았습니다.

철창에 기대어 우리들의 함성을 기다리는 수감자들을 생각합시다. 담요장에 몸을 싸고 감방에서 뒹구는 수감자들을 생각해 봅시다. 자연의 조화는 무심하게도 북풍을 몰고 와 감방 구석구석에 스미고 있습니다. 우리의 뜨거운 가슴과 열띤 외침을 우리 남편, 우리 아들·딸에게 들려주어야 하겠습니다. 그리하여 그들 또한 조국을 생각하는 그 정신이 조금도 굽힘없이 성장할 수 있도록 용기를 불어넣어 줍시다.

사랑하는 남편과 자식을 빼앗긴 우리들이 이제 무엇을 주저하겠습니까? 무엇을 바라고 난로를 찾으며 무엇을 바라고 수저를 들 수 있겠습니까? 사랑하는 내 아들·딸, 그리고 남편이 독재의 철창을 깨뜨리고 나오는 날 우리 함께 얼싸안고 정의와 자유의 만세를 소리 높이 불러봅시다.

1. 정치제물화된 구속인사를 즉각 석방하라.
2. 부정부패를 뿌리째 일소하라.
3. 유신헌법 철폐하라.
4. 학원의 문을 닫고 정치음모 웬일이냐?
5. 언론의 목을 졸라 국민 숨통 막지 말라.

1974년 11월 21일
구속자가족 일동

이른바 민청학련사건에 관한 호소문

작금 **정부 당국자가** 이른바 민청학련에 관련, 구속된 인사들을 가리켜 **국가변란사범이니 범법자니 하는 말을 빈번히 공언하고 있는 사태에 대하여** 우리 가족들은 분노를 금치 못하고 있습니다.

1. 비록 백 걸음을 물러서서 구속된 민주인사들이 법을 어긴 사람들이라 할지라도 보장받아야 할 인권이 있다고 믿습니다. **범법자라 하더라도 고문받지 않고 부당하게 장기간 구속되지 않으며, 유리한 증거와 증인을 제출하여 법관에 의하여 공개된 재판에 의하는 이외에는 처벌받지 않을 권리가 있다고 봅니다.** 그럼에도 불구하고 '민청학련 관련인사'들은 혹심한 고문과 영장 없는 구속의 장기화 속에서 자백을 강요받았을 뿐만 아니라 비상군법회의라는 법정에서 진술을 저지당하고 증인과 증언을 거부당하며 심지어는 퇴정을 강요당하기까지 하면서 일반 국민에게 공개되지 않은 재판절차 속에서 사형, 무기징역 등의 혹형을 선고받았습니다. 게다가 **가장 정확해야 할 공판 기록까지 믿기 어렵습니다.** 이것은 세계인권선언과 민주국가의 헌법이 보장하고 있는 인간으로서의 존엄성과 인권을 침해당한 것이라고 봅니다. 유·무죄가 법원에 의해 가려져야 할 구속인사들을 범법자라 단정하는 것도 언어도단이거니와 마치 공정한 재판을 했다는 듯이 억지논리를 당국에서 펴고 있으나 그들에 대한 재판이 과연 그토록 떳떳하고 올바른 것이었던가 반문하고자 합니다.

2. 정부의 최고책임자가 이들 민주인사를 '범법자' '국가변란사범'이라고 신문

기자들에게 말한 데 덧붙여 **작금 가두의 홍보판과 KBS TV, 대한뉴스 등을 통하여 구속인사들을 정치선전의 도구로 악용하고 있는 데 대해** 우리는 엄중히 항의하고 규탄합니다. **유죄의 선고가 확정되지 아니한 피고인은 무죄의 추정을 받는다는 것은 형사소송법의 기본이념입니다.** 아직 상고심에 계류되어 판결이 확정되지 아니한, 따라서 무죄의 추정을 받아야 할 상당수 구속인사가 있는데도 '민청학련' 관련인사들을 정치권력자가 '범법자'로 단정하고 게시판, 영화, TV, 팜플레트 등을 통하여 **이들 인사들을 '북괴 사주에 의한 국가변란사범' 으로 선전, 이용되는 것은 재판에 간섭하고 재판에 영향을 미쳐 법관의 독립되고 공정한 판단을 해치자는 불순한 저의가 있음은 물론, 허위사실을 적시하여 명예를 훼손하는 범죄행위라고 단정합니다.** 이에 우리는 '범법자', '국가변란사범' 운운한 발언의 철회, 사과와 가두홍보판, 텔레비전, 대한뉴우스를 통한 구속인사들에 대한 명예훼손 행위의 즉각 중지를 요구하며 이를 고발합니다. 이같은 처사가 즉각 중지되지 않으면 우리 가족들은 법에 따른 모든 조치를 취할 작정임을 밝혀둡니다.

3. **대통령과 정부당국자 스스로가 이처럼 법을 무시하고 '범법자'라 단정, 공표하는 등 재판에 간섭하는 발언을 서슴지 않으니 대통령이 임명하는 법관들이 대통령과 그 주위의 눈초리를 의식하지 않고 법과 양심에 따라서 공정한 재판을 하리라고 어떻게 기대할 수가 있겠습니까.**
이제 대법원이 양심에 따라 독립하여 심판하리라는 우리의 마지막 기대는 무너졌습니다. **우리는 이후 '민청학련' 관련자들에게 내려질 어떠한 유죄 판결도, 법원의 독립되고 공정한 판단이 아니라 정치권력의 작용에 의한 것으로 믿을 수밖에 없으며 따라서 우리는 결코 이에 승복하지 않을 것임을 밝혀둡니다.**

4. 비록 자식과 남편이 징역살이를 하고 있다 하여도 가족들에게는 누구나 그립고 소중한 자식이요 남편입니다. 해를 넘기도록 면회조차 할 수 없는 가족들

이 있는 데다가 전국 각 교도소에 분산시켜 가족들로 하여금 '이산가족' 아닌 이산가족이 되도록 한 당국의 처사에 항의하며 하루빨리 이를 시정할 것을 요구합니다.

5. 우리는 다시 한번 모든 **구속된 민주인사들의 석방과 인권회복을 요구**하면서, 작금 전개되고 있는 이들에 대한 인권침해의 시정을 위한 우리의 노력을 지원해 주실 것을 호소합니다.

1975년 1월 28일
구속자가족협의회

성명서

지난 2월 15일부터 17일에 걸쳐 구속된 민주인사들이 석방된 데 더하여 우리들은 국민 여러의 충심 어린 성원에 깊이 고개 숙여 감사드리며 경의를 표하는 바이다. 이는 오로지 민주회복을 향한 국민적 염원의 결과이며 힘차고 끈질긴 투쟁의 소산이라고 믿는다. 우리는 또한 이를 통하여 민권 투쟁의 구체적 승리라고 하는 귀중한 체험을 얻을 수 있었고 여기서 우리는 위대한 민주국민으로서의 긍지와 자부심을 새로이 할 수 있었다. 한마디로 정의는 승리하고 악은 굴복한 것이다. 그러나 여기에 국민 우롱의 간계와 기만술책이 도사리고 있음을 우리는 결코 간과할 수 없다.

석방대상에서 소위 인혁당 관련자 및 반공법 위반자를 제외시킨 것과 석방의 형태가 형 집행정지 내지 구속 집행정지였다는 것이 그 구체적 증거로서 이는 분명 언어도단이라 아니할 수 없다. 구속인사들의 폭로에 의하여 소위 민청학련-인혁당 사건은 고문, 위계에 의한 정치적 조작극임이 움직일 수 없는 사실로 밝혀졌음에도 불구하고 정부당국은 계속 이 정치적 흉계를 은폐하기 위해 인혁당-반공법 위반자를 명분 유지의 최후 보루로 삼으려 하고 있으며 이를 위해 갖은 궁색한 변명과 회유와 공갈을 다 동원하고 있는 것이다.

정부당국은 민청학련-인혁당 사건이 조작극이었음이 만천하에 알려진 이상 국내외적인 민주회복의 압력에 굴복함을 솔직히 시인하는 현명을 늦게라도 그 기회를 놓치지 않기를 바라는 바이다. 우리는 긴급조치 위반의 공동운명체로 소위 인혁당-반공법 위반자의 석방이 이뤄지지 않는 한, 가석방된 인사들에게 붙는 좌익사건 연루 전과자의 꼬리를 뗄 수가 없음을 잘 알고 있어 공동운명체의 결의는 더욱 새롭게 다질 것이다. 또한 석방 형태로서의 형 집행정지, 구속 집행정지에 대하여는 정부당국의 초라한 소심증에 실소를 금치 못한다. 일부 구속자 잠정석방이 민주적 기본질서 회복이라는 대의명분과 교환될 수 있다고 생각하여 국민을 우롱한다면 이는 정부당국의 크나큰 계산착오이며 비극의 발 단이 될 것이다. 더구나 제반 객관적 사정으로 보아 학생이랄 수밖에 없는 사 람에게까지 형식논리를 적용하여 석방에서 제외한 것은 납득할 수 없다기보다 오히려 빤히 들여다보이는 간계에 경악을 금치 못하게 할 따름이다. 이러한 모 든 사례는 아직도 우리 사회가 구속 인사들의 일부가 석방되기 전 상태에서 달 라진 게 아무것도 없는 공포체제의 계속인 구체적 실증이다. 이것은 유신체제, 유신헌법이란 일방적 명분하에 자행되는 인권유린, 민권탄압의 표징인 것이 다. 막대한 국고를 축내며 치른 값이 싼 국민투표는 반민주체제의 영구화를 구 축하고 있어 민주회복의 대의 앞에 석방자들은 언제나 다시 구속될 각오로 전 열에 서서 투쟁할 것을 우리 가족들은 자부하며 이의 실현이 있는 날까지 우리 모든 가족은 일심동체 되어 한 길을 갈 것을 선언하며 다음의 결의사항을 밝히 는 바이다.

1. 긴급조치 위반자는 무조건 전원 석방되어야 한다.
2. 석방의 형태는 사면이어야 한다.
3. 고문 행위는 철저히 규명되어야 한다.
4. 석방자의 신병 및 활동은 절대 자유로와야 한다.
5. 학생은 당연히 복교되어야 한다.

1975년 2월 19일 구속자가족협의회

1974년 이후

18. 김상진, '양심선언문'(1975. 4.11)과 '대통령께 드리는 공개장'(1975. 4.10)

19. 신현봉 등 신·구교 성직자 8인, '원주선언'(1976. 1.23)

20. 함석헌 윤보선 김대중 등, '민주구국선언'(1976. 3. 1)

21. 윤보선 등 10인, '민주구국헌장'(1977. 3.22)

22-1. 동아·조선 자유언론수호투쟁위원회, '민주·민족언론 선언'(1977.12.30)

22-2. 동아자유언론수호투쟁위원회, '진정한 민주·민족언론의 좌표'(1978.10.24)

23. 민주청년인권협의회, '창립선언'(1978. 5.12)

24. 해직교수협의회, '동료교수들에게 보내는 글'(1978. 4. 13)

25. 김두진 등 전남대 교수 11인, '우리의 교육지표'(1978. 6.27)

26. 민주주의국민연합, '민주국민선언'(1978. 7. 5)

27. 민주주의와 민족통일을 위한 국민연합, '민주구국선언'(1979. 3. 1)

28-1. 민주주의와 민족통일을 위한 국민연합, '성명서'(1979.11.12)

28-2. 자유실천문인협의회 등, '나라의 민주화를 위하여'(1979.11.13)

28-3. 통대선출저지 국민대회, '통대 저지를 위한 국민선언'(1979.11.24)

양심선언문

더 이상 우리는 어떻게 참을 수 있으며 더 이상 우리는 그들에게서 무엇을 바랄 수 있겠는가? 어두움이 짙게 덮인 저 사회의 음울한 공기를 헤치고 죽음의 전령사가 서서히 우리에게 다가오는 것을 우리는 직시하고 있다.

무엇을 망설이고 무엇을 생각할 여유가 있단 말인가!

대학은 휴강의 노예가 되고, 교수들은 정부의 대변자가 되어가고 어미닭을 잃은 병아리마냥 우리들은 반응 없는 울부짖음만 토하고 있다. 우리의 주장이 결코 그릇됨이 아닐진대 우리의 주장이 결코 비양심이 아닐진대, 우리는 어떻게 더 이상 자존을 짓밟혀 불명예스런 삶을 계속할 것인가. 우리를 대변한 동지들은 차가운 세멘트 바닥 위에 신음하고 있고, 무고한 백성은 형장의 이슬로 사라져가고 있다.

민주주의란 나무는 피를 먹고 살아간다고 한다. 들으라! 동지여! 우리의 숭고한 피를 흩뿌려 이 땅에 영원한 민주주의의 푸른 잎사귀가 번성하도록 할 용기를 그대들은 주저하고 있는가! 들으라! 우리는 유신헌법의 잔인한 폭력성을, 합법을 가장한 유신헌법의 모든 부조리와 악을 고발한다. 우리는 유신헌법의 비민주적 허위성을 고발한다. 우리는 유신헌법의 자기중심적 이기성을 고발한다.

학우여!

아는가! 민주주의는 지식의 산물이 아니라 투쟁의 결과라는 것을. 금일 우리는 어제를 통탄하기 전에, 내일을 체념하기 전에, 치밀한 이성과 굳은 신념으로 이 처참한 일당독재의 아성을 향해 불퇴전의 결의로 진격하자. 민족사의 새날은 밝아오고 있다. 그 누가 이날의 공포와 혼란에 노략질당하길 바라겠는가. 우리 대한 학도는 민족과 역사 앞에 분연히 선언한다. 이 정권, 끝날 때까지 회개치 못하고 이 민족을 끝까지 못살게 군다면 자유와 평등과 정의를 뜨겁게 외치는 이 땅의 모든 시민의 준열한 피의 심판을 면치 못하리라. 역사는 이러한 사태를 원치 않으나 우리는 하나가 무너지고 또 무너지더라도 무릎 꿇고 사느니 차라리 서서 죽을 것임을 재천명한다.

탄압과 기만의 검은 바람이 불어오는 것을 보라. 우리는 이제 자유와 평등의 민주사회를 향한 결단의 깃발을 내걸어 일체의 정치적 자유를 질식시키는 공포의 병영국가가 도래했음을 민족과 역사 앞에 고발코자 한다. 이것이 민족과 역사를 위하는 길이고 이것이 우리의 사랑스런 조국의 민주주의를 쟁취하는 길이며 이것이 영원한 사회정의를 구현하는 길이라면 이 보잘것없는 생명 바치기에 아까움이 없노라. 저 지하에선 내 영혼에 눈이 뜨여 만족스런 웃음 속에 여러분의 진격을 지켜보리라. 그 위대한 승리가 도래하는 날! 나! 소리 없는 뜨거운 갈채를 만천하에 울리게 보낼 것이다.

1975. 4. 11.

서울 농대 축산과 4년
김상진

대통령께 드리는 공개장

대통령 각하.

각하께서 보시기에는 너무도 지극히 미약한 인간이지만 진실로 국가를 사랑하고 민족의 나아갈 길을 걱정하는 한 국민의 충성된 마음에서 탄원하옵니다.

각하께서는 71년도 신년사에서 이렇게 말씀하셨습니다. "모든 전쟁준비를 완료하고 초조하게 무력적화통일의 기회만을 노리는 북괴가 이러한 정세를 오판한 나머지 또다시 6·25동란과 같은 참화를 일으킬 가능성이 많다는 것을 고려하면 앞으로 2, 3년간이 국가안보상 중요한 시기가 될 것입니다."

지난 5, 6년간에 걸친 안보위기 속에서 우리 국민은 무척이나 허덕여 왔고 매년 가중되는 강박관념은 오히려 불신을 초래하는 요인이 되었습니다. 공산주의에 대항하여 싸워나갈 수 있는 길은 올바른 민주주의 토대 위에서 이룩된 국론통일이라 저는 생각합니다. 진정한 민주주의의 풍토 - 이것이 곧 공산주의에 대항하는 강력한 세력이라고 믿는 것입니다.

각하께서 5·16 직후 발표하신 혁명공약에서 민정이양을 선포하셨을 때, 우리 국민은 정의로운 혁명에 갈채를 보냈고, 삼선에 출마하셨을 때 우리 국민의 얼굴은 어두웠으며, 유신헌법이 공포되었을 때 우리 국민의 눈동자는 두려움으로 가득 차 감히 입을 열고자 하는 사람이 없었습니다.

누구보다도 민족을 사랑하고 국가를 아끼는 신념 속에서 살아가시는 줄 알고 있습니다만, 국민이 판단해서 행해 나가는 방법이 그릇되었다고 할 때 그것은 한 지도자의 아집과 독선으로 규정지을 수밖에 없고 그로 인해 빚어지는 갈등은 사회를 끝없는 소용돌이 속에서 헤매게 하는 결과가 되지 않을까요?

우리 민족이 걸어온 발자취를 더듬어 보건대 지극히 제한된 자유 속에서 울분을 감추며 그것을 인내로 이겨나가는 습성을 익혀 왔고, 따라서 우리 사회의 기성세대들의 마음 속에는 이제 조그만 자유나마 감사하며 일제시대, 6·25 당시와 비교하여 획득해야 할 자유를 포기해 버리는 피압박 민족의 설움이 담겨 있는 것입니다. 그 인내를, 그 무언의 호소를 각하께서는 소리 없는 지지로 착각하셨고 14년여의 권위를 유지해 온 힘이 되신 것입니다. 획득해야 할 자유 에도 한계가 있지만 제한해야 할 자유에도 한계가 있는 것입니다. 차 한 잔을 마시면서도 주위를 돌아보아야 하고, 보이지 않는 압력에 끌려 투표장으로 가 는 국민의 발걸음에서 과연 진정한 자유를 얻을 수 있을까요? 사회는 어둠의 짙은 그림자가 뒤덮이고 학원은 병들어 교수는 학생에게 양심과 정의가 무엇 인지 가르치기를 꺼려하고 있습니다.

각하께서는 아직도 계속되는 학원사태가 일부 몰지각한 학생의 선동이라 생각하십니까? 각하께서는 아직도 현 사회의 각 분야에서 어떤 희생도 불사하 고 과감히 투쟁의 대열에 서서 소리높이 외쳐대는 절규가 일부 분수를 모르는 사회인사의 망언이라 생각하십니까? 부패와 부조리가 난무하는 우리 사회이 지만 그래도 순수한 눈으로 사회를 바라보고 양심적인 입장에서 반항이나마 할 수 있는 곳이 대학입니다. 대학인은 사회와 국가가 해결해야 하는 근본문제 를 알고 있으며, 그러기에 현실의 제 문제에 민감히 반응하여 자신의 양심의 결정에 의한 행동을 서슴없이 행해 나갑니다. 그것은 자신의 희생을 애국애족 적 견지에서 받아들여 만족해할 수 있는, 즉 대학인이 가지는 국가의 비전에 대한 사명의식에 기인하는 부담 없는 순수성이 있기 때문입니다.

왜 학생들의 진심에 귀를 기울이려 하시지 않고 왜 그들의 순수한 애국을 외 면만 하시는 겁니까? 이렇게 죽음을 불사하고 양심이 가리키는 방향에 따라 행 동하는 저도 시국을 판단할 줄 모르는 몰지각한 학생일까요? 저는 저의 생명을 그렇게 값없다고 생각지 않습니다. 그렇게 몰지각한 행동으로 생명을 버릴 만 큼 어리석다고 생각하지 않습니다. 또 죽음 앞에 선 인간이 하고자 하는 말에 는 고려해야 할 가치가 있다고 저는 생각하고 있습니다. 모든 인간은 죽음 앞 에선 보다 순수해질 수 있는 것이 아닐까요?

대통령 각하,

위대한 지도자는 또 민족의 영도자는 국민의 열망과 진심에서 우러나는 존경으로 비롯되는 것이지 결코 강요와 복종으로 점철되는 시간의 흐름 속에서 민심이 형성되는 것이 아니라고 생각합니다. 왜 각하 혼자만이 이 시국과 이 나라를 이끌어갈 유일한 존재이며 이 조국의 안녕과 민족 번영을 위해 각하만이 중차대한 사명의 십자가를 져야 한다는 오류를 버리시지 못하는 겁니까? 우리 국민은 누구나 밝고 밝은 내일의 비전을 갈망하고 우리 국민은 누구나 국가의 앞날을 걱정하고 있습니다. 왜 우리 사회의 이유 있는 저항을 각하의 독선 속에 파묻어 버리시려는 것입니까? 헌법 전문에 나타나 있듯이 우리 국민은 3·1운동의 숭고한 애국애족 정신을 이어받았고 그래서 용납할 수 없는 불의에 항거하며 어떤 희생도 불굴의 의지로 대항해 나갈 줄 아는 슬기와 용기를 간직하고 있습니다. 인간이 느껴야 할 기본적인 양심이 무엇이고, 사회가 추구해야 하는 정의가 무엇이며 민족이 획득해야 할 진정한 자유가 무엇인가를 우리 국민은 알고 있습니다.

대통령 각하,

위대한 지도자의 진정한 용기는 영광의 퇴진을 위한 숭고한 결단에 있다고 저는 확신합니다. 진정한 안보는 국민총화에서 비롯되고 국민총화는 지도자와 국민 사이에 불신과 압박이 없을 때 비롯되는 것입니다. 우리 사회에 범람하는 불신이 뜻하는 것이 무엇이며 인간 개인에게 이유 없는 두려움을 느끼는 것이 무엇을 뜻한단 말입니까? 각하의 숭고한 결단 하나로 사회의 안녕을 가져오고 학원의 평화가 유지되며 진실로 국가의 앞날을 걱정하는 우리 민족에게 국민총화의 계기를 마련해 주며 단결된 힘으로 뭉친 안보태세의 만전이 기해지리라 믿는 바입니다. 길이 민족의 가슴 속에 각하가 이룩해 놓은 업적과 더불어 참된 지도자로 새겨질 것이며 욕망을 초월한 초인간적인 슬기를 역사는 높이 평가할 것입니다.

그러나 올바른 역사의 방향을 잘못 인식한 위정자는 산 경험이 말해 주듯이 언젠가는 역사의 한 페이지 위에 하나의 오점을 남긴 채 불명예의 굴레를 벗어나지 못할 것입니다. 저 민족의 들리지 않는 피맺힌 절규가 무엇을 뜻하며 간절한 무언의 호소가 무엇을 바라는가를 왜 각하는 모르시는 것입니까?

죽음으로써 바라옵나니,

이 조국을 진정 사랑하는 마음에서 바라옵나니,

국민 된 양심으로서 진실로 엎드려 바라옵나니,

더 이상의 혼란이 오지 않도록 숭고한 결단을 내려주시길 바라옵니다.

이 땅에 영원한 민주주의를 꽃피우기 갈망하는 우리 민족의 그것을 성취하기 위하여 어떠한 압력에도 끝없는 투쟁을 계속하여 싸워 이겨 나갈 것이라는 것은 자명한 사실인 것입니다.

각하의 안녕과 건강을 축원합니다.

1975. 4. 10.

서울대학교 농과대학 축산과 4년

김상진

19. 신현봉 등 신·구교 성직자 8인, '원주선언'(1976. 1.23)

(원주선언)

* 이 문건에는 제목이 없다. 통칭 '원주선언'이라고 불린다. *

우리 신·구교 성직자는 천주교 원주교구에서 가진 일치주간 행사에 참석하고 '모든 이로 하여금 하나가 되게 하소서'(요한 17:21) 하신 구세주의 기도를 우리의 그것으로 확인하였다. 인간은 한 어버이이신 하느님의 자녀이기 때문에 모든 인간, 특히 억압받고 고통당하는 이웃들에 대한 사랑은 곧 하느님께 대한 사랑임을 거듭 확인하였다. 이제 우리 신·구교회는 전 민중과의 일치를 지향하면서 우리의 견해를 이에 밝힌다.

1. 베트남 사태 이후 안보 문제가 국민적인 중대 관심사로 대두된 것은 당연한 일이다. 또한 안보를 위하여는 무엇보다도 전 국민의 총화가 절실히 요청된다는 것을 우리는 인정한다. 그러나 우리는 이에 관하여 다음 두 가지 극히 중요한 관점을 지적하고 명백히 해 둘 필요를 느낀다.

첫째, 안보의 목적이 되는 가치는 무엇인가? 즉 무엇을 지키고 보호하겠다는 것인가 하는 문제가 명백해야 하며 절대로 흐려져서는 안 된다는 것.

둘째, 총화란 어떠한 것을 말하는 것이며 그것을 이룩하기 위한 방법은 무엇인가 하는 문제가 밝혀져야 한다는 것.

이 두 가지 문제가 국민들 사이에서 밝혀지고 합의되지 아니하거나 집권층에 의하여 왜곡될 때는 안보니 총화니 하는 구호가 도리어 자유를 질식시키고 민주주의의 숨통을 끊음으로써 참된 안보와 총화를 해치게 하는 구실로 악용

될 뿐임을 분명히 밝힌다. 안보를 위하여 민주주의를 유보 내지는 사실상 포기하여야 한다는 주장은 '절도를 피하기 위하여 가진 재산을 모두 불태워 없애야 한다'는 주장과 같다.

2. 우리는 역사적인 상황과 풍토에 따라 민주주의의 실제 운용에 다소간의 차이가 있을 수 있다는 것을 절대로 과소평가하지 않는다. 그러나 적어도 하나의 정치제도가 민주주의로 불려지기 위해서는 반드시 지켜져야 할 근본이념이 있고 또한 최소한의 원칙이 지켜져야 한다. 이것이 파괴될 때는 이미 민주주의는 존재하지 아니하는 것이다.

그 근본이념이란 국가권력의 절대성, 무오류성을 부인하고 견해와 이익의 다양성과 가치의 상대주의를 용납하며 국가권력을 민중의 자유에 대한 가상적으로 규정하여 부단히 감시, 견제, 제한하는 비판정신을 장려하는 데 있다.

그 최소한의 원칙들이란 주권재민, 기본적 인권의 최고 우월성 보장, 인신구속 영장제도, 죄형법정주의, 비판적 언론의 자유, 신앙·사상·양심의 자유, 집회·시위·결사의 자유, 생존권 특히 노동3권의 보장, 3권 분립의 원칙에서 특히 사법권과 입법권의 행정 권력으로부터의 독립, 정당 활동의 자유, 그리고 공명선거의 보장 등이다.

3. 국민총화란 국민 각자가 평등하고 자유롭고 인간다운 삶을 누리는 가운데서 저절로 우러나오는 화해정신을 기초로 하여 평등과 자유와 인간다운 삶의 실현을 보장하는 정치적, 사회적 질서를 지키겠다는 자발적 의지로 뭉치는 것을 말한다. 불평등 속의 총화나 억압에 의한 총화란 논리적으로도 모순되는 개념이며 현실적으로도 실현 불가능한 환상이다. 오늘날 우리나라에 있어서의 국민총화의 적은 바로 부패와 특권이며 그것을 유지하기 위한 억압과 착취의 질서이며 그로 인한 민권과 민생의 위축과 지나친 사회 불균등이다. 총화는 침묵이 아니며 총화의 적은 비판과 저항이 아니다.

4. 우리는 민주인사들을 비애국으로 탄압하면서 애국과 안보를 혼자 떠맡는 듯이 하던 티우와 론놀, 바로 그들이 결정적인 시기에 조국을 버리고 거금을 싸서 도망친 사실을 깊이 음미해야 한다. '배는 난파되어도 선장용의 구명보트만은 안전했다'는 사실은 압제자의 운명과 민중의 운명은 어떠한 경우에도 절대로 일치될 수 없다는 사실을 웅변해주는 것이다. 이는 단순한 견해의 차이가 아니라 우리가 민중의 입장에 서서 사태를 보는 데 반하여 억압자는 시종일관 영구집권을 최우선적으로 추구하는 입장에서 한 치도 벗어나지 못하는, 근본적으로 입장이 다르기 때문이다.

5. 베트남 사태 이후 안보독재체제의 강화와 정비작업으로서 현 정권이 추진해 온 주요 조치는 형법 개정, 전시상태 선언, 긴급조치 선포, 민방위대 조직, 사회안전법 제정, 방위성금의 강징과 방위세의 신설 등 각종 조세의 중과다. 또 통·반장 조직 등 전 국민에 대한 사찰과 밀고조직의 확대, 학원·종교·언론에 대한 사찰과 통제의 강화, 그리고 민주인사와 학생들의 투옥과 재판 등이다.

이러한 일련의 극단적인 억압정책은 일시적으로는 민중을 침묵시킬 수 있을지 모르나 장기적으로는 민주주의를 사멸시키게 된다. 이 결과 국민의 안보의지를 약화시키고 국민 내부의 불안과 분열을 누적, 심화시킴으로써 국민총화를 파탄시킴은 물론 우리나라를 국제적 고립화와 파멸의 길로 인도하게 될 것이다. 그러므로 우리는 위와 같은 모든 억압 조치들이 낱낱이 철회, 취소, 중지되어야 한다고 주장하는 바이다.

6. 근래 민주인사들에 대한 현 정권의 탄압은 이성의 한계를 벗어나고 있다. 김대중 씨에 대한 대통령선거법 위반사건 재판은 우리나라의 법질서를 위한 것이 아니라 정치적 탄압을 위한 것이다. 박형규 목사 등에 대한 이른바 선교자금 횡령사건 재판은 현 정권의 종교탄압이 거의 광태에 이르렀음을 보여준

다. 돈 준 사람이 잘 썼다고 칭찬하는 터에 횡령이니 배임이니 하는 죄목을 붙인 초법리적인 억지 재판은 민중의 편에 서서 자유와 해방을 위해 싸우는 오늘날의 신·구교회의 억누를 수 없는 지향에 대한 어리석은 도전인 것이다.

김지하 사건은 민주세력 파괴 책동의 새로운 모습을 보여주고 있다. 현 정권은 그를 공산주의로 모는 일방적인 선전책자를 대량으로 배포하였으며 6개월이 지나도록 재판을 할 수 없게 되자 75년의 형집행정지 결정을 취소함으로써 무기수로 만들었다. 그에게 가해지고 있는 갖가지의 박해 가운데 우리는 성경을 마치 불온서적시하여 차입해 주지 않는 데 대하여 크리스찬의 이름으로 엄숙히 항의한다. 정치보복이라는 설명 외는 납득할 길이 없는 김철 씨에 대한 구속 기소도 시간을 끌면 끌수록 만인의 조소를 살 뿐이다. 이 밖에도 많은 학생들이 다시 영장도 없이 투옥되었으며 민주세력에 대한 사찰과 감시는 전례 없이 강화되었다. 우리는 현 정권이 위에서 말한 모든 수치스러운 재판 놀음을 즉각 걷어치우고 투옥된 민주인사, 애국학생들을 즉각 석방할 것을 요구하며 이것이 오늘의 안보 위기를 타개하기 위한 하나의 선결조건이라고 주장한다.

7. 오늘날 우리 민중의 생활은 국민경제의 대외예속, 관료 독점자본주의의 부패성과 특권성, 그리고 이들로 인한 필연적 귀결인 물가고와 저임금, 중과세를 기초로 한 대중 핍박정책 등으로 도탄에 빠져 있다. 그러므로 국민경제의 대외의존을 막고 전 국민이 외국자본의 채무노예, 임금노예로 전락되어가는 현실을 광정(匡正)하는 것이 총화와 안보를 위한 또 하나의 선결조건이다. 또한 저곡가, 저임금 정책을 떨쳐버리고 특권경제를 폐지하여야 하며 서민들의 조세 부담을 대폭 경감하고 대기업의 횡포로부터 중소기업을 보호하며 노동운동, 농어민운동 등을 인정, 민중의 생존의 권리를 회복시키는 것이 절대적으로 요청된다. 아울러 도시 빈민, 판자촌 주민의 생존권도 충분히 보장되어야 한다.

8. 외세에 의해 갈라진 조국을 재통일하기 위해서는 민족적 존엄과 화해의 정

신에 입각한 자주 외교를 펴야 한다. 이는 오늘날의 세기사(世紀史)가 동서 간의 긴장완화와 모든 민족이 자주적 이익을 주장하는 시대로 향하고 있는 추세에 비추어 더욱 절실히 요청되는 지상과제다.

국민 상호 간의 우의와 신뢰에 기초하지 아니한 관변을 통한 구걸외교, 기생외교로 민족적 긍지를 추락시키며 국제적 고립을 자초하고 있다. 더욱이 오늘날 세계의 모순과 대립이 동서의 대결에서 남북의 대결로 옮아가고 있어 반식민, 평화공존, 비동맹, 피압박 민족의 단결인 제3세계 운동이 하나의 대조류를 이루고 있다. 우리 신·구교회가 제3세계 사목운동을 전개하고 있음도 이에 연유된 것이다. 우리나라가 제3세계에서 버림받고 있음은 본질적으로 밖으로는 냉전시대의 유물인 강대국 일변도 외교를 청산하지 못하고 안으로는 독자적 억압체제를 갖추고 있기 때문이다.

9. 한반도에서의 핵전쟁은 어떠한 일이 있어도 방지되어야 한다. 한반도에서의 핵전쟁은 우리의 모든 것을 파괴할 최대의 재앙인 까닭에 우리는 이의 방지를 위하여 최선의 노력을 경주해야 한다. 그러기 위해서는 냉전 상태와 휴전협정의 불안정한 지속이 아니라 항구적인 평화와 민족의 재통일을 위한 실질적인 남북대화를 진전시켜야 된다. 평화에서 패배하면 우리는 모든 것에서 패배한다. 우리는 먼저 우리 안에서의 진정한 화해와 평화의 정신만이 현재의 안보 위기를 극복하는 첩경이며 국제적 고립을 벗어나 자주와 자립의 길을 찾는 정도이며 실추된 민족적 긍지와 자부를 되찾는 길임을 거듭 확인하는 바이다.

1976년 1월 23일
신현봉 함세웅 김택암 함석헌 문익환 문동환 서남동 조화순

민주구국선언

오늘로 삼일절 쉰일곱 돌을 맞으면서, 우리는 1919년 3월 1일 전 세계에 울려 퍼지던 이 민족의 함성, 자주독립을 부르짖던 그 아우성이 쟁쟁히 울려와서, 이대로 앉아 있는 것은 구국선열들의 피를 땅에 묻어버리는 죄가 되는 것 같아 우리의 뜻을 모아 '민주구국선언'을 국내외에 선포하고자 한다.

8·15해방의 부푼 희망을 부수어 버린 국토 분단의 비극은 이 민족에게 거듭되는 시련을 안겨 주었지만, 이 민족은 끝내 희망을 버리지 않았다. 6·25동란의 피해를 딛고 일어섰고, 4·19학생의거로 이승만 독재를 무너뜨려 '자유민주주의'에 대한 신념을 가슴 가슴에 회생시켰다.

그러나 그것도 잠깐, 이 민족은 또다시 독재정권의 쇠사슬에 매이게 되었다. 삼권분립은 허울만 남고 말았다. 국가안보라는 구실 아래 신앙과 양심의 자유는 날로 위축되어 가고 언론의 자유와 학원의 자주성은 압살당하고 말았다.

현 정권 아래서 체결된 한일협정은 이 나라의 경제를 일본경제에 완전히 예속시켜 모든 산업과 노동력을 일본 경제침략의 희생제물로 만들어 버렸다.

눈을 국외로 돌려보면, 대한민국은 이제 국제사회에서 보기도 초라한 고아가 되고 말았다. 한반도에서 유엔의 승인을 받은 유일한 합법정부라는 말도 이제는 지난날의 신화가 되고 말았다. 동·서 양진영 사이에 결정적인 쐐기를 박고 세계사에 제 힘으로 대두한 제3세계를 거들떠보지도 않고, 서방세계만 의존하다가 서방세계에마저 버림을 받고 말았다.

현 정권은 이 나라를 여기까지 끌고 온 책임을 저야 할 것이다. 국내의 비판적인 민주세력을 탄압하다가 민주국가들의 신임을 잃게 된 것을 통탄히 여겨야 하며, 제3세계의 대두와 함께 유엔이 변질되었다는 것을 탓하기 전에 긴 안목으로 세계사의 흐름을 내다보지 못한 것을 스스로 탓해야 할 것이다.

우리의 비원인 '민족통일'을 향해서 국내외로 민주세력을 키우고 규합하여 한 걸음 한 걸음 착실히 전진해야 할 이 마당에 이 나라는 일인독재 아래 인권은 유린되고 자유는 박탈당하고 있다.

이리하여, 이 민족은 목적의식과 방향감각, 민주주의에 대한 신념을 잃고 총파국을 향해 한 걸음씩 다가서고 있다. 우리는 이를 보고만 있을 수 없어 여·야의 정치적인 전략이나 이해를 넘어 이 나라의 먼 앞날을 내다보면서 '민주구국선언'을 선포하는 바이다.

I. 이 나라는 민주주의 기반 위에 서야 한다.

민주주의는 대한민국의 국시다. 따라서 대한민국의 정통성은 민주주의에 있다. 그러므로 어떤 구실로도 민주주의가 위축되어서는 안 된다. 이북 공산주의 정권과 치열한 경쟁에 뛰어든 이 마당에 우리가 길러야 할 힘은 민주 역량이다. 국방력도 경제력도 길러야 하지만, 민주 역량의 뒷받침이 없을 때 그것은 모래 위에 세운 집과 같다.

그러면 민주주의란 무엇인가? 그것은 남의 나라들에서 실천되고 있는 어떤 특정한 제도를 말하는 것이 아니라, 한 사회를 형성한 성원들의 뜻을 따라 최선의 제도를 창안하고 부단히 개선해 나가면서 성원 전체의 권익과 행복을 도모하는 자세와 신념을 말한다.

그러므로 민주주의는 '국민을 위해서'보다는 '국민에서'가 앞서야 한다. 무엇이 나라와 겨레를 '위해서' 좋으냐는 판단이 '국민에게서' 나와야 한다는 말이다. 그 판단에 귀를 기울이지 않고 국민을 위한다는 생각만으로 민주주의는 결코 이루어지지 않는다. 그것으로 민주주의가 이루어진다고 생각하는 것은 명령과 복종을 민주주의라고 착각하는 일이다. 그것은 결코 국민을 위하는 일이 되지 못한다. 국민은 복종을 원하지 않고 주체적인 참여를 주장한다. 국민은 정부를 감시하고 비판할 거부권을 포기할 수 없다. 그것은 민주주의를 포기하는 일이기 때문이다.

그러면 '국민에게서'를 실현하는 길은 어디에 있는가? 그것은 자유라는 국민의 기본권에 있다. 국민들이 정신적, 신체적 위협을 받는 일 없이 자유로이 자신을 표현할 수 있는 자유가 보장되어야 한다는 말이다.

그러므로 우리는 국민의 자유를 억압하는 긴급조치를 곧 철폐하고, 민주주의를 요구하다가 투옥된 민주인사들과 학생들을 석방하라고 요구한다. 국민의 의사가 자유로이 조명될 수 있도록 언론, 집회, 출판의 자유를 국민에게 돌리라고 요구한다.

다음으로, 우리는 유신헌법으로 허울만 남은 의회정치가 회복되어야 한다고 주장한다. 자유로이 표현되는 민의를 국회는 법 제정에 반영하여야 하고, 정부는 이를 행정에 반영시켜야 한다. 이것을 꺼리고 막는 정권은 국민을 위한다면서 실은 국민을 위하려는 뜻이 없는 정권이다.

셋째로, 우리는 사법권의 독립을 촉구한다. 사법권의 독립 없이 국민은 강자의 횡포에서 보호받을 길이 없기 때문이다. 그러므로 사법부를 시녀로 거느리는 정권은 처음부터 국민을 위하려는 뜻이 없다고 보아야 한다.

II. 경제입국의 구상과 자세가 근본적으로 재검토되어야 한다.

경제발전이 국력 배양에 중요하다는 것을 우리는 잘 안다. 그렇다고 경제력이 곧 국력인 것은 아니다. 그런데 현 정권은 경제력이 곧 국력이라는 좁은 생각을 가지고 모든 것을 희생시키면서 경제발전에 전력을 쏟아 왔다.

그런데 그 결과는 어떠한가? 국민경제의 수탈을 발판으로 한 수출산업은 74년, 75년 두 해에 40억 불이라는 엄청난 무역적자를 내었고, 그 적자폭은 앞으로 줄어들 가망이 없다. 1975년 말 현재 우리나라의 외채 총액은 57억 8천만 불에 이르렀다. 차관기업들이 부실기업으로 도산하고 난 다음, 이 엄청난 빚은 누구의 어깨에 메워질 것인가? 노동자들에게서 노조 조직권과 파업권마저 박탈하고, 노동자 농민을 차관기업과 외국자본의 착취에 내어 맡기고 구상된 경제입국의 경로는 처음부터 국민을 위하는 것이 아니었다. 국민의 경제력을 키우면서, 그 기반 위에 수출산업을 육성하지 않은 것이 잘못이었다. 농촌 경제의 잿더미 위에 거대한 현대산업을 세우려고 한 것이 망상이었다. 차관만에 의존한 경제체제는 처음부터 부패의 요인을 안고 있었다.

이대로 나간다면, 이 나라의 경제 파국은 시간 문제다. 현 정권은 이 나라를 경제 파탄에서 건질 능력을 잃은 지 오래다. 경제 부조리와 부패는 권력구조의 심장부에서 발단되었기 때문이다.

사태가 이에 이르고 보면, 박정권은 책임을 지고 물러날 밖에 다른 길이 없다. 경제파국을 미연에 방지하여 국제사회에서 아주 신임을 잃지 않도록, 차관 상환의 유예를 차관 국가들과 은행들에 요청하기 위해서라도 정권교체는 불가피하다는 것이 우리의 판단이다.

만약 그럴 만한 겸허한 용기가 있다면, 심장이라도 도려내는 심정으로 경제입국의 구상을 전적으로 재검토하라고 우리는 촉구한다. 실정을 정당화하지 말고 솔직히 승인하라. 국민의 국세 부담력을 무시하고 짜여진 팽창예산을 지양하라. 부의 재분배를 철저하고 과감하게 실천하여 국민의 구매력을 키우라.

그래야 공산주의의 온상이 되는 부익부 빈익빈의 부조리 현상이 시정되고 자유민주주의에 대한 국민의 신뢰가 회복될 것이며, 북녘 공산정권에 대해서 '민족통일'의 주도권을 잡게 될 것이다.

III. 민족통일은 오늘 이 겨레가 짊어진 지상의 과업이다.

국토 분단의 비극은 해방 후 30년 동안 남과 북에 독재의 구실을 마련해 주었고 국가의 번영과 민족의 행복, 창조적 발전을 위해서 동원되어야 할 정신적, 물질적 자원을 고갈시키고 있다. 외국의 군사원조 없이 백만을 넘는 남북한의 상비군을 현대 무기로 무장하고 이를 유지한다는 일은 한반도의 생산력과 경제력만으로는 도저히 감당할 수 없는 일이다. 더욱 참을 수 없는 일은 우리의 문화창조에 동원되어야 할 이 겨레의 슬기와 창의가 파괴적으로 낭비되고 있다는 사실이다.

그러므로, '민족통일'은 지금 이 겨레가 짊어진 지상의 과업이다. 오천만 겨레의 슬기와 힘으로 무너뜨려야 할 절벽이다. 어떤 개인이나 집단이 '민족통일'을 저희들의 전략적인 목적을 위해서 이용한다거나 지지한다면, 이는 역사의 준엄한 심판을 면하지 못할 것이다.

'민족통일'의 기회는 남과 북의 정치가들의 자세 여하로 다가갈 수도 있고 멀어질 수도 있다. 진정 나라와 겨레를 위한다면, 변해가는 국제정세를 유도해 가면서, 때가 왔을 때, 이를 놓치지 않고 과감하게 잡을 수 있는 슬기와 용기를 가져야 한다. 이것이 바로 우리가 추구해야 할 주체적인 외교다.

이때에 우리에게는 지켜야 할 마지막 선이 있다. 그것은 통일된 이 나라 이 겨레를 위한 최선의 제도와 정책이 '국민에게서' 나와야 한다는 민주주의의 대헌장이다. 다가오고 있는 그날을 내다보면서 우리는 민주 역량을 키우고 있는가? 위축시키고 있는가? 승공의 길, '민족통일'의 첩경은 민주역량을 기르는 일이다.

이것이야말로 우리 오천만 온 겨레가 새 역사 창조에 발 벗고 나서는 일이다.

이것이야말로 3·1운동과 4·19에 쳐들었던 아세아의 횃불을 다시 쳐드는 일이다.

이것이야말로 민주주의와 공산주의 틈바구니에서 당한 고생을 살려 민주주의의 진면목을 세계만방에 드날리는 일이다.

이것이야말로 통일된 민족으로, 정의가 실현되고 인권이 보장되는 평화스런 나라 국민으로, 국제사회에서 어깨를 펴고 떳떳이 살게 하는 일이다.

민주주의 만세!!!!

1976년 3월 1일

함석헌 윤보선
정일형 김대중
윤반웅
안병무 이문영
서남동 문동환
이우정

21. 윤보선 등 10인, '민주구국헌장'(1977. 3.22)

민주구국헌장

우리들의 발언과 행동은 극도로 제약되어 있다. 지난 76년 11월 이래 특히 금년 2월과 3월에 걸쳐 전국에 삼엄한 사찰·경계망이 펼쳐지고, 다수의 성직자들을 포함한 각계각층의 민주시민들이 정보원과 경찰에 의해 납치 연금되고, 민주주의를 위하여 계획된 집회와 발언은 완전히 봉쇄되고 있다. 이것은 지금 우리 민중 사이에 새로이 높아가고 있는 민주주의에의 열정을 입증해 주는 것인 동시에 우리의 민주화 투쟁에 가해지고 있는 탄압이 얼마나 가혹한 것인가를 말해주는 것이다. 숨통이 막힐 것 같은 이러한 조건 아래서 우선 연락이 닿을 수 있었던 시민들만이 이 문서에 서명하였다.

우리는 이 문서가 민주시민들 사이에 널리 전파될 수 있기를 희망하며 그것을 위하여 많은 사람들의 보이지 않는 노력이 있기를 간절히 희망한다.

1. 3·1민주구국선언과 1·23원주선언은 모든 민중의 선언이다. 우리는 민중의 선언을 탄압하는 법정에서 선언에 참여한 인사들과 함께 서 있음을 자처한다. 3·1민주구국선언 피고인의 상고이유서는 바로 민주주의를 갈망하는 모든 민중의 역사와 진리의 법정에의 상고이유서이다.

2. 최근 한반도를 둘러싸고 나타나고 있는 모든 사태와 징후―미군철수 논의와 인권문제와 뇌물 스캔들 등 국제 선린관계의 파탄―는 오로지 현 정부의 독재와 인권유린에서 비롯되는 것으로 현 정부에 그 책임이 있다. 우리는 모든 민중의 진정한 단결을 확보할 수 있는 민주주의의 회복과 실현이 미군철수에 선행되어야 할 역사적 사명임을 직시한다.

3. 이 시점에서 현 정부가 민족사적 도전을 극복하기 위하여 할 수 있는 모든 것은 ㉠ 유신헌법과 긴급조치의 철폐와 무효선언 ㉡ 모든 정치범의 완전한 인권회복과 비민주적 제도와 법의 폐지 ㉢ 고문 사찰 등 폭압과 정보정치의 종식 ㉣ 언론 학원 종교의 자유 및 사법권 독립의 보장 ㉤ 노동자, 농어민 등 모든 민중의 생존권의 보장 ㉥ 국내외적으로 부정부패의 척결과 정당하고 도 공개적인 선린외교의 자세 확립을 지체 없이 실천에 옮기는 일이다.

4. 인류의 평화와 공동선을 지향하는 우리는 인간의 존엄한 권리와 그것을 위한 노력에는 국경이 있을 수 없다는 확신을 갖고 있다. 한국의 민주화는 한반도의 평화를 위한 길일 뿐만 아니라 세계의 평화를 위한 길이기도 하다. 그러므로 민주주의와 인권의 증진을 위한 한국민의 고난에 찬 노력에 자유와 평화를 사랑하는 세계의 모든 민중들이 함께 연대하는 것은 인간으로서의 정당한 권리이며 의무이다.

5. 민주주의와 민족의 자주성과 민족통일을 위하여 싸우는 것은 오늘날 각계 각층의 모든 민중에게 있어서 최대의 채무이다. 노동자, 농민, 봉급생활자, 공무원, 정보원, 학생, 종교인, 지식인, 중소상공업자 등 인간으로서의 자존심과 자유와 생존의 권리를 짓밟히고 있는 모든 민중들이 최선의 용기와 창의력을 발휘하여 시급히 민주주의를 향한 열정을 확인함으로써 민주국민으로서의 태도를 분명히 하기를 호소한다.

우리는 이 문서를 우리 자신이 범국민적인 민주주의국민연합을 이룩하기 위하여 노력하겠다는 약속으로 삼는다.

민주주의 만세!!

1977년 3월 22일

윤보선 정구영 윤형중 천관우 정일형 양일동 함석헌 지학순 박형규 조화순
2차 서명자 111명

민주 · 민족언론 선언

언론의 현직(現職)을 박탈당한 우리는 그동안 많은 것을 배웠다. 오랜 세월 짓눌려 온 민중의 가슴 속에 자유에의 갈망이 안으로 안으로 타 들어가 넓게 넓게 번지는 것을 본다. 그리고 우리는, 참된 자유는 억압 속에서만 자라난다는 체험을 공유(共有)한다.

어둠은 곧 빛을 낳는다는 진리를 믿는 우리는, 지금 이 어두운 시대의 종말을 예감한다. 그리고 우리는 한 시대의 종말은 동시에 새로운 시대의 시작이어야 한다고 다짐한다.

민중에게 자유를, 민족에게 통일을 ― 이것은 누구도 어쩔 수 없는 우리 시대의 요청이며, 아무도 거역할 수 없는 역사의 방향이다.

우리는 자유를 경제발전과 바꾸지 않는다. 인간의 자유는 인간 이성(理性)의 한 부분이며, 인간을 인간답게 하는 근거이다. 자유를 부정하는 정치, 이성을 부정하는 정치는 인간과 사회를 파괴할 뿐이며 종내는 자멸하고 만다. 아무리 억압의 사슬을 조이고 푸는 일을 되풀이 한다 할지라도 참된 자유는 묶을 수가 없다. 억압이 있는 곳에서만 자유정신은 서로 만나 도도한 강물을 이뤄 마침내 모두를 자유롭게 한다.

나라와 민족이 두 조각으로 갈라진 이래 나라 밖의 정세가 지금처럼 민족이 다시 결합하는 데 유리한 때가 없었다. 세계적으로 새로운 세력이 생겨나는가 하면 강대국 간의 관계도 다시 편성되고 있다. 우리나라를 비롯한 몇몇 후진국

들이 그 경제활동을 늘릴 수 있었던 것도 이같은 변화에 편승한 것이다. 우리
는 무엇보다 이 변화를 자주적인 민족 재결합의 계기로 삼아야 한다. 통일은
우리 민족의 최고선(最高善)이며 최대의 정치과제다. 나라의 경제성장을 바다
밖에 매어둠으로써 통일에의 열망을 식게 할 우려가 있는 경제성장, 민중의 자
유를 공허한 숫자의 대가로 유보해야 한다는 경제성장은 그 맹목성 때문에 우
리는 그것을 거부한다.

우리 자유언론수호투쟁위원회는 이같은 인식에 입각하여, 자유언론은 바로
민주언론·민족언론임을 선언한다.

권력의 시녀로 타락한 현 언론의 추악한 모습을 보라. 없는 정치를 있는 것
처럼, 없는 경제를 있는 것처럼, 없는 문화를 있는 것처럼, 없는 비전을 있는 것
처럼 그들은 사실을 왜곡하고 있다. 그들은 또, 있는 정치를 없는 것처럼, 있는
경제를 없는 것처럼, 있는 문화를 없는 것처럼, 있는 비전을 없는 것처럼 터무
니없이 말살하고 있다. 참된 정치, 참된 경제, 참된 문화, 참된 민족의 비전을
이 사회 제자리에 돌려놓기 위해서는 무엇보다 먼저 이 사이비언론을 제거해
야 한다. 지난 3년여의 인고 속에서 과거의 언론인이 아닌 미래의 언론인으로
성장한 우리는, 오늘의 사이비 언론을 타도하고 민주·민족언론을 세우는 역
사적 책무를 통감한다.

지금 우리는 수많은 사람들이 지배층의 농락에 의해 억눌리고 빼앗기고 소
외되어 온 것을 본다. 오늘날 우리는 수많은 사람들이 양심의 소리를 외치다가
감옥에 끌려가고, 직장에서 쫓겨나고, 배움터를 박탈당한 것을 목격하며, 또한
소위 경제성장의 응달에서 병들고 찌들린 무수한 사람들의 신음과 절규를 듣
는다. 민주언론은 이러한 민중의 아픔을 같이 하는, 민중을 위한, 민중에 의한,
민중의 것이어야 한다.

따라서 우리는 한줌도 안 되는 지배자의 언론이기를 거부한다. 체제와 정권
은 유한하다. 그러나 민중과 민족은 영원하다. 이 영원한 민중과 민족을 위한

언론, 즉 민주·민족 언론을 우리는 지상과제(至上課題)로 삼는다. 자유언론은 어느 한 시대를 뛰어 넘는 우리의 영원한 실천과제다.

따라서 우리는 영원한 투쟁을 선언하며, 영원한 승리를 확신한다.

1977. 12. 30

동아·조선 자유언론수호투쟁위원회

22-2. 동아자유언론수호투쟁위원회, '진정한 민주 · 민족언론의 좌표'(1978.10.24)

진정한 민주 · 민족언론의 좌표

3년 전 8 · 15는 「해방 30년」이라 하여, 올 8 · 15는 「건국 30년」이라 하여 신문 ·
방송 · 잡지 등에서 요란하게 다루었다. 우리 민족도 일제 식민지 지배에서 벗
어난 지 벌써 30여 년이나 흘러 독립민족으로서 성년이 됐다는 뜻이겠다. 비록
해방과 더불어 갈라진 민족이 아직도 분단 현실을 극복하지 못하고 준전시적
긴장 상태를 지속하고 있긴 하지만 아무튼 해방된 민족으로서 성년을 맞았다
는 것은 무척 감격스럽고 경축해 마지않을 일이다.

그런데 오늘의 우리 현실은 우리가 무턱대고 자축만 할 만큼 사회경제적 ·
정신적 성년을 맞고 있는 것은 아니다. 올해 들어 이른바 현 제도적 언론기관
들에서 보도된 큰 사건만 하더라도 농협 고구마 수매 부정사건, 아파트 특혜부
정사건, 교사자격증 부정사건, 국회의원 성낙현 씨의 여고생 추행사건 등이 있
다. 우리가 굳이 현재의 제도 언론기관 앞에 「이른바」라는 용어를 쓴 데는 그럴
만한 이유가 있다. 제도 언론들이 보도하지 않고 묵살해 버린 더 크고 더 많은
사건들이 너무나 많기 때문이다.

서울대학생, 고려대학생, 전남대학생 등의 일련의 학생 데모사태, 기독교 청
년협의회 청년들의 전주에서의 데모사건, 동일방직 근로자들의 해고에 따른
일련의 사건들 등 제도언론이 거의 외면해 버린 사건들이 엄연히 「현재」 「이 땅
에」 「우리 국민들 가운데서」 자꾸 발생하기 때문이다.

「교수가 학생에게 술을 사 먹이는 현실」 「학생들이 교수에게 돌멩이를 던지
는 현실」을 개탄하고 자책하면서 교수로서의 최소한의 양심을 지키려고 「우리
의 교육지표」라는 양심적 선언을 했다고 감옥에 가는, 역사상 그 유례를 찾아

보기 힘든 사태가 일어나도, 우리의 제도언론에서는 그런 일이 언제 있었냐는 듯이 칼라화보에 「밝고 맑은 젊은 지성의 숨결」만 더욱 활짝 웃고 있다.

서민들이 느끼는 살인적 물가고는 또 어떤가? 우리네 물가고 문제는 세비 월 100여만 원이 넘는 국회의원이나 겨우 느끼는 것인지, 국회에서 경제장관 들을 불러놓고 몇 마디 주고받는 연례행사 같으나 당사자들과는 먼 일이 되고 말았다. 한해 농사를 거의 망친 농민도 수두룩하다는 노풍(魯豐) 피해도 언론 기관들이 피해 농민들의 입을 통해서 보도한 게 아니라 정책 당국자가 피해 사 실을 인정했을 때야 비로소 보도됐다. 날로 심각해지는 공해문제, 도시 교통문 제, 교육문제들……. 제도언론이 골치 아프다고 생각하는 어떤 사실들, 또 우 리 국민 모두의 생활과 직결되는 이 모든 문제들은 우리네 제도 언론기관의 서 랍 속에 내던져진 채 쌓여만 가고 있다.

언론의 이 같은 보도자세는 그 자체가 범죄일 뿐 아니라 현실적으로도 국민 모두를 멍들게 한다. 올해 들어 지금까지만 되돌아보아도, 마땅히 언론이 하여 야 할 일을 하지 못하고 또 하지 않음으로써, 얼마나 많은 사람들이 이 땅의 정 치적 문제, 경제적 문제, 사회적 문제를 몸으로 제기해야만 했고, 그럼으로써 또 그중 얼마나 많은 사람들이 박해와 고통을 받고 있는가?

최근 현역 언론인 일각에서, 특히 소장 언론인 일각에서 미약하나마 보도 금 기의 벽을 흔들어보려는 양심적 몸부림이 생겨나는 듯한 바, 우리 동아자유언 론수호투쟁위원회 일동은 비록 펜과 마이크를 뺏겨 그러한 움직임에 몸으로 동참하지는 못하나 정신적으로는 지지와 성원을 아끼지 않는다. 아울러 현재 의 언론 현실에 개탄하는 양심적 언론인들 모두가 이같이 작은 몸부림이나마 하루 빨리 실천적 자세를 갖추기를 빌어 마지않는다.

한 사회에서 그 사회적 언어를 막는다는 것은 마치 구멍 막은 주전자 뚜껑을 온 힘으로 내리 누르면서 한 방울의 김도 바깥으로 못 나가게 하는 것과 같다 고 할 것이다. 만약 뚜껑 누르는 짓을 한사코 끝까지 그치지 않는다면 주전자 는 결국 파열하고, 그것을 누르는 자 역시 화상을 입을 것이다. 또 달리 비유하자면 사회적 언어는 온갖 물줄기가 합류하는 도도한 강물과도 같은 것이다. 이 대하의 흐름을 막는다는 것은 더 큰 홍수를 초래하는 것과 같다.

우리가 동아일보에서 쫓겨날 때 본격화된, 이 땅의 사회적 언어에 대한 봉쇄가 결코 영속될 수 없음은, 최근의 「월간중앙」 사태 등 제도언론 안에서도 엿볼 수 있다.

이조의 봉건사회에서 바로 식민지로 전락해 버린 관계로 해서, 민족적 해방을 다시 맞게 된 20세기 후반에 와서야 「산업혁명적」 경제팽창을 이루고 있는 우리 민족으로서는 산업혁명-공업화에 수반되고 있는 모든 사회경제적 문제를 해결하여 이러한 경제의 양적 팽창을 올바른 우리의 민족 자산으로 만들기 위해 국민적 예지를 집결해야 한다. 그리고 올바른 국민적 예지의 집결은 민주주의와 언론의 자유 - 사회적 언어의 자유로운 소통 없이는 안 된다. 지금 우리 사회에 있어 민주주의와 언론 자유에 대한 가장 큰 장애요소는 유신헌법과 그에서 파생된 긴급조치임은 새삼 말할 필요도 없다.

우리가 진정한 민주·민족언론인으로서 언론 자유와 사실 보도의 권리를 갖고 다시 현역에 복귀하기 위해서는 자유언론을 압살하는 모든 제도와 법이 당연히 철폐되어야 함을 10·24 자유언론실천선언 4주년을 맞아 분명히 천명하는 바이다.

정도의 자유언론 실천을 위해 우리들은 주장한다.

1. 회사 측은 134명의 가자. 프로듀서. 아나운서 등 사원에 대한 부당 인사 조치(75년 조치)를 즉각 철회하라.
2. 김상만 사장은 사죄하라
3. 이동욱 주필과 이동수 방송국장은 이 사태의 책임을 지고 즉각 물러나라.

1978년 10월 24일

동아자유언론수호투쟁위원회 (청진 291-1 동화빌딩 303, 72-8903)

창립선언

인권 문제는 전 인류가 해결하여야 할 당면과제로 대두되고 있다. 권력은 모든 국민을 강제로 침묵시키고, 국민의 기본적 권리마저 위협하는 극한의 상태로 치닫고 있다. 세계의 양심적 민주세력들이 인류의 장래를 생각하며 인권회복 운동을 전개함도 시대적 사명이며 당연한 귀결인 것이다.

70년대 이후 학원에서 제적, 투옥 등 값진 희생을 치러가며 인간성 회복과 민주 승리를 갈망해온 우리 동료들이 비인도적 처우 아래 장기 수감이 계속되어 온 지금까지 우리들은 안타까움과 죄책감을 금하지 못하고 서로의 만남을 갈구해 왔다. 그러나 우리 현실은 전 인류의 여망인 인권 회복과는 정반대의 길로 치닫고 있다. 국민의 피와 땀으로 이루어진 경제성장은 마땅히 국민대중의 생존권을 보장하고 민족자립 경제체제로 귀결되어야 함에도 불구하고 정부 당국은 소수 재벌 위주의 경제정책을 강행하고 있다. 그리고 이에 반대하는 민주세력에 대한 탄압은 날로 가중되어 학원 사찰, 종교인사의 탄압, 언론자유의 말살, 노동운동 탄압 등이 스스럼없이 강행되고 있다. 이러할 때 스스로의 인간성을 지키려는 인천 동일방직 여성근로자를 위해 뜨거운 애정으로 노력해온 우리 동료 김병곤, 김봉우의 구속 사태가 발생했다. 이들에 대한 부당한 신체 구금의 장기화, 마침내는 구속에 이르는 야비한 당국의 처사에 깊은 충격과 분노를 느끼며 집단단식과 성명을 통해 수차 항의해 왔다.

이에 우리는 이처럼 부당하게 구속당하는 스스로의 처지를 공동으로 방어하고, 나아가 고생하는 우리 형제자매들의 고통을 함께 나누기 위해 오랜 침묵을 떨치고 민주투쟁의 광장에 다시 모였다. 우리는 인간적 진실을 지키기 위해 어떠한 부도덕한 자의적 정치압력에도 굴하지 아니할 것을 다짐하며 본 협의회 창설을 천명한다.

1978년 5월 12일
민주청년인권협의회

고문 :   윤보선(전 대통령) 천관우(전 동아일보 주필) 지학순(신부)
           박형규(목사) 문익환(목사) 성내운(해직교수) 고은(시인)
회장 :   정문화(전 서울대, 74년 민청학련사건)
운영위원 : 김학민(전 연대, 민청학련사건)
           청문화
           장만철(전 서울대, 75년 서울대 5 · 22시위)
           박계동(전 고려대, 75년 천주교 정의구현 전국학생총연맹사건)
           문국주(전 서울대, 민청학련 사건)
           배경순(전 수도여사대, 75년 9 · 23수도사대시위)

동료교수들에게 보내는 글

부당하게 교직에서 추방된 우리는 그동안 비록 학원을 떠나 있으면서도 이 나라 대학의 일이 곧 우리 일이라는 충정에는 예나 이제나 다름이 없습니다. 또한 대학다운 대학이 있기 위해서는 무엇보다도 진정한 민주사회가 이 땅에 이룩되어야 한다는 신념을 그간의 온갖 시련을 통해 다져 왔습니다. 그리고 이러한 우리의 신념과 충정을 좀 더 뜻있게 간직하고자 지난 3월 24일 우선 연락이 가능한 사람들만이라도 '해직교수협의회'를 발족시키기로 결의했고, 4·19 열여덟 돌을 눈앞에 둔 오늘의 이 모임에서 우리의 간곡한 뜻을 모아 학원 안팎의 여러 동료교수들에게 전달하고자 합니다.

우리가 학원을 떠난 이래 한국의 대학에서는 더러 외형적 발전이 없지 않았습니다. 그러나 교육의 알맹이로 말할진대 교육다운 교육을 거의 찾아볼 수 없는 학원 아닌 학원이 되었다고 말할밖에 없겠습니다. 그 원인은 너무나 분명한 것이라고 봅니다. 우리 교육의 대원칙이자 나라의 기본이념인 민주주의에 등을 돌리고 갈라진 겨레의 하나됨을 요구하는 민족사의 부름에 귀를 막은 곳에서 진정한 교육이 있을 수 없을 것입니다. 주어진 삶의 진실을 밝히는 일은 대학의 임무이자 인간양심의 명령입니다. 그리고 옳은 일을 위해 개인의 안위를 돌보지 않는 것은 젊음의 특징이요 특전입니다. 그러나 진리탐구의 터전이며 젊음의 본고장인 대학에서 민주주의 아닌 다른 것을 민주주의로 떠받들라고 하고 민족현실을 외면한 온갖 행태를 마치 민족을 위한 것인 양 몸에 익히라고 강요할 때 학원은 교육의 현장이 아니라 교육하고 교육받는 일을 갖가지 수단으로 가로막고 억누르는 모순의 현장이 되게 마련입니다.

오늘날 정부와 학교당국이 내세우는 화려한 구호들 자체가 그것을 말해줍니다. '공부하는 대학'이란 결과적으로 무엇입니까? 권력이 허용하는 지식만을 전수하고 권력에게 편리한 기술만을 습득하는 것이 곧 대학인의 공부라는 억지가 아닙니까. '면학분위기 조성'은 또 무엇을 말합니까? 대학인으로서 너무나 당연한 비판정신과 자주정신을 봉쇄하기 위해서는 모든 강권이 발동되리라는 공공연한 선언이 아닙니까. 아니 우리 현실에서는 '산학협동'이라는 것도 정치권력과 결탁하여 자기네가 부리는 노동자들에게는 옳은 임금도 안 주는 재벌기업체의 손에 학계의 앞날을 내맡기는 무책임한 행위가 아니겠습니까.

이러한 교육부재의 현실은 우리가 아끼는 대학으로 하여금 이제 무슨 이름으로 불러야 좋을지 모를 이상한 곳이 되게 만들었습니다. 삼엄한 병영처럼 조용하기만 하다가 어느날 갑자기 마치 우리의 아들딸이 아닌 적군을 토벌하는 전장터와 같은 수라장이 벌어지기도 합니다. 이런 판국에 학문의 자유를 말하고 스승의 도리를 말하는 일 자체가 차라리 쑥스러울 정도입니다.

이렇게 된 데에는 교수들만으로 어쩔 수 없는 수많은 법률적·제도적 제약과 역사적 원인이 있었음을 우리는 누구 못지않게 잘 압니다. 또한 우리 현실에서 양심대로 불의에 항거하는 제자들이 겪게 될 고난을 예견하는 교수로서 학생들의 자중을 일단 촉구하는 것은 스승 된 도리라고도 할 수 있겠습니다.

그러나 거기에 멈추지 않고, 교수가 곧 외부기관에 의한 학생 감시의 촉수가 되고 심지어 기동타격대의 보조역으로까지 떨어진다면, 이는 스승 되기를 그만둔 정도가 아니고 평범한 인간으로서의 자존심마저 내동댕이친 꼴이 아니겠습니까. 더구나 교육자로서의 자포자기 행위에 해당되는 학생제적을 당자의 해명 한마디 안 듣고 대량으로 단행하는 대학당국자들은 과연 어떤 교육관과 인생관을 가졌기에 그런 용기가 나는 것인지 놀라울 따름입니다. 심지어는 학교 측에서 정부당국이 요구하는 숫자 이상을 앞질러 제적했다가 뒤늦게 번복하는 사례마저 있었다는 말을 들을 때 우리는 정말 웃어야 좋을지 울어야 좋을지 모르겠습니다. 그러나 어찌 이것이 직접 결정에 나선 몇몇 당국자만의 책임이라고 하겠습니까. 적어도 학생에 대한 사형선고에 해당하는 이 제적 문제에 한해서는 그냥 묵과하는 것만으로도 이미 교육자의 본분을 어겼다는 비난을 막을 수 없을 것입니다. 그리고 희생된 제자와 동료들의 운명에 무관심했다는 사실만으로도 곧 대학의 현실을 지식인다운 냉철한 눈으로 보지 못했다는 비판을 면하기 어려울 것입니다. 그들은 지금의 학원에서 없어진 민주교육·민족교육을 있게 하려다가 희생된 것이지, 결코 있는 교육을 없다고 하거나 없게 하려다가 처벌된 사람들이 아니기 때문입니다.

우리가 지난 몇 년간 교직을 잃고 각자 다른 길을 걸으면서도 우리가 교육자요, 교수라는 긍지를 잃지 않을 수 있었던 것도 바로 그 때문입니다. 뿐만 아니라 우리는 오히려 강단과 연구실을 떠남으로써 이 사회 구석구석에서 새로운 역사의 물결이 일고 있음을 체험할 수 있었습니다. 이 새 역사의 일부가 되고자 우리 나름의 작은 힘을 보태기도 했습니다. 작년 12월 2일 해직교수 13명의 이름으로 발표한 「민주교육선언」을 비롯하여 이영희·백낙청 교수의 필화사건에 대한 12월 16일자의 성명, 본 해직교수협의회의 발족과 더불어 한국기독자교수협의회와 공동으로 낸 언론인들에의 공개장 등, 집단적인 의사표시도 했었습니다. 이제 우리는 특히 현직 또는 전직의 모든 동료교수들과 새 역사의 대열에 동참하는 기쁨을 기대하면서, 다음과 같은 우리의 주장을 밝히고자 합니다.

(1) 모든 교수는 진실을 말하고 가르쳐야 한다.
(2) 진정한 민주교육·민족교육을 탄압하는 일체의 행위는 그 누구에 의한 것이든 배격되어야 하며 이러한 행위를 조장하는 제도적 장치는 전부 철폐되어야 한다.
(3) 모든 현직·전직 교수들은 교육자적 양심에 입각하여 부당한 학생처벌에 저항하고 이미 희생된 학생들의 복권·복적을 요구해야 한다.
(4) 이들 학생들의 완전구제와 동시에 대학인으로서 그 본래의 사명에 충실하

다가 해직된 교수들은 아무 조건 없이 전원 복직되어야 한다.

(5) 필화사건으로 구속되어 1심 재판중인 이영희 전 한양대 교수의 조속한 석방을 거듭 촉구하며, 이 교수에 대한 반공법 적용이 학문의 자유에 대한 위협일 뿐더러 민족현실의 정직한 논의를 봉쇄하는 결과가 될 수 있음에 유의하고 이의 시정을 강력히 요구한다.

1978년 4월 13일
해직교수협의회

전 연세대 교수 성내운(회장)	전 연세대 교수 김동길	전 경기공전 교수 김병걸
전 고려대 교수 김용준	전 이화여대 교수 김윤수	전 연세대 교수 김찬국
전 전북대 교수 남정길	전 경희대 교수 노명식	전 한신대 교수 문동환
전 서울대 교수 백낙청	전 연세대 교수 서남동	전 연세대 교수 송정석
전 한신대 교수 안병무	전 덕성여대 교수 염무웅	전 연세대 교수 이계준
전 고려대 교수 이문영	전 서울여대 교수 이우정	전 서울대 교수 한완상

25. 김두진 등 전남대 교수 11인, '우리의 교육지표'(1978. 6.27)

우리의 교육지표

정의롭고 평화로운 사회, 한마디로 인간다운 사회는 아직도 우리 현실에서 한 갓 꿈에 머물고 있다. 따라서 이러한 현실을 바로 알고 그것을 개선할 힘을 기 르는 일이야말로 인간다운 인간을 교육하는 길이다. 그러나 이러한 교육 역시 이 사회에서는 우리 교육자들의 꿈에 머물고 있다. 사람이 사람을 마구 누르 고, 자손 대대로 물려준 강산을 돈을 위해 함부로 오염시키는 풍조가 만연한 가운데 진실과 인간적 품위를 존중하는 교육은 나날이 찾아보기 어려워가고 있다. 무상의 의무교육은 빈말에 그치고 중·고등학교에 진학한 학생들도 과 밀교실과 이기적 경쟁으로 몸과 마음을 동시에 해치고 있으며 재수생 문제와 청소년 범죄는 이미 걷잡을 수 없는 사회 문제가 된 지 오래다. 그리고 온갖 시 련과 경쟁 끝에 들어간 대학에서는 진실이 외면되기가 일쑤고 소중한 인재가 빈번히 희생되고 교육적 양심이 위축되는 등 안타까운 수난을 거듭하고 있다. 대학인으로서 우리의 양심과 양식에 비추어 볼 때 오늘날 교육의 실패는 교육 계 안팎의 모든 국민으로 하여금 자발적 일치를 이룩할 수 있게 하는 민주주의 에 우리의 교육이 뿌리박지 못한 데서 온 것이다. 국민교육헌장은 바로 그러한 실패를 집약한 본보기인 바, 행정부의 독단적 추진에 의한 그 제정 경위 및 선 포 절차 자체가 민주교육의 근본정신에 어긋나며 일제하의 교육칙어를 연상케 한다. 뿐만 아니라 그 속에 강조되고 있는 형태의 애국애족 교육도 그냥 지나칠 수 없는 문제를 안고 있다. 지난날의 세계 역사 속에서 한때 흥하는 듯하다가 망해 버린 국가주의 교육사상을 짙게 풍기고 있는 것이다. 부국강병과 낡은 권 위주의 문화에서 조상의 빛난 얼을 찾는 것은 잘못이며, 민주주의에 굳건히 바탕을 두지 않은 민족중흥의 구호는 전체주의와 복고주의의 도구로 떨어질 위험이 있다. 또 능률과 실질을 숭상한다는 것이 공리주의와 권력에의 순응을 조장하고 정의로운 인간과 사회를 위한 용기를 소홀히 하는 결과가 되어서는 안 된다. 민주주의 교육이 선행되지 않은 애국애족 교육은 진정한 안보에도 도움이 되지 않는다. 민주주의의 실천이 결핍된 채 민주주의보다 반공을 앞세운 나라는 다 공산주의 앞에 패배한 역사를 우리는 알고 있지 않은가?

이 땅에 인간다운 사회를 실천하고자 하는 우리는 격동하는 국내외의 역사 속에서 그 어느 때보다도 슬기롭게 생각하고 용기 있게 행동할 사명을 띠고 있다. 이에 우리 교육자들은 각자가 현재 처한 위치의 차이나 기타 인생관, 교육관, 사회관의 차이를 초월하여 다음과 같은 우리의 교육지표에 합의하고 그 실천을 다짐한다.

1. 물질보다 사람을 존중하는 교육, 진실을 배우고 가르치는 교육이 제대로 이루어지기 위하여 교육의 참 현장인 우리의 일상생활과 학원이 아울러 인간화되고 민주화되어야 한다.
2. 학원의 인간화와 민주화의 첫걸음으로 교육자 자신이 인간적 양심과 민주주의에 대한 현실적 정열로써 학생들을 가르치고 그들과 함께 배워야 한다.
3. 진실을 배우고 가르치는 일에 대한 외부의 간섭을 배제하며, 그러한 간섭에 따른 대학인의 희생에 항의한다. 특히 제적학생의 복교에 힘쓴다.
4. 3·1정신과 4·19정신을 충실히 계승·전파하며 겨레의 숙원인 자주·평화통일을 위한 민족 역량을 함양하는 교육을 한다.

1978년 6월 27일
전남대학교
김두진 김정수 김현곤 명노근
배영남 송기숙 안진오 이방기
이석연 이홍길 홍승기

민주국민선언

이제 우리는 정부수립 30주년을 맞게 될 것이다. 이 나라 국민에게 있어 30년의 역사는 역대 정권의 억압적 독재와 수탈에 신음하는 치욕의 나날이었다. 모든 권력은 국민으로부터 나온다는 민주주의의 원리는 독재권력에 의하여 무참하게도 유린되어 왔다. 독재적 억압은 억압하는 집단이나 억압당하는 국민대중으로 하여금 다같이 인간성이 말살되도록 하고 있다. 이제 우리는 3·1정신과 4·19반독재민주구국투쟁의 정신을 오늘에 되살려 잃었던 주권과 인간성을 되찾고, 민주국민으로서 되씹고 있는 치욕을 씻고자 한다. 우리는 반독재민주구국투쟁의 전체의 역정을 집약하고, 우리 시대의 모든 양심적 민주역량을 규합, 연대하여 조직적 민주구국 항쟁의 길로 나아가고자 한다.

1. 우리는 반독재 민주구국투쟁에 하나로 뭉쳐 싸운다.
나라의 근대화는 주권재민의 민주주의 기본원리에 기초지워져야 한다. 억압의 체제와 그 제도적 장치는 민주국민의 항쟁을 통해서만 타파될 수 있다. 우리는 우리의 민주주의는 우리의 힘으로 건설한다는 기본적 입장에 서서 반독재 민주국민의 대연합을 이룩할 것이다. 언제 어디서나 민주국민으로서의 양심과 주권의식을 갖고 있는 모든 국민은 떨쳐 일어나 우리의 대열에 동참할 것임을 우리는 믿는다.

2. 반부패 특권의 민생보장운동을 전개한다.
사상 유례 없는 물가고와 가렴주구로 하여 민생은 도탄에 빠져 있으며, 부패특권의 무리들만이 당국이 외치는 화려한 성장의 단물을 독점, 독식하고 있다. 사회적 불균형의 심화는 국민 내부의 분열과 불신의 온상이 되고 있다. 부패특권의 경제질서 아래서 신음하는 민중, 특히 노동자와 농민, 도시빈민과 봉급생활자의 생존권은 극도로 위협받고 있다. 우리는 노동삼권이 노동자에게 반환되고, 농협이 농민의 것이 되어야 한다고 믿는다. 우리는 민생보장운동이 곧 반독재 민주화투쟁, 그것임을 직시한다.

3. 반매판 민족자립경제를 건설한다.

외세의존의 매판적인 경제질서는 철폐되어야 한다. 진정한 자주는 자립적 국민경제의 건설로서만 가능하다. 이 나라의 노동자들을 이민족(異民族) 자본의 노예로 전락시키는 정책적·제도적 장치는 뿌리 뽑혀야 한다. 노동자의 수탈에 그 기반을 두고 있는 수출입국론은 철폐 또는 수정되어야 하며, 소수의 부의 축적을 위해 수탈당하고 있는 해외진출 노동자의 권익은 최대한으로 보장되어야 한다.

4. 우리는 민족의 염원인 통일을 지향한다.

정권은 언제나 그들의 정권안보를 위하여 민족 간의 분열과 적대를 조장해 왔다. 민족의 염원인 통일 문제를 정권의 강화와 영구집권의 수단으로 악용한 현정권은 통일 문제를 담당할 능력도 자격도 없다. 안으로 전쟁 분위기의 의도적 조성과 비판세력에 대해 관제 공산주의의 탈을 씌우면서 밖으로 내세우는 현정권의 허울 좋은 선전과 제스처는 또 하나의 기만일 뿐임을 우리는 알고 있다. 통일 문제는 마음으로부터 나오는 화해의 정신이 그 기초가 되어야 한다. 민족의 염원인 통일에의 접근은 민중이 주체가 되어야 한다. 민중의 참여와 창의가 보장되는 민주주의의 실현을 통해서만 통일 문제에의 접근이 가능하다는 사실을 거듭 확인한다. 우리의 반독재 민주구국투쟁은 통일에로 가는 민족의지의 표현이다.

5. 민주 · 민족언론과 교육을 이룩한다.

정권이 배급하고 통제하는 현재의 제도언론은 민주 · 민족의 자유언론으로 대치되어야 한다. 현재의 독재와 억압에의 순응을 강요하는 교육은 그 밑바탕에서부터 민주 · 민족의 교육으로 변혁되어야 한다. 우리는 전남대 교수단의 「교육선언」과, 동아 · 조선투위의 「민주 · 민족언론선언」을 지지한다.

6. 나라와 민족의 존엄을 확인하는 외교를 펼친다.

외교는 내정의 연장이다. 현재의 외교적 파탄과 국제적 고립, 나라 위신의 추락은 현 정권의 민주질서의 파괴와 인권의 유린에 연유하는 것이다. 자주란 세계 인류의 공동선에 부합하는 방향으로서의 것이어야 한다. 부정을 은폐하기 위한 선동적 자주성의 주장을 우리는 일축한다. 신식민주의 세력과의 결탁이 나라와 민족의 존엄을 해하는 제일차적 요소임을 우리는 분명히 알고 있다. 독재의 타파와 민주주의의 실현, 그리고 갈라진 민족의 대단결을 이룩하는 길만이 제3세계에 민족의 위신을 발양하고, 실추된 나라와 민족의 위신을 회복하는 첩경이다.

우리는 국민의 저 깊은 마음으로부터 희망하고 있는 정의롭고 인간다운 삶이 보장되는 평화 사회를 건설하고자 한다. 1차적으로 당면 투쟁목표를 다음과 같이 설정한다.

1. 우리들이 지향하는 민주 · 민족 · 민생투쟁에 직접적이고도 최대 장애가 되는 현재의 이른바 유신체제를 타파한다. 모든 비민주적 악법과 인권탄압 장치를 철폐한다. 우리는 현재의 이른바 유신체제 아래서 이루어지는 일체의 선거를 거부하며, 또 인정치 않는다.
2. 우리는 독재권력의 채찍과 소수 부패특권의 수탈 아래 신음하는 노동자 · 농민들의 인간선언을 전폭적으로 지지하며, 노동자 · 농민의 권익옹호운동

을 지원한다. 우리는 노동자·농민의 생존권 보장을 위하여 싸운다.

3. 오늘의 암흑 상황은 권력의 제도언론 장악에 그 원인이 있다. 우리는 자유 언론의 쟁취를 위하여 우리의 모든 노력을 기울인다.

4. 우리는 언제, 어떠한 죄목으로 투옥되었건, 현 정권의 정치보복적 이기주의 에 의하여 투옥된 모든 정치범의 석방과 그 복권을 위하여 싸운다. 또한 정 의로운 행동과 발언으로 하여 쫓겨난 학생·교수·기자·노동자들이 각기 그들의 직장과 학원에 복귀되도록 하기 위하여 싸운다.

민주주의 만세! 반독재 민주구국투쟁 만세!
민생보장운동 만세! 민족통일 만세!

1978년 7월 5일
민주주의국민연합

한국인권운동협의회	한국천주교정의구현전국사제단
한국교회사회선교협의회	자유실천문인협의회
해직교수협의회	민주청년인권협의회
동아자유언론수호투쟁위원회	조선자유언론수호투쟁위원회
민주회복구속자협의회	양심범가족협의회
한국노동자인권위원회	전국농민인권위원회

(이하 350여 명의 개인자격 회원명단은 생략)

민주주의는 기본신념 · 통일은 지상목표 · 평화는 절실한 소망
국민연합(약칭)의 3 · 1운동 60주년에 즈음한 민주구국선언

우리는 3 · 1운동 60주년에 즈음하여 빛나는 그 정신을 되새기며, 오늘의 조국 현실을 조명함으로써 우리의 나아갈 길을 제시하고자 한다.

3 · 1운동은 민족주의, 민주주의, 평화주의를 그 기본이념으로 삼았다. 1919년, 이 땅의 민중들은 평화적인 방법으로 일본 제국주의 외세를 배격하고 민족자결 원칙에 의한 민족의 자주독립을 선포했다. 3 · 1운동에서 민중은 안으로 민주공화의 이념을 실천적으로 확인했으며, 밖으로 세계평화에의 기여를 세계만방에 선포했다.

60년이 지난 오늘의 현실은 어떠한가? 슬프게도 민족의 자주독립과 민주주의의 이념, 그리고 평화의 구조는 모두 파괴 유린되고 말았다.

한민족은 2차대전 후 강대국 외세에 의해 분단된 뒤에, 반민중적 집단은 분단을 고착화시켜, 분단시대의 특권과 이익을 향유하고 있다. 그들은 냉전논리를 무기로 하여 민중의 자유와 권리를 말살하고, 민주제도를 거부해 왔다. 그들은 민족 간의 긴장과 불신을 고조시켜 한반도와 아시아의 평화를 위협하고, 민중의 인간으로서의 권리와 민족으로서의 열망을 폭력으로 유린해 왔다. 우리는 민중의 참여가 보장되는 민주주의의 회복만이 민족, 민주, 평화의 3 · 1정신을 선양할 수 있는 길임을 엄숙히 선포한다. 우리는 반공과 안보를 구실 삼은 민주주의 말살을 온몸으로 거부한다. 우리는 경제성장이라는 이름 아래 진행되는 매판적 부패특권의 경제현실을 배격한다. 우리는 민생의 도탄 위에 판치는 부패특권층의 퇴폐와 물질적 향락주의를 규탄한다.

이러한 현실을 비판할 수도 시정할 수도 없는 현실에 우리는 분노한다. 이러한 현실의 원흉은 두말할 것도 없이 1인 독재와 그 영구집권을 위해 불법으로 조작된 유신체제이다. 이제 국민의 국가에 충성심과 애국심은 그 방향감각을 상실해 가고 있다.

유신체제를 종식시키고, 1인의 절대권력과 장기집권을 끝장내는 것만이, 그리하여 노예로 전락한 국민이 주권자로 되는 민주회복의 길만이 우리의 살 길이요, 우리의 나아갈 길이다. 현체제 아래서는 민중과 권력은 영원한 적대관계와 평행선 위에 있을 뿐이다.

오직 민주정부 아래서면 우리는 국민의 총참여와 지지 아래 성공적인 통일 논의를 할 수 있다. 오직 민주정부 아래서만 국민이 주권자가 되어 국민의 기본권과 생존권이 보장될 수 있다. 오직 민주정부 아래서만 긴장이 완화되고, 정권연장을 위한 기만술책이 폐기되며, 한반도와 아시아의 평화에 우리가 공헌할 수 있다. 오직 민주정부 아래서만 모든 양심범과 정치범은 사라지고, 국민은 정치보복의 공포로부터 해방될 것이다. 오직 민주정부 아래서만 국제사회에서 나라의 위신과 민족의 존엄을 발양할 수 있다.

이 나라 민중은 지금 이 순간까지 길고 험난한 반독재 민주구국투쟁을 벌여왔다. 인간답게 살 권리의 탈환을 위하여 투옥과 죽음까지도 무릅써 왔다. 아직 목적을 달성할 만큼 강력하지는 못하지만, 우리 민중의 투쟁은 결코 멈추어지지 않을 것이다. 마침내 머지않아 그 목적을 이룰 것이다.

현 정권은 분명히 민중의 힘을 두려워하고 있다. 이른바 유신체제 6년의 3분의 2를 긴급조치로 유지하고 있는 사실이 그것을 말해준다. 민주세력의 평화적 집회를 전전긍긍 하면서 탄압하고 있는 사실. 언론, 출판, 집회, 결사의 모든 자유를 극도로 제한하고 사실이 그것을 말해준다. 우리 민중은 이른바 유신세계를 거부한다. 일방적인 여건 속에서 행해진 작년 국회의원선거에서 조차 현정권은 패배한 것이다.

우리는 이같이 성장하고 있는 민중의 힘을 바탕으로 하여, 유신체제의 철폐와 1인의 영구집권의 종식, 그리고 민주정부의 수립이라는 우리의 당면 목표의 성취를 위하여 온갖 희생을 무릅쓰고 투쟁할 것을 선언한다.

우리는 민족이 나아갈 기본방향으로서 3·1정신에 입각한 공약 3장을 다음과 같이 선포한다. 국가와 민족을 사랑하고 조국의 운명을 걱정하는 모든 민주애국 동포의 궐기와 동참을 바라마지 않는다. 지금 이 순간 우리에게는 행동만이 중요하고 용기만이 최상의 덕이다. 반만년에 걸친 조상의 얼이여, 3·1운동의 선열이여 우리를 도우소서.

공약3장

1. 민주주의는 우리의 기본신념이다. 우리는 주권재민의 원리에 입각한 의회민주주의와 산업민주주의의 실현을 통해서만 정치, 경제, 사회, 문화 등 각 분야의 진보를 이룩하여, 민중의 권리와 복지를 튼튼히 보장할 수 있다고 믿는다. 우리는 이 나라의 민주주의를 위하여 우리의 모든 것을 바쳐 투쟁할 것을 공약한다.

2. 민족통일은 우리의 지상목표다. 민족통일은 민중의 바탕에 의한 민주정부에 의해서만 정당하게 이루어질 수 있다. 자주, 민주, 평화는 우리의 통일 기본원칙이다. 우리는 통일논의를 악용하는 일체의 기도를 배격한다. 우리는 남북의 평화적인 통일성취를 위해 정성과 노력을 다할 것을 공약한다.

3. 평화는 우리의 절실한 소망이다. 우리는 같은 민족 간의 증오와 상잔을 절대 배격하며, 평화적 공존, 평화적 교류, 평화적 통일을 열망한다. 우리는 한반도의 평화가 아시아와 세계평화의 초석이 될 것임을 확신한다. 우리는 민주회복을 위한 평화적 투쟁을 줄기차게 해 나갈 것이며, 어떤 희생도 두려워하지 않고, 투쟁의 대열에 나설 것을 공약한다.

1979년 3월 1일

민주주의와 민족통일을 위한 국민연합(약칭 국민연합)

    의장   윤 보 선

    의장   함 석 헌

    의장   김 대 중

    기타: 개신교 카톨릭 학자와 교수 언론인 문인

    법률가 농민 노동자 정치인 양심범가족 여성운동가

    민주청년 민주학생 기타 민주시민 이상의 유지 일동.

성 명 서

역사 속에 도도히 흐르는 민중의 민주적 의지는 기만이나 폭력에 의해 굴절되는 것이 아니다. 과장되고 왜곡된 선전으로 독재자를 미화해서 장례할 때에 우리가 침묵했던 것은 독재의 한 시대를 조용히 장송하면서 민주주의의 새시대를 맞기 위한 다짐의 자세였다. 그러나 11월 10일 최규하 대통령 권한대행의 시국에 관한 담화 내용을 듣고 우리가 느끼는 분노와 실망은 크다. 유신체제를 사실상 계속하겠다는 최 대행의 담화는 와이에이취사건, 부산과 마산의 민중봉기에서 분명히 나타난 국민의 민주주의의 열망을 전혀 배반한 것으로서 질서와 안정을 빙자하여 부정과 부패의 구조 속에서 취득한 기득권을 어떻게 해서든지 유지하겠다는 의사표시 이외에 아무 것도 아니었다. 이 땅에 더 이상의 불행한 폭력 사태는 없어야겠다는 절실한 심정으로 우리는 다음과 같은 정당한 요구를 밝힌다.

1. 소위 통일주체국민회의에서 대통령을 선출하겠다는 것은 파렴치한 국민 배신행위로서 우리는 이를 결코 용납할 수 없으며 전 국민이 열망하는 새로운 민주헌법을 3개월 이내에 제정하고 가능한 빠른 시일 내에 선거를 실시한다.

2. 유신체제의 연장인 최규하 대행체제는 즉각 사퇴하여야 하며 모든 민주세력을 망라한 거국민주 내각을 구성, 과도정부를 수립한다.

3. 반독재, 반유신 투쟁에서 투옥된 모든 정치범은 무조건 즉각 석방 사면해야하고 종교인, 문인, 학생, 언론인, 법조인, 근로자, 농민 등 반독재 투쟁에서

희생된 모든 사람은 즉각 복직 복교 복권되어야 한다.

4. 언론자유 및 정치적 자유는 보장되어야 하며 현 계엄체제는 강행되어야 할 정당성을 상실했으므로 계엄령은 즉각 해제되어야 한다.

독재의 시대를 청산하고 새로운 민주시대의 장을 열어야 하는 역사적 전환점에서 우리의 당면요구를 관철하기 위하여 이러한 우리의 기본입장과 합치하는 국내의 모든 세력과 오늘부터 협의할 용의가 있다.

1979. 11 . 12.

민주주의와민족통일을위한국민연합

공동의장 윤보선

함석헌

김대중

나라의 민주화를 위하여

민주사회와 인간적인 삶을 지향하는 지식인들인 우리는 나라와 민족이 위기에 처한 지금, 더이상 의사표시를 유예할 수 없다는 깨달음에 따라 우리의 견해를 밝힌다.

우리는 교수, 언론인, 문인, 학생으로서 시간이 지날수록 파국으로 치닫는 일인독재체제의 악폐를 도저히 보고 지나칠 수 없어 견해를 밝혔다는 이유로 탄압, 투옥을 당했던 유신체제의 피해자들이다. 우리는 독재정치가 억눌리는 자들뿐만 아니라 억누르는 자들까지도 불행케 만들며 또한 이 나라와 민족은 근대사의 질곡 속에서 자주적으로 민주사회를 건설할 만큼 성숙된 역량을 갖추게 됐다는 확신에서 스스로 고난의 길을 택했던 것이다. 유신체제로 대변되는 박정희정권 18년사는 민주사회와 통일조국을 지향하는 민족사에 대한 정면 도전이었으며 따라서 국민은 더이상 참을 수 없어 비뚤어진 역사를 바로잡으려 일어섰다. 짓밟히는 노동자·농민의 불만이 YH사태와 가톨릭농민회 사건 등으로 표면화되었으며 폭발하는 국민적 분노는 부산, 마산의 봉기로 분출하였다. 일인독재권력에 종지부를 찍은 10·26사건은 바로 이와 같은 국민항쟁의 실질적 열매였다.

10·26사건은 불행했던 우리 역사의 한 시대를 땅에 묻고 민주주의를 향한 새로운 출발을 하는 것을 의미했다. 이제 온 국민은 독재, 억압, 투옥, 감시의 악몽으로부터 하루빨리 벗어나 민주사회가 이룩되고 인간적 삶이 보장되는 미래를 기대하고 열망했다. 우선 그 첫걸음으로 유신체제 아래서 투옥된 모든 양심범이 무조건 즉시 석방, 복권되고 유신체제 때문에 피해 입은 사람들의 권익

이 빠른 시일 안에 원상회복될 것으로 온 국민은 생각해 왔다. 또한 당연한 사태의 귀결로서, 독재자가 사라진 이상 독재자를 떠받치고 있던 구조는 국민의 요구에 따라 민주적으로 전면 개혁되고 민주사회 건설을 위한 과감한 혁파조처가 있을 것으로 기대했다.

그러나 10·26사건을 비롯하여 오늘의 비상시국을 초래하는 데 의당 책임을 져야 할 현 내각은 국민들에게 이제까지 사퇴 용의는커녕 사과 한마디 없이 몰염치한 자세를 취하고 있다. 더우기 최규하 대통령권한대행의 11월 10일자 성명은 일인독재의 구체제를 연장, 승계하겠다는 것밖에는 달리 해석할 수 없게 했다.

우리도 혼란과 위기를 바라지 않는다. 우리도 성숙한 정치의식을 갖춘 우리 국민의 수준에 맞도록 민주개혁이 이루어지기를 바란다. 그러나 정치범 석방 및 사면, 유신 피해자들의 권익 원상회복 등 선행조건도 충족되지 않은 채, 그리고 우리를 억압하던 긴급조치 9호가 엄존할 뿐만 아니라 계엄령까지 선포되어 국민의 자유로운 의사표시가 막힌 채 강행되는 어떠한 조치도 참다운 민주사회와 인간적 삶을 구현할 수 없음은 너무나 명백하다. 사과나 사퇴는커녕 도리어 고압적 자세를 취하는 현 내각의 처신은 독재의 잔재 바로 그것임을 그대로 보여주는 것이다.

우리는 11월 12일자 민주주의와 민족통일을 위한 국민연합의 성명을 원칙적으로 지지하면서, 더이상의 국론분열과 혼란을 막으려면 최소한 다음과 같은 조치가 선행되어야 한다고 본다.

1. 온 국민이 바라는 민주주의의 구현을 위해서 긴급조치 9호와 계엄령은 즉시 해제되어야 한다.
2. 언론자유와 민주주의 구현을 위한 의사표시의 자유는 보장되어야 한다.
3. 나라의 민주주의를 구현하려다가 투옥된 모든 양심범은 즉시 무조건 석방, 복권되어야 한다.

4. 민주시민의 양심을 지키려다 박해당한 교직자, 언론인, 학생, 근로자의 권
   익은 원상 복구되어야 한다.

                                              1979년 11월 13일
                   자유실천문인협의회, 해직교수협의회, 민주청년협의회,
                              동아 · 조선자유언론수호투쟁위원회

28-3. 통대선출저지 국민대회, '통대 저지를 위한 국민선언'(1979.11.24)

통대 저지를 위한 국민선언

부산 · 마산 시민봉기와 그 부산물인 10 · 26사태를 계기로 하여 전 국민의 민주에의 열망은 바야흐로 열화 같이 타오르고 있다. 18년 동안의 장기독재에 결연히 저항해 온 피어린 민주회복 투쟁이 그 최종적 승리를 눈앞에 두고 있는 이 엄숙한 역사적 시점에 서서, 오늘 우리는 아직도 미몽에 깨어나지 못한 채 "선 대통령 선출, 후 개헌"이라는 기만적인 정치일정을 내걸고 유신독재의 연장을 획책하고 있는 유신잔당들의 가증스러운 음모를 단호히 분쇄하고 민권의 승리를 확고하게 보장하기 위한 전국민적인 각성과 분발을 촉구하기 위하여 여기에 모였다.

독재자에 대한 추종자들은 과거를 속죄하고 퇴진하는 것이 역사에 순응하는 길임을 망각하고 유신독재의 연장을 위한 갖은 배신적 음모를 자행하고 있다. 합헌적이라는 미명하에 유신독재의 사생아인 통대에서의 대통령 선출은 무엇을 의미하는가?

일단 통대 선출을 통하여 김종필-최규하 체제가 유신체제의 법통을 이어받은 후에 물밀듯한 국민들의 민주적 열망을 무산시키고 독재 마수의 칼을 새로이 갈아, 자신들의 재집권이 현실적으로 가능하다고 판단되는 시기(따라서 가능한 가장 늦은 시기)에 기만적 개헌, 총선을 하자는 것 이외 다른 것이 아니다.

새로운 통대 대통령으로 내정된 최규하는 바로 얼마 전만 해도 부산 · 마산 시민봉기를 이적 행위로 몰아붙였고 10·26사태 하루 전날까지만 해도 "유신만이 살 길"이라고 공언하였던 장본인이며 세상이 다 아는 유신 독재권력의 핵심인물 가운데 한 사람이다. 유신잔당의 선봉인 최규하가 유신대통령으로서 절대권력을 5년간 보장받고 조속한 시일 내에 유신체제를 청산하고 민주헌정을 수립하며 불편부당 엄정중립의 자세로 총선거를 관리하는 작업을 성실하게 주도하겠다고 하지만 그 누구가 이 주장을 믿을 수 있단 말인가?

결국 김-최 체제의 정치일정은 본질적으로 민주헌정을 위한 일정도 아니며 또한 그들이 내세우듯 안정과 단결과 질서를 위한 일정도 아니다. 과도기가 길어지면 길어질수록 정치·경제·사회적인 불안정과 혼란, 국민분열이 조성될 것이라는 것은 너무나 분명한 사실이다. 그렇기 때문에 "통일주체국민회의"를 통한 대통령선거는 자신들의 부패한 특권지배를 끝내 온존시키겠다는 반민주적·반민족적·반국가적인 망국의 발상일 따름이다.

눈앞에 박두한 통대 대통령선거는 민주회복으로의 전진이냐 유신독재로의 퇴행이냐를 판가름 짓는 민족사의 일대 분수령임을 우리는 분명히 직시하고 있다. 이 중대한 역사적 순간에 어떤 안이한 환상이나 착각에 사로잡혀 있다면 민족사의 돌이킬 수 없는 재앙을 우리는 보게 될 것이다. 전국민적인 각성과 단결로써 결연히 통대 대통령선거를 분쇄하여야 할 것은 우리의 자명한 의무이다.

김-최 체제가 끝내 망국적 정치일정을 고집하고 통대 대통령선거를 강행하려 든다면, 우리는 전국민적인 민주적 궐기를 통하여 시대착오적인 사기극을 단호히 분쇄하고 유신독재의 잔재를 일거에 숙정할 것임을 분명히 경고해 둔다.

- 결의문 -

1. 우리는 현재의 시국을 혼란 없이 수습하기 위한 11월 12일자의 '민주주의와 민족통일을 위한 국민연합'의 성명을 전폭적으로 지지하며 모든 민주 세력을 망라한 거국 민주내각의 구성을 환영한다.
2. 국민적 화해와 단합을 위하여 김-최 체제는 다음의 조치를 취할 것을 요구한다.
   1) 통대 대통령 선출 계획을 철회할 것.
   2) 유신체제는 민주헌정을 파괴하고 민족사의 정당한 발전에 역행한 역사적 과오였음을 국민 앞에 솔직히 인정할 것.
   3) 유정회, 공화당, 통대 회의는 자진 해체하고 대죄할 것.
3. 우리의 요구를 관철하기 위하여 우리는 오늘 이 시점부터 11월 30일까지 1차 국민민주항쟁 기간으로 선포하며, 전국민의 단호한 통대 선출 사기극 거부 의지를 표명하기 위해 11월 28일, 29일, 30일 오후 6시에 서울 광화문 네거리와 각지방 중심도시의 중심가에 집결하여 통대선거 분쇄 시민대회를 개최한다.

** 유신잔당 물러가라
** 통대선거 결사반대
** 거국 민주내각 수립하라

1979. 11. 24

통대 선출 저지 국민대회
대　회　장 : 함석헌
준비위원장 : 김병걸, 김승훈, 박종태, 백기완,
　　　　　　　양순직, 임채정

엮은이

김창희

민청학련 사건 2년 뒤인 1976년 서울대학교에 입학해 꼬박 긴급조치 제9호 시대에 대학 생활을 하면서 그때 문학청년의 꿈을 접었다. 대학을 졸업할 무렵, 몇 갈래 길에서 고민하다 언론을 선택했고, 그 뒤 20여 년 동안 ≪동아일보≫와 ≪프레시안≫에서 이런저런 글들을 써왔다. 그 사이에 언론 방식의 글쓰기 혹은 르포르타주 문학이 모든 글쓰기의 기본이라는 생각을 갖게 되었다. 지금은 필요하다고 부르는 곳에 힘을 보태고 있으며, 그렇게 일하는 가운데 몇 권의 책을 펴냈다. 『아버지를 찾아서』, 『오래된 서울』(공저), 『우리 손으로 만든 머내여지도』(공저), 『지식인들의 망명』(번역서) 등이다. 앞으로 얼마나 쓸 수 있을지 모르겠지만 조금 더 의미 있는 글들을 쓰고 싶은 욕망이 있다.

민청학련 50주년에 다시 듣는 세상을 바꾼 목소리들

ⓒ 김창희, 2024

엮은이 ┃ 김창희
펴낸이 ┃ 김종수
펴낸곳 ┃ 한울엠플러스(주)
편집책임 ┃ 조수임
편집 ┃ 정은선

초판 1쇄 인쇄 ┃ 2024년 10월 14일
초판 1쇄 발행 ┃ 2024년 10월 24일

주소 ┃ 10881 경기도 파주시 광인사길 153 한울시소빌딩 3층
전화 ┃ 031-955-0655
팩스 ┃ 031-955-0656
홈페이지 ┃ www.hanulmplus.kr
등록번호 ┃ 제406-2015-000143호

Printed in Korea.
ISBN 978-89-460-8343-1 03910 (양장)
        978-89-460-8344-8 03910 (무선)

MZ세대의 통일의식

- 김병연 엮음/ 김병로·김성희·김지훈·김범수·조현주·최은영·이문영·김택빈·
  김학재·오승희·백지운 지음
- 2024년 10월 1일 발행 ┃ 신국판 ┃ 264면

딱딱한 대북관? 말랑말랑한 반북! 한반도 통일과 MZ세대의 인식
탈이념적, 실용적, 유동적! 현 세대 대북관을 살피다

남북 교류가 냉각되었을 때 청년세대의 통일 지지도는 급격히 하락했다. 그러나 활기를 띨 때는 빠르게 상승했다. 이는 MZ세대의 통일 지지도가 국가 환경에 따라 변화될 수 있음을 의미한다. 즉, '북한이 하기 나름'인 것이다. 남북관계가 개선된다면 MZ세대의 통일의식은 다른 세대보다 더 크게 반등할 수 있으며, MZ세대의 저조한 통일 지지도 또한 악화된 남북관계가 반영된 것일 뿐 고착된 것은 아니라는 논지도 가능하다. MZ세대의 통일의식은 이 같은 상황에서 미래 한반도 전망을 위한 주요 키워드로 떠올랐다.

그렇다면 MZ세대의 통일의식은 어떤 특징을 지니고 있을까? 이들의 통일 필요성에 대한 지지는 변하지 않을까? 혹 가변적이라면 어떤 요인이 통일의식을 변화시키는가? 이들의 통일의식은 한국의 핵무장, 북한이탈주민, 그리고 주변국 인식 등과 어떤 관련이 있는가? 한국 청년세대의 사회 인식은 다른 나라 청년세대와 다른 독특한 현상인가, 아니면 유사한가? 이 책은 수많은 논제를 담으며, 그 질문들의 해답을 찾아간다.

전쟁의 프레임들
삶의 평등한 애도가능성을 향하여

- 주디스 버틀러 지음/ 한정라 옮김
- 2024년 9월 25일 발행 | 신국판 | 224면

누구의 삶이라도 기꺼이 축하하고 마땅히 애도할 수 있는 세상을 향하여

주디스 버틀러의 『전쟁의 프레임들: 삶의 평등한 애도가능성을 향하여』는 전쟁 상황에서 일어나는 모든 것에 대한 비판이다. 전쟁의 폭력 그 자체에 대한 비판뿐 아니라 폭력에 대한 선택적인 분노와 생명에 대한 불평등한 애도를 비판한다. 저자는 생명의 소중함 또는 폭력의 가증스러움을 단지 지적하는 것이 아니라 모든 삶이 서로 직간접적으로 의도치 않게 연결된 복잡한 사회에서 어떻게 하면 폭력이 덜 발생하게 하고 삶을 더 평등하게 할 것인지를 찾는다.

저자는 전쟁이라는 극단적인 상황 속에서 폭력의 한 조각만을 드러내서 편견과 증오를 불러일으키고 전쟁과는 아무 관련이 없는 생명들을 가치 없는 것으로 만들고 윤리감각을 마비시키는 프레임들을 분석했다. 어떤 삶은 애도할 가치가 있고 어떤 삶은 그렇지 않다고 규정하는 방식으로 사회적 질서를 재구성하고 삶의 가치에 대한 사회적 합의를 강제하는 것이다. 특히 소수자, 약자, 그리고 전쟁과 폭력의 희생자들의 삶의 가치가 무시되곤 한다.

스파이, 거짓말, 그리고 알고리즘
미국 정보기구의 역사와 미래

- 에이미 제가트 지음/ 유인수 옮김
- 2024년 3월 20일 발행 | 신국판 | 488면

미국의 정보기구와 정보활동을 철저히 분석하다

저자 에이미 제가트는 미국의 정보기구와 정보활동을 30년간 연구한 학자로서, 객관적이면서도 유머러스하고 애정 어린 시각으로 미국 정보기구의 역사와 역할, 현재의 문제점과 향후 과제에 대해 설명한다. 미국은 정보활동을 통해 영국으로부터 독립하고, 양차 대전과 냉전을 승리로 이끌고, 사상 최악의 테러리스트 빈 라덴을 추적·사살하였다. 그러나 미국 정보기구는 정보활동 자체의 어려움뿐 아니라 지나친 파편화로 인한 정보공유 실패, 대중과 정책결정자의 몰이해 등으로 어려움을 겪어왔다. 게다가 사이버 공격과 같은 새로운 안보 위협이 등장하면서 그 어느 때보다도 어려운 과제에 직면했다.

이 책은 정보기관과 그 활동을 일반인도 이해하기 쉽게 설명한 것은 물론, 수많은 주석에서 알 수 있듯이 국가안보를 연구하는 학자들에게도 대단히 유용한 학술적 가치를 담고 있다. 비록 미국의 정보기관과 활동을 중심으로 서술되어 있지만, 세계에서 가장 강력하고 영향력 있는 정보기구가 미국의 것이고 많은 나라가 미국의 정보활동을 표준으로 삼고 있으며 한미동맹이 우리 안보의 근간이라는 점을 생각한다면 이 책의 내용이 우리 정보기구의 체계와 향후 역할을 고민하는 데 기준점이 될 것이다.

강요된 소멸
국민총행복을 위한 지역재생의 길

- 박진도 지음
- 2024년 3월 21일 발행 ㅣ 신국판 ㅣ 328면

지역을 살리는 새로운 희망을 말하다!
그곳에 사람이 행복하게 살고 있는 한, 지방은 소멸하지 않는다

일제 불량품 '지방소멸론'의 원조인 일본의 「마스다보고서」는 아베 정권의 신자유주의적 지역정책을 뒷받침하기 위한 정치적 산물이다. 지방소멸이라는 말에 매몰되어 지방시대, 기회발전특구, 지방소멸대응기금, 메가시티, 압축도시, 농촌유토피아, 스마트팜 등 대책이 차고 넘치지만, 이러한 정책으로는 지방소멸을 막을 수 없다. 지방소멸이라는 말을 만든 일본 정부조차 '지방창생'이라는 긍정적 표현을 사용하는데, 왜 유독 우리만 '지방소멸'을 강조하는 것일까?

경제학의 궁극적 목적이 경제성장이 아니라 사람을 행복하게 하는 것임을 뒤늦게 깨우쳤다는 저자는 농업과 농촌이 제 역할을 못해 지역이 쇠퇴하고 사람들이 수도권으로 몰려 '서울공화국'이 된 쏠림 현상이 인구감소보다 더 심각한 문제라고 말한다. 저자는 그 주요 원인으로 경제성장 지상주의와 성장 중독을 지적하면서 우리가 '지방을 소멸시켜 왔다'는 것을 인정하는 것이 이 문제를 해결하는 진정한 출발점임을 강조한다. 지역정책은 지역민의 행복이라는 관점에서 대전환이 필요하며, 농업과 농촌이 제 역할을 하고 지역이 살아나야만 '서울공화국'을 무너뜨리고 국민이 행복해질 수 있다는 것이다.